福祉市民社会を創る

コミュニケーションからコミュニティへ

加藤春恵子

新曜社

はじめに――福祉市民社会との出会い

本書は、1998年の夏から翌年の冬にかけて参与観察やインタビューを行なって以来、ほぼ毎夏訪れて参与観察を続けているロンドンの一角、ノースケンジントンでのフィールドワークにもとづいて、福祉社会を市民の手で切り開いていくための手がかりを求め、考察したものである。

私は、コミュニケーションと自我・社会の関わりを重視して社会学を学び、ヒューマン・ライツの視点から個人と社会の解放を願ってさまざまな研究をしてきた。その一環として、1980年代のはじめに、ロンドンの女性センターと高齢者福祉に関するフィールドワークを行ない、「弱者」にとってより生きやすい社会の構築のメカニズムを探った。社会学者であり一人の人間であり女性であるという立場を生かして、歩き、語りあい、観察し認識することを通して、日本社会の現在を読み解き、課題を見つけ、未来像を市民自身の手で創り出していくための手がかりを捜し求め、提供したいと願ったからである。今回の研究では、その延長線上に、この20年間に日本のめざすべき方向をめぐって展開されてきた諸議論を組み込んで、私自身の問題意識を発展させている。

20年前には、福祉国家の制度自体について日本の人々に伝えたいと思うことが多くあった。しかし、この間に日本は、とにもかくにもヨーロッパの先進資本主義諸国に見られる社会保障のメニューを一通り揃え、介護保険も実現させた。他方、イギリスは、サッチャリズムの波に洗われ、財源難から、福祉国家としてはむしろ後退している。私の住む東京の一隅の小金井市と今回のフィールドワーク先であるノースケンジントンを比べると、ある程度の貯金のあるミドルクラスに限っていえば、同一の資金で頼むことのできる在宅介護のヘルパーの時間数は、小金井のほうが多いくらいである。また、古いエレベーターがあったりなかったりするロンドンの地下鉄の駅に比べると、新しいエレベーターが設置されてバリアフリー化の進む東京のJRや私鉄の駅は、めざましい進展を感じさせる。

しかしながら、制度やハード面での整備が進む日本の社会に、まだ不十分なものがある。それは、「福祉国家」に対峙し、国や自治体による制度を主体的に受けとめ、コミュニケーションを重ねて、改善をうながし、人々のニーズに応えるNPO活動を創造して公的福祉の骨組に肉づけしていく「市民社会」であり、市民による市民のための「福祉市民社会」の具体的なメカニズムである。このような市民社会の成熟がなければ、明日の日本社会のための政策決定過程の道筋は見えてこないし、年金の将来も霧のなかである。さらに、「国民」だけの閉鎖的な社会ではなく、ポストコロニアルな状況をふまえ、ボーダレス化の進展を組み込んだ、多文化共生社会を創るための用意も不十分である。今回のフィールドワークは、このような、これからの日本の課題に関する情報を求めて行なったものである。さまざまな意味で、ノースケンジントンは、筆者にとって新鮮な情報の宝庫であり、日本で今、福祉市民社会を切り開こうとしている人々と共有したいことが数多くある町であったと思う。

市民活動の盛んな多文化社会という情報を得て研究を始めたノースケンジントンを探るうちに、この町の発展は、イギリス社会全体の戦後、とりわけ１９６０年代以降の歩みを象徴しているのだということが見えてきた。黒人差別による混乱と不幸な事件を起点とした多文化社会の形成の歩みと、上から下へのお恵みのチャリティ（慈善）活動から市民の手による平場のコミュニティ・ワークへの展開のプロセスを通して、市民意識を育てつつ、現代史のプロセスの先頭を切って、市民みずからの手で「福祉社会」が築かれ、「福祉国家」がより人間的なものに発展しながら変貌を遂げてきた社会——それがノースケンジントンなのだということが読みとれたのである。そしてまた、ノースケンジントンの福祉社会を創る市民たちに出会い、その代表的事例の一つである高齢者のネットワークに参加するうちに、「福祉市民社会」というキーワードが浮かび、改めてその福祉市民社会の動脈ともいうべきメカニズムが、コミュニケーションであり、そのコミュニケーションの質と機能が、活動の展開のためにきわめて重要であることも明らかになってきた。同時に、コミュニケーションのなかで生まれる願いやアイディアを具体的なかたちにしていく土台となる、市民活動資金の重要性も理解することができた。

「コミュニティ」という言葉のもとで、市民意識をもつ人々が希求しながら、ともすれば日本の伝統的な地域社会のイメージに呑み込まれがちな新しい社会のありようを、いったん「福祉市民社会」という言葉で言い表わして、そのエッセンスを明らかにしておくことを通して、市民社会のコミュニケーション力によって日々生成される新しいコミュニティの内実をつかみ、私たちがほしいものは何かを明確にすることができると考える。

以下、第Ⅰ章では、キーワードにこだわりながら、上に述べた問題意識を、21世紀の日本が抱えている課題と結びつけつつ述べる。次に、第Ⅱ章ではノースケンジントンの歴史と現在を概観する。ノースケンジントンが、混乱のなかから立ち上がって、50年ほどの、決して長いとはいえない間に、福祉市民社会としての発展を遂げてきたことを知り、その歩みを確認するという作業は、日本社会に対するペシミズムをぬぐい去って、新しいコミュニティの構築に対する希望と、変革への手がかりを得ることにつながると考えるからである。第Ⅲ章では、ノースケンジントンの都市空間のなかに展開されている福祉市民活動のうち、私が直接自分の足で訪れてインタビューや観察を行ない、確かめることのできたものを中心に、概観する。第Ⅳ章では、コミュニケーションに注目してみたときに、日本の都市社会と比べて、ノースケンジントンにはどのような特徴が見られるかに着目して考察する。コミュニケーションの活性化は、市民の活動資金の流れの活性化と並んで、市民社会、福祉社会、福祉市民社会の展開の鍵だと考えるからである。そのようなノースケンジントンの時空的な概観とコミュニケーションへのミクロな着目をふまえて、第Ⅴ章では、私が参加し続けているオープン・エイジ・プロジェクトという高齢者ネットワークでの参与観察の結果を報告し、高齢者市民のニーズに応えて高齢者市民自身とコミュニティ・ワーカーが協力して紡ぎだしているコミュニケーションのあり方や活動資金をめぐる仕組みについて考察する。さらに、第Ⅵ章では、オープン・エイジ・プロジェクトの担い手たちへのインタビューを通して、福祉市民社会を創り出している個人の生活史とライフスタイルを明らかにするとともに、社会と個人の関係のダイナミズムを探る。そのうえで最後に、ノースケンジントンで起こっていることの背後にあるイギリス社会全体の動向を、各種データの日英比較を行ない、さらにはアメリカ、スウェーデン、フランス、ドイツのデータを参照しながら考察し、21世紀の日本に福祉市民社会を開くための展望について述べる。

なお、ノースケンジントンでのフィールドワークは、1998年の9月から2月までと、1999年・2000年・2001年・2003年の8月から9月にかけてそれぞれ約1ヶ月、計9ヶ月行なっている。フィールドワーカーとしてはなお歩き足りない思いであるが、参与観察やインタビューを行なった組織や個人の状況にあまり変化が生じないうちに本書をまとめ、そのうえでさらに今後の変化に注目しつつこの地域の定点観察を続け、日本の地域社会の未来像を紡ぎだす手がかりとしたいと考えている。この地域にももちろん緊張関係や課題がなくなってしまったわけではなく、問題点のほうに力点をおけば、別の描き方ができるであろう。しかし、本書では、私たちが現在生きている社会の今後の発展に生かすことのできる情報を得ることを主目的としてフィールドワークをまとめたことから、ノースケンジントン、さらにはイギリスの社会のポジティブな側面を多くとらえる結果となっている。今後この社会にどのような問題が生じ、またそれがどのように克服されていくかも含めて、できるかぎり見守っていきたいと思う。

方法論について一言述べておけば、本書の調査や考察は、若い頃から私が学んできたエスノメソドロジーやシカゴ学派のフィールドワークといった社会学の流派のやり方を応用しており、また、G・H・ミードやM・ブーバーの理論からも大きな影響を受けている。これらの方法や理論に関心のある方は加藤（1986）をご覧いただきたい。福祉情報をそのままむき出しで伝えるのではなく、フィールドワークという社会学の手法を通して伝えるというスタイルは、煩雑に感じられるかもしれないが、人々の暮らしのなかにある福祉のありようをつかみとっていただければ幸いである。

本書の核心となっている参与観察やインタビューに関しては、本当に多くの方々にお世話になった。とくに、シェルタード・ハウジングの客室に毎夏迎えていただき、さまざまな配慮をしていただいたレズリーや、同じく宿を提供していただいたメアリー、そして、オープン・エイジ・プロジェクトのスタッフやメンバーの皆さんには、心から感謝している。さらに、この地域との出会いのきっかけをつくってくれたノッティングヒルの住人である友人のマーガレットや、インタビューに応じるほか、さまざまな情報を提供してくださった数多くの方々のご協力に感謝したい。

さらにいえば本書は、私の中に問題意識と方法論とを育んで下さった先生方、先輩、同僚、そして友人たちにきわめて多くを負っている。また、学生たちの問いかけや卒業論文からも、たくさんのヒントを与えられている。私という一人の人間を刺激し続けて下さる方々への感謝の思いは尽きない。

研究休暇を与えられるとともに、モノグラフ出版の資金を与えられた勤務先の東京女子大学、出版を快くお引き受けいただき励まし助けていただいた新曜社の堀江社長・同編集部の吉田昌代さんのご助力に対しても、厚く御礼申し上げたい。

勤務の関係上フィールドワークが初年度を除いて夏休みに限られたことからくる制約、社会学・コミュニケーション論・ジェンダー論という私自身のこれまでの専門の枠にとどまらない多面的な考察となったことからくる、不十分な点も多々あると思われる。ご教示をいただき、21世紀の日本に福祉市民社会を開くためのより有益な知識を共に創っていくことができれば、と願っている。

2004年　春

この種の分厚い本としては思いがけないかたちで、初版第一刷が売り切れてしまい、二刷の機会をもつことになった。訂正加筆したい点は多々あるが、フィールドワーク先の名称や担当者、数値の変化などはあっても、基本的に私がとらえた現代史の一断面は大きく変わっているわけではなく、私自身の認識も変化していない。そこで、刊行後のフィールドワークで得たユースセンター、コネクションズ、OAPの新施設などに関する最新情報を、関連部分の注として加える程度にとどめた。私たちの人生とコミュニティとをより豊かなものにしていくための参考情報、21世紀の日本へのメッセージとして、さらに多くの読者に本書をお読みいただければ幸いである。［2008年　夏］

加藤春恵子

目次

Ⅳ　ノースケンジントンに見るコミュニケーションと公共圏　151

V　オープン・エイジ・プロジェクトに見る福祉市民社会　189

装丁――難波　園子
写真――加藤春恵子

I　問題意識とキーワード

ノースケンジントンの報告と考察に先だって、まず、「福祉市民社会」「市民社会」「コミュニケーション」「コミュニティ」「市民資金」「コミュニティ・ワーク」という5つの言葉を中心に、本書の問題意識を整理し、さらに、「フィールドワーク」「エスノメソドロジー」という2つの言葉を軸に、本書の方法論について述べておきたい。

1　福祉市民社会——「スウェーデン型福祉国家」と「アメリカ型自助救済社会」との間

福祉市民社会

最初に、「福祉市民社会」という、一見何の変哲もない、しかし私自身かなりこだわっているキーワードについて述べる。

私はこの言葉を、「スウェーデン型福祉国家」と、「アメリカ型自助救済社会」との中間に置き、福祉国家を基盤にした福祉社会を築いてきたフランス、ドイツ、イギリスなどの社会を総称するものとして考えている。公的セクターの福祉活動を医療・年金・社会サービスについて一定のレベルまで組み上げたうえで、さらに、市民社会の力による非営利民間セクターの働きを加えて福祉の諸課題に取り組んでいる社会である。

１９９０年代以降、スウェーデン型の福祉国家は、公的セクターの比重が高いことから、財政難に直面して「福祉の曲がり角」が論議されている。その頃、日本社会も長い不況に入り、高齢化問題を北欧から学んで解決しようとしていた人々、とりわけ女性は、私自身も含めて未来の方向性を見失った。しかし、その後の福祉や社会保障をめぐる学問の発達のなかで、今では新しい道筋が見えてきていると思う。

アメリカ型の自助救済社会は、営利セクターや民間非営利セクターの比重を高くし、公的セクターの比重を低くしてきたが、その不平等性が顕在化している。「日本型福祉社会」は、これまでインフォーマル・セクターの女性の無償労働に依存してきたが、その非人権性が明らかになっている。今、私たちに残された選択肢は、市民社会と福祉国家の発達を前提にして、市民の権利意識と自発的なパワーにより支えられる社会を築くことだといってよいだろう。ここでは、このような社会を「福祉市民社会」と呼ぶことにする。

もう少し説明すると、福祉市民社会とは次のような社会である。市民の要求によって国家・自治体が福祉国家をめざして取り組み、行政による福祉サービスがある程度まで普遍的に行なわれる状態に達した段階で、その骨格を維持しながら、税・社会保障負担が無制限に膨張したり官僚制によって弊害が生じるのを防ぐために、市民が、ＮＰＯ（非営利市民組織）のワーカー（職員）

あるいはボランティアとして有給 - 無給で働いてサービスを活性化させ、公的セクターと非営利セクターとを組み合わせることによって、福祉サービスを維持・発展させていく社会である。福祉市民社会では、インフォーマル・セクターと呼ばれる家族や友人、営利セクターの福祉関連企業などを排除するわけではないが、これらに福祉サービスの主役としての期待をかけることはしない。このように限定することで、家族、とりわけ女性の無償労働に依存してきた旧来の日本や、企業の抵抗と軍事費の膨張のために行政による普遍的な福祉サービスの確立を押しとどめてきたアメリカ(注1)などを、「福祉国家」の多様性の現われであるとして評価したり、日本型、アメリカ型の「福祉社会」であるとして、「福祉国家から福祉社会へ」(正村 2000) の道の行く手にもぐりこませてしまうような危険 (Rose & Shiratori 1986) は排除される。

市民の力をどのようなかたちで結集して社会に現わしていくか。それをめぐる方法によって、福祉市民社会のありようはさまざまである。労働組合・共済組合・協同組合などが福祉に関わって政府と交渉し、サービスを創り上げていくということが社会の主流になるような社会もあるし、教会が大きな働きをする社会もある。近年日本で進められている、フランス・ドイツなどを中心とするヨーロッパ大陸の非営利協同セクターをめぐる研究 (佐藤 2002、川口・富沢 1999) は、こうしたタイプの福祉市民社会に関する関心を示すものといえるだろう。

これに対して、イギリスは異なるタイプの福祉市民社会であるが、その最近の姿は十分に日本に伝えられているとはいえない。サッチャー政権はアメリカ流の自助救済型への舵取りを狙って市民の抵抗にあい、結局は果たせなかったのであるが (毛利 1990)、当時の危機感にもとづく情報の衝撃力が大きかった影響もあって、イギリスをアメリカと同一のカテゴリーとして扱う類型化が福祉の国際比較のなかで行なわれるようになり（Espin-Andersen 1990）、イギリスの独自性をとらえようとする研究は、各国の福祉制度を紹介するシリーズ以外はあまり目立たない（注2）。このことは、私たち市民がこれからの私たちの社会の未来像を築き上げようとする際の情報不足を招いていると思う。

個人から出発するイギリス型福祉市民社会

イギリスは、個人から出発する市民社会である。個人の自発的・創造的なパワーがコミュニケーションによってつなぎ合わされ、非営利市民組織の活動となって現われ、公的セクターと非営利セクターとの組み合わせにより人々の安心と満足を生み出していく。その背後には神と対話する個人の自立と隣人愛とを共に強調するキリスト教の文化がある。しかし、この国の宗教文化は、カトリックの強い社会のように宗教団体がそのまま福祉の担い手となって現われるというかたちをとることは少なく、個々人のバックボーンとなって現わされる。非営利市民組織のワーカーという職業を選択したり、市民活動のために寄付をしたり、ボランティアというかたちで、金銭や時間を寄贈するという行為を通して社会に影響を及ぼしていくのである。

日本にはキリスト教の文化がないから、イギリスのことについて知ったところでよそごとにすぎないと考える必要はまったくない。日本にも、収入はさほど多くなくても人々との関わりのなかで創造的なやりがいのある仕事をしたいと願っている人々や、善意をかたちに現わしたいと思っている人は、老若男女を問わずたくさんいるし、多様な文化的背景がそうした思いを支えている。

ただ、この国には、そうした個人の自発性を社会の主流にしていく仕組みがまだ立ち上げられていないのである。そうした仕組みをつくり、個人の自発性から出発する非営利セクターを活性化させていくための手がかりを得るうえで、イギリスの社会、とりわけ今回私がフィールドワークを行なったノースケンジントンは、情報に溢れている。めざすべき新しい社会のかたちを改めて「福祉市民社会」と呼び、ノースケンジントンを通してとらえた、一人一人の「私」から出発し続ける「イギリス型福祉市民社会(注3)」のありようを描き出すことを通して、NPO法がつくられたばかりのNPO元年といってもよい状況のなかで新しい世紀を迎えた日本に生きる人々に役立つ情報を伝えたいと考えている。

2　市民社会・コミュニケーション・コミュニティ

福祉国家と市民社会

先にも述べたように、イギリスは、個人から出発する市民社会である。個人がそれぞれの生を全うできるよう、自由と共生との接点を求め続けた人々は、他の国々に先がけて民主政治を発達させ、ゆりかごから墓場までの福祉国家をめざし、早々と「曲がり角」にさしかかった。そこで、この国の人々は、個人の自発性にもとづく非営利市民活動を活性化し、福祉市民社会を発展させて今日にいたっているのである。

「福祉市民社会」の前提には、「福祉国家」への努力があり、同時に「市民社会」の成熟がある。自分の生きる社会の課題を改善することに生きがいを感じ、相互にコミュニケーションを重ね、ネットワークを組み、組織をつくって必要な行動を実践する――このような人々は、日本でしばしば「市民」という言葉でとらえられてきた。「市民」が増え、行政を含むさまざまな組織や個人に働きかけ、みずからの手で社会を変えていくとき、「市民社会」が実現する。そして、「市民」の力が福祉の面に向けられるとき、「福祉市民社会」が展開される。「市民」は、先人の要求・努力によって達成された「福祉国家」の骨格を大切にし、行政によるサービスを利用しチェックしてその質の低下を防ぎながら、それに加えて、市民の必要とする多様なサービスを創造していくのである。全国の村や町のことを考えると「市民」という言葉よりは「住民」という言葉のほうがなじみやすいかとも思われるが、社会科学のなかでの市民社会論の展開をふまえて、ここでは「市民」という言葉にこだわっておくことにしたい。

コミュニケーションと民主／市民社会

イギリス社会では、個人から出発して既存の大組織に頼らずに社会を変える動きを創り上げていく活動が盛んであるが、その動脈ともいうべきものは「コミュニケーション」である。個人が願いをもち志をもつためには、対話や討論のなかに身をおくことが必要であり、そうしたなかで得られたアイディアを伝えて膨らませ実現に導いていくためのコミュニケーションの力や場やメディアが必要である。市民社会は、そのような力《パワー》を育てるための教育を用意し、コミュニケーションの場を活性化し、パーソナル・コミュニケーションとマス・コミュニケーションとその中間にあるさまざまなコミュニケーションの渦巻く公共圏を現出させることで成り立ってきたのである。

市民のコミュニケーションの発達があって初めて「民」が「主」である民主社会が成り立つのであり、民主主義と呼ばれる政治制度が採用されたからといって「民」が主体である社会が実現しているとはいえない。コミュニケーションの発達をくじく方策が久しく為政者によってとられてきたために、とかく政治が空転しがちな日本社会と比べると、イギリスの社会でのコミュニ

ハイドパークのスピーカーズ・コーナー

スピーカーズ・コーナーに生きる言論の自由

ケーション、そして政治はかなり機能している。

言論の自由の発達史を学んだ人々にはなじみ深いコーヒーハウス——ジャーナリストの情報収集の場として初期の新聞・雑誌の発刊に深い関わりをもつとともに、人々が政治的パンフレットや新聞を読んで議論して不穏な場所だとして政府から警戒されたという（小林 1984, Herbermas 1990）——の機能は今では街角のパブが果たしており、人々は夕暮れになるとそこに集まって会話を楽しみ、週末にはパブランチを食べながら議論する。ハイドパーク内の北東の隅にある、1872年に正式に設けられたというスピーカーズ・コーナーでは、週末になると演説したい人や議論したい人がやってきては侃侃諤諤《かんかんがくがく》とやっている。ハイドパークは政策への意思表示のためのデモの集結場所としてもよく用いられ、同年3月のイラク戦争開戦前には200万人が参加する大デモンストレーションの場となった。世論の動きを受けて与党労働党の意見は割れたものの、野党の保守党が開戦に賛成であったため平和への願いが政府に届くことはなかった。しかし、戦争が一応の終結を見せた後も、政府とBBCの対決を経て、開戦の是非は議会で

スピーカーズ・コーナーで生き生きと意見を交わす人々

調査・論議されている。

ディスカッションやメディア・リテラシーを重視する学校教育や、少人数の議論を基本とする成人教育は、このような背景のなかにある。新しいコミュニケーション環境のなかで生きるために、多様な人々が熱心にコンピューター教室に足を運び、コンピューター教室のほうが高齢者の集合住宅のなかにまで出張している。人々は生涯を通じてコミュニケーションの力を鍛え続けていく必要を感じ、そのニーズを充たすための場を社会が用意しているのだ。

市民パワーの源泉としてのコミュニケーション力

自発性にもとづく非営利セクターの活動が、このような多面的なコミュニケーション力を身につけた市民によって立ち上げられ、また、そのような力を育て続けていく場となっているのはもちろんのことである。情報の公開、相談と要望に応じた応答や情報提供、議論や対話交流の機会の尊重といったことは、活動の基本である。コミュニケーションの力こそが、市民社会の力の源泉なのである。

「福祉市民社会」という言葉は、コミュニケーションの力を用いて政府・自治体に対峙する主体としての「市民」の役割を明確にするためのものでもある。市民社会は、福祉国家に対する批判者であり、対抗的相補性を発揮して行政と渡りあい、相互作用しながら、行政の福祉活動を改善させ、そのうえでさらにみずからの手で行政の手の及ばないところに弱者のニーズを見つけてサービスを創造していくのである。そのような主体性とコミュニケーション・パワーがなければ、コミュニティと関わろうとする人々は、市民とは名ばかりの、行政の安上がりの下請け係として召集されるにすぎない存在になってしまうであろう。

コミュニケーションとコミュニティ

コミュニケーションには大きく分けて2つの側面があると考えられる。情報伝達という側面と、対話交流、という側面がそれである（加藤 1986）。市民社会が、弱者の人格やニーズを尊重した福祉市民社会として発展するためには、この2側面が共に重視され、展開される必要がある。

このような2側面が共に大切にされる社会のありようは、今日の日本ではしばしば「コミュニティ」という言葉で表現されるように思われる。行政の「地域福祉課」も「コミュニティ福祉課」と名づけられると、なんとなくソフトな、話し合いを重視したイメージを与えるのである。しかし、「コミュニティ」という言葉は「共同体」と訳されるところから、「強者」である行政が「弱者」である市民に十分な情報を提供して質問や批判や要望を聴き、ときには立場や意見の相違からくる緊張関係をはらんだ相互的な対話を行なうという市民社会のコミュニケーションの姿が明確には浮かび上がってこないきらいがある。ほんわかとした一方的な古めかしい温情主義の支配する、もの言わぬ社会がイメージされてしまったりもするのである。

「福祉市民社会」は、このような「古いコミュニティ」とは異なる「新しいコミュニティ」である。「強者」の温情主義に丸め込まれないで、「弱者」が市民としての権利を主張でき、情報伝達と対話交流が十分に行なわれる「新しいコミュニティ」としての地域社会、さらには社会全体のイメージを表現する言葉なのである(注4)。

3　市民資金とコミュニティ・ワーク

市民資金の重要性

熱意とコミュニケーションさえあれば非営利セクターの活動は活性化する、などと考えるのは早計である。福祉市民社会を成り立たせている原動力は、コミュニケーションと並んで、市民活動のための資金とそれをめぐる仕組みである。実りあるＮＰＯ活動(注5)は、有給のワーカーと無給のボランティアの協働によって成り立っている。創造性と活力に溢れたワーカーがいなければ、善意やアイディアは十分な社会的影響力をもてないし、ワーカーの給料を出すためには当然のことながら資金が必要なのである。

イギリスでは、市民活動のための資金を市民自身の手で集める仕組みがじつによく発達している。非営利市民組織の活動のための資金としては、税金を用いた公的補助金、資金を使う組織が直接に市民から求める寄付金、活動として提供されるサービスの利用料金などがあげられるが、この他に非営利市民活動のために使途を特定しないで市民が託す資金がある。日本でいえば共同募金といったところであるが、イギリスでは古くから、遺産などの信託を含めた大口・小口の寄付を集めて管理・配分する非営利組織が発達している。そうしたＮＰＯのためのＮＰＯともいうべき組織を含めて非営利市民組織の運営をガラス張りにするための公的組織（チャリティ委員会

Charity Commission）や、寄付を簡便に行なうための仕組み、さらに非営利市民組織のための資金に関する情報をさまざまな立場の人々に提供するための機関も発達して、資金調達と配分は大規模に行なわれている。本書では、従来専門家の間で民間資金と呼ばれてきた市民自身の手による資金を改めて「市民資金」と呼び、「コミュニケーション」と並ぶ福祉市民社会のもう一つの血流である資金の循環過程に注意を向けていきたいと思う。

「市民資金」をめぐる仕組みがしっかりしてくることによって、ＮＰＯ活動は行政からの独立性を獲得し、独創的なアイディアをかたちにする可能性も増えてくる。この点に関するシステムを充実させていくことは、日本社会にとって今後の重要な課題である。ただし、長年研究の対象としてきた「コミュニケーション」とは違って、「市民資金」に私の目が向いたのは今回のフィールドワークの途中からである。したがって今回はその重要性を指摘し、市民社会の発展と結びつけて仕組みの発達を理解するために、「市民資金」と名づけてその性格を明らかにして、第Ｖ章の3節でふれるとともに最終章の2節に図式を示すにとどめることをあらかじめおことわりしておく。

市民社会とはまさに、市民がコミュニケーションと資金の力を蓄積して、政府との間で対抗的相補性を発揮するところに生まれたものである。これまで、コミュニケーションの側面を専門としてきた私が、現実の市民社会の参与観察のなかで、もう一つの重要な側面に改めて目を開かれたといった段階なのである。研究領域の細分化が進み、ウェーバーのいう魂なき専門分化の悪弊に陥っている社会科学が、そこから抜け出さない限り、社会は見えてこないことを痛感している（注6）。

ソーシャル・ワークとコミュニティ・ワーク

本書で扱う福祉市民社会の活動は、図書館、教育、ソーシャル・サービス、医療など自治体や国による活動も取り上げてはいるものの、参与観察を行なったオープン・エイジ・プロジェクトの活動をはじめ、大半がNPOによるコミュニティ・ワークである。ソーシャル・ワークとは、一人一人の市民が福祉市民社会の福祉サービスを活用して個人の生活上の問題を解決して生きていけるように、個人レベルで相談にのって援助を提供する活動である。それに対して、コミュニティ・ワークとは、コミュニティの住民をサポートしてさまざまな活動を立ち上げて運営し、コミュニティ全体をより生きやすい社会にしていく活動をさす。日本ではその必要性についての認識がまだ浅いように思われる。コミュニティそのものが改善されなければなかなか解決されないような問題を、個人の問題、せいぜいのところ一家族の問題として解決しようとしてソーシャル・ワーカーやカウンセラーが取り組んでおり、コミュニティ・レベルでの改善の取り組みは行なわれにくいため、問題解決の道は遠いのである。ホームレス・青少年・高齢者・外国人などさまざまな問題について、そのことはいえる。家庭でも、学校でも、行政による福祉サービスでも、心理カウンセラーのところでも、病院でも解決されない問題に取り組み、コミュニティの単位で問題を解決し予防できるように新たな活動をデザインし、あるいは従来からの活動をリフォームして、コミュニティを活性化していく仕事こそ、21世紀の日本に求められる職業である。この領域を成り立たせるためには、「市民資金」の流れがよくなることが不可欠なのである。

ソーシャル・ワーカーの仕事は、すでにつくられている法律にそって行なわれるため、予算も立てやすく、公的セクターで行ないやすい（注7）。しかし、法的な裏づけのない新しい活動を次々に立ち上げ、展開していくコミュニティ・ワーカーの仕事は、公的セクターよりもNPOセクターにふさわしいため、コミュニティ・ワーカーの多くはNPOで働いている。こうした仕事に対する給料は、市民資金を扱う組織にアイディアを出して応募してそこから補助金を獲得し、それに公的補助金を合わせてNPOの収入として確保することで、まかなわれている。不確実性を承知で未知の領域に挑戦する人々の姿がそこにある。

本書では、21世紀の日本を活発でおもしろいものにしていくために必要な仕事を創り出すコミュニティ・ワーカーの世界について、できるかぎり情報を提供したいと考えている。パラサイトできる住まいはあるがやりがいのある仕事が見つからないという若者が多い日本、そして税金はこれ以上出したくないが社会サービスは充実させたいと考える人々が多い日本社会に必要な手がかりを提供できることを願っている。

4 フィールドワークとエスノメソドロジー

本書は、福祉システムに関する情報だけをまとめて伝えるというスタイルはとらない。私自身の社会学の方法論と問題意識を生かして一つの社会の現場、すなわち「フィールド」を歩き回って、そこに入り込む。そして、ごく当たり前のこととして日々、時々刻々行なわれている人々のコミュニケーションのやり方やものごとの進め方、すなわち「エスノメソドロジー」に改めて目を凝らし観察するなかで、市民社会のエッセンスと思われるものを抽出し、そのエッセンスがあることによって初めて生きてくる福祉市民社会の組織や制度について考え、伝える、という方法をとる(注8)。制度のかたちや上澄みだけを伝えても伝わりにくい、水面下でのアヒルの水かきのように不断に行なわれている社会の組み立て方を言語化してみたいからである。
「和魂洋才」といえば聞こえはいいが、むしろ「仏つくって魂入れず」といったかたちでさまざまな仕組みが日本に渡来したのではないかと私は思う。それとは違ったかたちで、日常的・具体的にそれらの仕組みがどのように構成され動いているのかということがじっくり理解され、とりいれられ、応用されて、この国に根づいていくことを願っている。情報を伝えたいと強調するわりにはミクロな話が多くてわかりにくい本だともどかしく感じられるかもしれないが、小見出しや索引や目次を活用して、ノースケンジントンを歩きながら立ち止まってドアを開け、何時間か何日間かをその中にいる人々と共に過ごし、出てきてから議論するような気分でお付き合いいただければ幸いである。

注
1 軍事費との関連については、Center for Defense Information のホームページを参照。
2 そのなかにあって、武川（1992）と宮城（2000）は貴重な著作であり、多くを教えられた。
3 ノースケンジントンは、その歴史的・文化的背景によって、イギリスの他の多くの地域社会よりも福祉市民社会としての特性を多く備えていると思われるが、決して例外的な事例ではなく、福祉国家から、それを包み込んだ福祉市民社会へと発展してきたイギリスの先駆的もしくは代表的な事例であり、したがって福祉市民社会の特徴をとらえるにふさわしいフィールドワークの場であると私は考えている。

4　「強者」や「弱者」という言葉を用いないことが平等であるかのような考え方は、社会の改善を妨げる。階級を明確にしないで、国民の大半が中流であるかのような幻想を抱かせることが政党政治を機能させないのと同様、権力の所在を曖昧にする対等幻想は、真の平等に向けての対話を妨げてしまうことが少なくない。この点に関して日本の社会学は、イギリスの社会学と比べて、権力・階級というコンセプトを切り口とすることが少なく、その責任は大きい。マルクス主義社会学者によるものではなくても、イギリスの多くの社会学のテキストや専門書は、権力論を前提にして、階級・ジェンダー・エスニシティの3つの概念を切り口としている。

5　イギリスでは、歴史的な展開をふまえてチャリティとかボランタリー・セクターとかいう言葉がよく用いられ、NPO（Non-Profit Organization）という言葉はあまり用いられない。しかし、「チャリティ」には上から下への「お恵み」のニュアンスがあり、また、「ボランタリー・セクター」という言葉には市民の自発性がよく表わされているものの無給のボランティアが中心で有給のワーカーはつけ足しのようなものであると誤解されかねないきらいがある。イギリスでは、今日、ワーカーとボランティアとが協働して、援助を求める市民との間に平場の関係性を築こうとしている。いずれの言葉も、このように変貌しつつある非営利市民組織の姿を十分に現わしているとはいえないし、これらの言葉を多用するとイギリスでの活動を日本からは縁遠い特殊なもののように感じさせてしまう。一方、NPOという言葉を用いると、営利企業とは違って、その組織は、目的としている事業に必要な人件費その他の費用以外に利潤を上げてその利潤を経営者や株主に配分することはないということが明確に示されるので、現代の非営利組織の性質がよりはっきりして、有給のワーカーの位置づけも明確になり、「上から下へ」という臭みも消え、日本社会にとって親近感のもてるものとなる。それゆえ本書では、組織や法律の名称、個人が語った言葉のなかに登場する場合などを除き、NPO、あるいは非営利市民組織という言葉を用いていきたいと思う。

6　本書がその多くを負っている宮城（2000）氏らの研究に、さらに多くの研究が加えられて、日本での市民資金をめぐるシステムづくりのための情報が蓄積・活用されていくことを願っている。私自身にとってもさらに情報収集を続けたい課題である。

7　日本では、名称だけは比較的知られているソーシャル・ワーカーでさえ、専門的職業として十分認められず、希望しない職員が生活保護を扱っていたり、専門的訓練を受けた熱心な職員が経験を活かせない部署に配転されたりといったことが、いまだに公的セクターでも起こっていたりするのであるが、イギリスの場合は、自治体のソーシャル・サービス部門でのソーシャル・ワーカーの専門性が確立されている。コミュニティ・ワーカーは、それに比べるとソフトな段階にあり、専門的訓練のための教育は確立されておらず、他の領域からの転職者が多く活躍している。

8　フィールドワークに関しては、佐藤郁哉氏の多くの著書（佐藤 1992他）を、エスノメソドロジーについては、加藤（1986）を参照。また、エッセイ風のスタイルをとっているが、加藤（1984）もエスノメソドロジーの方法を用いたフィールドワークの報告である。

Ⅱ　ノースケンジントンの歴史と現在

イギリスは、2000年段階で、日本の約3分の2の国土に、日本の約半分（5770万人）の人口をもつ。首都ロンドンには、東京の半分強の700万人ほどが住み、ケンジントン・アンド・チェルシー区には、約14万人、そして、その北部のノースケンジントンには、2万6000人余りの多様な人々が共生している。現在にいたる歴史の縦軸から、まず見ていくことにする。

1　移住者の町

労働者とその予備軍

ノースケンジントンは、ロンドン市内の西北部に位置する。といってもかなり中心部に近く、東京でいえば銀座通りとでもいうべきオックスフォード・ストリートから1回の乗り換えを含めて地下鉄で約30分、直通バスで渋滞のない時間帯なら40分ほどのところにあり（図Ⅱ-1）、ケ

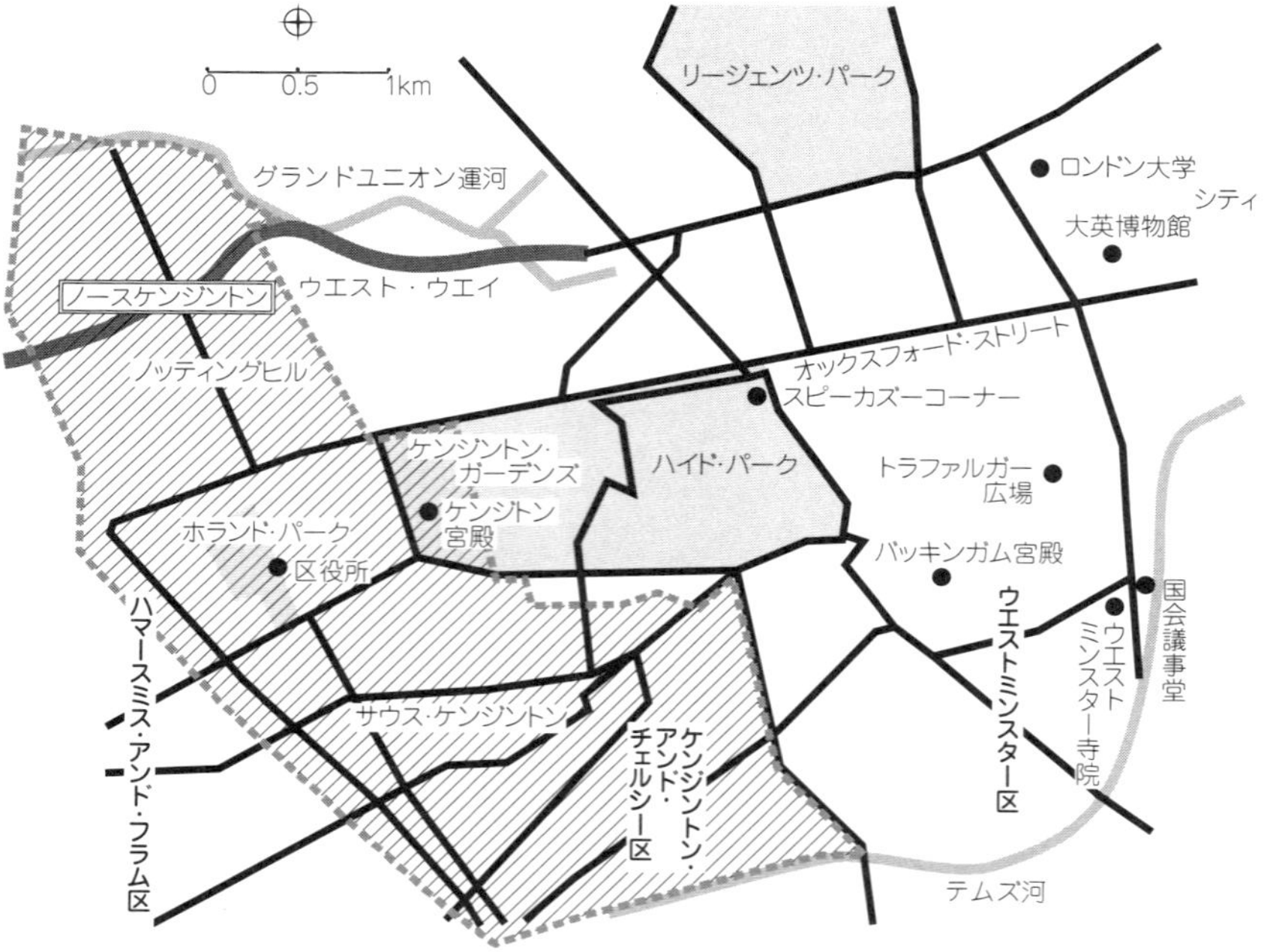

図Ⅱ－1　ロンドン中心部とケンジントン・アンド・チェルシー区（▨内）

ンジントン・アンド・チェルシー区（Royal Borough of Kensington and Chelsea）という大きな区の北部に位置している。同じ区の南部に位置し、ケンジントン宮殿やケンジントン・ハイストリート、チェルシーといった華やかなスポットをもつサウスケンジントンとは対照的に、ノースケンジントンは古くから労働者の町として知られてきたところである。はじめは国内の農村部から、やがてアイルランドや、ポーランド、スペイン、ポルトガル、カリブ諸島やアフリカやアジアの旧植民地、モロッコなどの植民地外のアフリカ諸国などから、次々に移住者がロンドンに入ってきて、さまざまな矛盾・葛藤を経験しながらこの地にたどりついて定着し、あるいはここにいったん住んでから、ロンドン市内やイギリス国内の各地に散っていったという歴史をもっているのである。貧困階層を描いた19世紀の著名な作家C・ディッケンズの作品の舞台としても知られ、当時から現在まで、「アイルランド・ジプシー」と呼ばれる放浪の民のキャンプ地でもあり続けている。いわば、労働者階級の町でもあり、労働者階級以前のイギリス社会の「外側」の人々が、生き、定着してこの社会の労働者となるための場所、あるいは他の土地に労働者として定着するための入り口、さらには再び放浪の旅に出るための宿営地でもあり続けてきたのである。

この国に定着して労働の場を獲得し、あるいは失業者として労働者予備軍となり、家族を形成してからも、人々は、国外のふるさとをアイデンティティのよりどころとして保持し続け、いつかそこに帰ることを夢見て出稼ぎ感覚で都市生活を送る。その間、あるいは帰らないと決めた後、人々は、「ふるさと」の手近な代替物として、この国で最初に苦労して生活を始めたこの地を「ふるさと」の言葉や食物や音楽などを濃厚に味わうことのできる場所としてキープし続ける。だからノースケンジントンでは、今も50余の言語が日常的に使われており、ポルトガルやスペインや西インド諸島やアフリカ各地の食物が売られている。故国の地名を掲げた飲食店はロンドン中からふるさとのなまりなつかしとばかり集まってくる人々で毎日賑わい、アイルランド系やポーランド系の集まるカトリック教会や旧ユーゴスラビアからの難民の集まるセルビア教会、カリビアンの街、モスクなども、同郷の人々の出会いの場である。国内の、ヨーロッパの、さらには世界中の矛盾と搾取と貧困と民族差別に押し出されて生じた人口移動の歴史的な堆積が、エスニックな「文化」として生き続け、マルチカルチュラルな、さらには混合してハイブリッドな雰囲気をかもし出している場所としてこの地域は存在している。

2　ノッティングヒルとノースケンジントン

イメージとしてのノッティングヒル

全国的にこの地域が取り上げられる場合、ノースケンジントンは、ノッティングヒルという名称の下に包摂されて呼ばれることが多い。地理的な名称として厳密にいえば、ノースケンジントンは、区会議員の選挙区用に21に分けられたケンジントン・アンド・チェルシー区内の最北部5地域――セントチャールズ、ゴルボーン、ケルフォード、アボンデール、コルビル――を指しており(注1)、この区を南北2つに分けて北部全体を漠然と示しているというわけではない。ノッティングヒルというのは、そのすぐ南の、より富裕な層が多く住む地域であるペンブリッジやノーランドを中心とするあたりの名称で、地下鉄の駅名でもあり、芸術や文化、マスコミなどを業とする人々が多く住むところから、有名な地名である。つまり、「ノースケンジントン」と言っても近くの人にしかわからないが、「ノッティングヒルのあたり」と言えば、全国的になんとなくわかってもらえるのである。そうした事情から、行政的な取り組みの対象として区内ではノースケンジントンとして識別される地域も、全国的には、ノッティングヒルと呼ばれ、後にふれる1950年代の人種差別暴動事件も「ノッティングヒル・ライオット」として喧伝された。さらに、ノースケンジントンを舞台とする街頭フェスティバルも「ノッティングヒル・カーニバル」と名づけられ、若者向けにおしゃれな街を紹介する「ノッティングヒル」の観光案内書（Davies and Anderson 2001）には、ゴルボーンやコルビルもマルチエスニックな地域としておおいに取り上げられている、といった具合である。

しかし、歴史的な矛盾をはらみながらも地域改善の努力が続けられ、住宅をはじめとする諸施設の整備を、たんなる上からの「箱づくり」に終わらせることなく、コミュニケーションを基盤とする、生きた「町づくり」にするための市民活動が渦巻いている地域を表わす名称としては、「ノースケンジントン」がふさわしい。「ノッティングヒル」の華やかなイメージの影に隠されてしまうこの地の現実をめぐる問題点や努力が、「ノースケンジントン」としてこの地域をとらえたときに浮かび上がってくるからである。

現実としてのノースケンジントン

イギリスという国全体が、「豊かな南」対「貧しい北」という構図で歴史的に発展してきており、南を基盤とする保守党と北を基盤とする労働党という傾向は今日もはっきりしている。その縮図のように、ケンジントン・アンド・チェルシー区も、上記の北の各地区は労働党の地盤であり、残りの南側の地区は、ハマースミス・アンド・フラム区に隣接した南端のサウススタンレイ（注2）を除き、すべて保守党の安定した地盤である。

区議会の多数派は常に保守党が占めているため、労働党が執行部を占める区のようにストレートに区の資金を投入して区営住宅を建てるといった事業が進まない。そうした状況のなかで、この地域の改善は次のようなかたちで進められた。議会外の市民運動の圧力や、国全体の差別緩和政策の影響のもとで、区の予算に加えて中央政府やロンドン市、その他さまざまな民間団体から基金を獲得し、トラストを立ち上げたりプロジェクトを実施するという経過がそれである。

とくに、1993年から1997年まで国庫からの補助を得て行なわれた「ノースケンジントン・シティ・チャレンジ」と呼ばれるプロジェクトは、上記の5選挙区の中から比較的富裕層が多く住んでいるケルフィールドの大半を除いた地域を対象として、数々の地域改善事業を行ない、住宅の増設と改善、失業率と犯罪の減少などの成果を得た。現在は、モロッコ系を中心とする非白人が人口の半数近くを占める最北部のゴルボーンに対して7年にわたる国庫補助を得て、地域改善事業をハード、ソフト両面にわたって展開中である。NPOによるコミュニティ・ワークの多様なプロジェクトに対しても、その資金は、企画募集への応募に応えて補助金を出すというかたちで投入されている。

ノースケンジントンの人口は、約2万6000人であるが、イスラム系などの多産な人々が多いため青少年の人口比率が高く、家庭の貧しさや言葉のハンディキャップが、学力不足さらには就職困難や失業として現われやすい。こうしたなかで、青少年の自信とやる気を養い、就職のための力をつける機会を提供し、犯罪のない町をつくるというソフト面での課題が、住宅というハード面での課題が前進を遂げた後のこの町でとくに大きくクローズアップされてきている。

「ノースケンジントン」はケンジントン・アンド・チェルシー区にとって、依然課題であり続けているのである。

3　転機となった人種差別暴動

カリビアン労働者の到来

この地域の社会問題が全国的な注目を集めたのは、1950年代の末である。1948年に労働力不足のイギリス当局による求人に応じて「ウィンドラッシュ号」という船で多数の黒人が当時まだイギリスの植民地だったカリブ諸島から到着し、ロンドン南部で防空壕やカマボコ兵舎などの仮住居を与えられてひどい待遇を受けた後、仕事を求めて各地に散っていった。そのなかで、かなりの部分が住みついたのが、この歴史的な移住者の町ノースケンジントンであった。その後も、多くのカリビアンがやってきてこの地に住まいを求めた。

当時この国は戦後復興のため労働力を必要としていたのだが、住宅供給は追いつかなかった。悪徳住宅業者による搾取のもとに苦しんでいた白人たちは、黒人の大量な移住を脅威として受け止めた。ボリュームの大きな音楽を好むなどの生活習慣の違い、職をとられるのではないかという恐怖、さらには性的魅力のある異世界の男たちによって「女」を奪われるのではないかという恐れや偏見などが強まり、黒人をフラストレーション解消のためのスケープゴートにしたり、「より下」の差別対象を求める貧しい白人移住者の心理等が重なってこの町の緊張は高まった。

殺された黒人青年の葬儀が行なわれた聖マイケル教会

ノッティングヒル暴動

白人の不安感と差別感情を利用して勢力を伸ばそうとする右翼が、この地を本拠地として国会への進出を狙って偏見をあおったことも手伝い、1958年の8月末には、ロンドン中から数百人の暴徒が集まって地元の差別的な白人に合流した。黒人を袋叩きにしたり、住居を襲ったりする騒乱状態が数日続いて、「ノッティングヒル・ライオット（暴動）」と名づけられ、もう一つの人種差別暴動の焦点であるイングランド中部のノッティンガムと並んで、連日マスコミに大きく取り上げられた。

さらに翌年の5月には、黒人の若者が白人暴徒の袋叩きにあって殺されるという事件が起こり、この地域も、国全体も大きな衝撃を受けた。ノースケンジントンの中央部にある教会で行なわれた葬儀には、良心派の白人を含めて1000人余が集い、区の北端にあるケンザルの墓地まで、ラドブロック・グローブの大通りを歩く長い葬列が続いた。この報道によって「ノッティングヒル」周辺の抱える問題は全国的に知れわたり、この地の矛盾を解決するための取り組みがうながされることとなった。スラム化した住宅の問題が根幹にあったことから、住宅の建設と、それにともなって町づくりの計画が進められ、コミュニティ・ワークやソーシャル・ワークに関心を寄せるボランティアも多く立ち上がり、あるいは新しく設けられたポジションにワーカーとして応募して、改善のための活動を進めることになった（Pilkington 1988）。

4　NPOを主軸とする住宅の改善

ハウジング・トラストによる取り組み

住宅に関して、この区は、区営住宅よりむしろ非営利のハウジング・トラスト(注3)による住宅建設に多く依存する政策をとり続けた。区営住宅もまったくつくられなかったわけではなく、ロンドン市によって市営住宅はかなり建てられたのだが、それらを合わせた自治体による公営住宅の比率はロンドン市内の労働党の強い他区に比べればはるかに低かった(注4)。前記のように、区の南部・中部を地盤とする保守党が行政の責任者の位置に座り続けたことから、貧困層への税金支出をできるだけ少なくしつつ、北部の地域のアメニティを高め、同地域および区全体の安全性を創り出していくことが狙いであった。

このような政策のなかで、第2次大戦以前からこの地の改善に力を入れてきたケンジントン・ハウジング・トラストと、もう一つ新たに市民の手で創設されたノッティングヒル・ハウジング・トラストを中心に、ノースケンジントンの住宅改善事業が進められていくことになる。いわば、住宅NPOとでもいうべきものを軸として住宅政策が進められたのである。区の図書館のローカル・ヒストリー部門に保存されているこれらのトラストの年次報告書や節目ごとの記念出版物を見ると、それぞれの時代を反映しつつ営々とした努力を続けてきたことがわかる。Ⅲ章に見るように、このようなハウジング・トラスト重視政策は、長い目で見れば、必ずしもノースケンジントンの住民の不利をもたらすものではなかったのである。

激しい住民運動

しかし、民間の家主の権益を守り、不動産に対して課税される地方税収入を確保することも保守党にとって重要な関心事であったから、ノースケンジントンのなかでも比較的ノッティングヒルの賑わいに近く、高い家賃の期待できるコルビル地域などでは、有名な悪徳家主も存在し、彼らの搾取はなかなか終わらなかった。他から差別的に忌避された黒人たちを一つのフラットに鈴なりに住まわせて高い家賃をとったあげく、区から補助金を得て改装してグレードアップし、家賃を高くしてもとから住んでいた人たちを追い出し、転売を重ねてさらに利益の追求をはかる業者も後を絶たなかった。住宅改善を怠ったまま劣悪な状況に耐えかねて住民が出て行くのを待っている家主も少なくなかった。一方、住民も組織を結成し、連帯感を高め、ハウジング・トラストによる住宅建設を促進するための条件づくりを区に要求した。しかし、区当局は強制執行の公的権限の行使を嫌ってこの事態を長引かせたため、住民の批判は高まり、激しい運動が続いた（O'Malley 1977）。

5　生活環境の改善

遊び場とコミュニティ・センターづくり

住宅改善が長引いていた間に、1967年夏にはノッティングヒル・サマー・プロジェクトが実施された。主催者の市民組織の呼びかけに応じて全国から100人余の学生が集まってひと夏の間、教会などに泊まり、住宅に関する聴き取り調査を行なったり、遊び場づくりやコミュニティ・センターの開設を手伝ったりした。

子どもの遊び場の問題は、劣悪な住宅状況と不可分の関係にある。そうした住宅に住む母親の大半は働いているから、なんとしても保育所が必要であり、とくに夏休みには安心なスタッフのもとで子どもが一日中遊べる安全な場所が確保され、遊具なども獲得される必要がある。そこで、ピープルズ・アソシエーションやロンドン・フリー・スクールなどの市民運動組織が、その重要な活動の一つとして遊び場問題に取り組んだ。保育者の賃金や遊具などのための資金を各方面から得て、保育用の遊び場の増設と充実が進められ、保育所の開設にもつながっていったのである。

ノースケンジントン・アメニティ・トラストの創設

そうした活動をきっかけに、ノースケンジントンを横切るかたちで建設されることになった自動車道路ウェストウェイの下のスペースを、遊び場の一つであったアクラム・ロードのあたりを含めて住民たちのために活用しようという運動が展開されることになり、Ⅲ章で改めて取り上げるようなノースケンジントン・アメニティ・トラスト（後にウェストウェイ・デベロップメント・トラストと改称）が1971年に創設される。この他、さまざまな運動や要望が実り、その後もさらに不断の活動が続けられて、ノースケンジントンの地は、住みやすい町に変貌し続けていくのである。

現在のノースケンジントンは、失業者が比較的多いことと結びついて、犯罪などについてもなお不断の取り組みが必要な地域である。しかし、人種差別は大幅に改善されて、人間関係もよくなっている。

人種差別の改善

1960年代のはじめに女性のコミュニティ・ワーカーたちによって子どもの祭りとして始められたカーニバルは、何度も危機を経験し、当局に対する抵抗のシンボルとなって多くの逮捕者を出したこともあったが、今日では、スポンサーのバックアップを得て、ヨーロッパ最大を誇る100万人規模の大規模な街頭フェスティバルとなっている。1958年の人種差別暴動を記念するかのように同じ8月の最終の週末に行なわれるこの祭りは、白人も数多く参加して楽しみ、カリビアンがこの地に根づき、イギリスが多文化共生の国として成熟を遂げたことの象徴としてとらえられている。巨大化したカーニバルは、麻薬の密売や騒音被害などの問題を今も抱えているが、顕在的な黒人差別は終わりを告げたといってよいと思われる。

6　市民活動の軌跡

ボランティア活動の伝統とワーカーの登場

イギリスには、社会正義のためにボランティア活動を行なう伝統があり、さらに、各方面から資金を獲得してＮＰＯ活動を立ち上げ、人々にとって必要な活動を自分たちの「仕事」として創出していこうとする生き方と、そうした人々を支える社会的・経済的・政治的な仕組みがある。地域社会の改良にそうしたエネルギーが注がれるとき、行政に先だってさまざまな活動を生み出していくコミュニティ・ワーカーが、町のあちこちで住民のなかから登場し、あるいはよそからやってきて住民のなかに入って働くことになる。行政の行なうコミュニティ改善事業と、非営利市民組織がコミュニティのニーズをくみ上げていく活動とが重層的に展開され、次々に新しいサービス活動が生み出されていくのである。

行政とのせめぎあい

市民の粘り強い働きかけの結果、行政がトラストの立ち上げやより小さな組織へ援助金を出すことを通して、要求された課題に間接的に取り組むことを決定すると、行政の都合のよいかたちに換骨奪胎されないためのせめぎあいが起こる。トラストの場合にも、より小さなＮＰＯ団体の場合にも、チャリティ法の規定にのっとって運営委員会が設けられ、その委員は地域社会の各方面から選ばれて無報酬で決定に参与するのだが、行政側は、思いのままになる委員を送り込んで、先鋭的な運動側の意見を押さえ込もうとする。一方、運動側は、住民の利益を追求して、委員ポストをめぐる押し合いが起こる。とくに、1960年代には、先進工業諸国の市民運動や学生運動が盛んであった状況のもとで、この地域の運動もかなり盛んに行なわれ、ときには先鋭化して、区役所へのデモや区議会のロック・イン――大勢で傍聴に行って議場の鍵を閉めて徹夜の討論を要求する――といったことも行なわれた。住宅問題に関しては、スクォッティング（空家の占拠）も行なわれ、みずから空家を占拠したシングルマザーがアジテーターとして活躍し、自分の住宅の獲得に成功しただけでなく、近隣の劣悪な住居に住んでいた他の住民のために快適な住宅をかちとったケースもあった。

二大政党制を補う市民運動

1960年代後半から1970年代の前半にかけてコルビルを中心に活動したピープルズ・アソシエーションの積極的なメンバーであったジャン・オマリー（1977）によれば、この区では先述のように貧富の地域間格差が大きかったため、北部の選挙区の労働党議員には選挙が安泰すぎる状況だったという。すなわち、コミュニティでの党の活動が低調でも議席を得られたため、地域の課題への取り組みが弱く、その分、議会外の運動組織による圧力が必要だったとのことである。二大政党が強いと、国政レベルでは選択肢があって政治を機能させる働きをするものの、この区のように経済構造的に政権交代が困難なところでは、政治の沈滞が起こりがちである。労働党議員が議席に安住して住民の要求の実現のための努力を怠りがちになるため、議会の外側から市民運動によって強く要求しないと弱者のための政策が遅れやすいのである。そうした状況を突き抜けるために、市民が活発に活動し、その結果として次章以下に見るようなさまざまなＮＰＯを立ち上げ、その伝統は今日まで続いている。かっての激烈な活動家は、今はさまざまなかたちでＮＰＯ組織の担い手としてリーダーシップをとり、あるいは一市民として、非営利市民社会の

危機感と期待感の交錯のなかで育つ市民社会

サービスの担い手、あるいは利用者、資金提供者、さらにはウォッチャーとしてこれらの組織の腐敗を防ぎ、発展をうながしている。

ノースケンジントンに「市民社会」としての骨格が育ち、その動脈としてのコミュニケーションが制度としても位置づけられ、現実のプロセスとしても息づいているのは、町が決して安定しきっているわけではない、という事情にもよっている。この町は、混乱と不安の経験やなまなましい伝聞をもち、現在も失業率が高く、ちょっと手を抜けば多文化社会が分裂し、都会の砂漠化が生じ、犯罪の渦巻く町と化すであろうという懸念を住民は抱いている。この地を住みやすい町として確保・発展させようとする熱意を自分自身がもち続けない限り危ないという、歴史の記憶に裏づけられた危機感をもつ市民が少なくないと思われる。逆にいえば、市民の要求が実現されて思いもかけぬ快適な町が出現してきた経験が、「なせばなる」という期待感を人々に抱かせている。危機感がなければせっかくの制度も形骸化し、建物は荒れ果てる。期待感がなくても同様である。適度の危機感と適度の期待感が、市民の意識やコミュニケーションを活性化させ、行政任せではない社会を現出させているといえるだろう。

コミュニケーションと市民社会の関係を参与観察するフィールドとして、また、多文化の渦巻く都市社会の公共空間に渦巻くコミュニケーションの現場とそのなかで不断に自我形成・社会形成の営みを続けていく人々に出会う場として、この町は興味深い。コピーして持ち帰った数々の無名の人々の自伝や聞き書きや、コミュニティ活動の歴史を市民活動の主体の立場から書き綴ったパンフレットの助けを借りながら、歴史のなかで苦闘した人々の足跡をたどると、そうした軌跡のうえに現在を生きている人々の営みの意味が深まっていくのを感じる。というわけで、歴史をさらに掘り下げて社会史に踏み込みたいという誘惑もあるのだが、時間軸の探求はここで切り上げ、空間的な広がりに目を転じたい。

次章では、ノースケンジントンの都市空間をいくつか焦点を定めながらフィールドワークし、福祉市民社会としてのノースケンジントンの諸活動を提示していく。そのようにしてノースケンジントンの歴史と現在を概観し、この地を時空的な広がりのなかで把握したうえで、より焦点を絞ったフィールドワークに入っていくことにする。

注

1 調査開始時点では21選挙区であったが、２００２年の地方選挙の際には18に変更され、北部に関してはケルフォードとアボンデールが統合されてノッティングバーンズとなった。ケルフォードは比較的富裕層の白人が多い地域で、その一部はノースケンジントンの地域改善計画からは外されている。アボンデールはかってはノッティングデールと呼ばれた地域で、アイルランド・ジプシーの宿営地として知られ歴史的に貧困問題を抱えており、ハローやラグビーなどの著名なパブリック・スクールの同窓生が関わった伝道団のコミュニティ・ワークや、オクタビア・ヒルなどのハウジング・トラストによる住宅建設等々、多くのコミュニティ・デベロップメント活動が行なわれてきた地域である（Whetlor 1998）。したがって、地域の特徴を認識するうえでは5地域と考えておいたほうが有効であるので、ここでは改正前の選挙区割りを用いる。

2 ２００2年にはクレモーンと改称。このときの選挙では保守党が議席を獲得している。

3 「弱者」のための住宅提供を目的とする非営利市民組織は、公的名称としてはハウジング・アソシエーションと呼ばれ、住宅協会と訳されている。しかし、この地域で活動する住宅ＮＰＯは大半がハウジング・トラストと名乗り、トラストという名にふさわしい市民の信頼を元手にした事業を展開している。イギリスで公益的な活動に取り組む非営利市民組織をトラストと呼ぶことは、環境保全活動や史跡保存活動などに関して日本でも知られているので、本書では住宅協会という言葉は用いず、ハウジング・トラストとして記述する。

4　2001年の国勢調査の際のこの区の公営住宅の比率は8・8%（トラストによる非営利賃貸住宅17・2%）である。西南隣のハマースミス・アンド・フラム区の公営住宅比率19・2%（同上13・5%）、東隣のウエストミンスター区の公営住宅比率12・9%（同上16・0%）と比べても、この区の公営住宅の比率の低さがわかる。イングランドとウェールズ（イギリス全体のなかのスコットランドと北アイルランド以外の地域）の公営住宅13・2%（同上6・0%）というデータと比べてみても、この区のトラスト住宅中心の住宅政策は明らかである。なお、市営と区営を区別した国勢調査データは公表されていない。ロンドン市の公営住宅のデータをまとめたものも未公表である。

III

ノースケンジントンの福祉市民社会

前章で述べたような困難を乗り越えてきたこの町の歴史の上に、現在くり広げられている福祉市民社会はどのようなものだろうか？　この章では、その発展を物語るさまざまな活動について述べたいと思う。

福祉市民社会は福祉国家の骨組みの上にＮＰＯ活動を加えて成り立っていると述べてきたが、この章では公的福祉については日本にあったらよいと痛切に感じられるような特徴的なものをいくらか取り上げるにとどめ、主として非営利市民活動を取り上げる。福祉国家としてのイギリスの医療や社会サービスの制度を詳細に紹介した本はすでに出されており（武川・塩野谷編 1999、田端・右田・高島編 1999）、高齢者関連のエイジ・コンサーンといった全国規模のＮＰＯについての紹介もある（武川 1992）が、イギリスの草の根のＮＰＯ活動について日本に伝えられていることはあまりにも少なく、福祉市民社会の特徴を伝えるにはこの部分の情報が不可欠だと考えるからである。そんなわけで、この章に取り上げる活動は、公的な福祉サービスであるととくに記載していないかぎり、すべてＮＰＯ活動である。

誤解を防ぐために言っておくなら、この国の公的な福祉活動は、国で行なわれている医療サービスと、自治体によって行なわれているソーシャル・サービスの2つが組み合わさって整えられており、NPOが代替しているといったことはない。自己負担がなくホームドクターをめぐる仕組みが充実している代わりに、病院での専門医療の待ち時間が長いという問題はあるものの、すべての国民に対して国民保健サービス（National Health Service＝NHS）による医療が行なわれている。また、自治体のソーシャル・サービス部門の活動は、専門性の高いソーシャル・ワーカーをつうじて、人々の暮らしの各面にわたって日本よりはるかに行き届いており、日常生活のなかでの人々の安心感はかなり高い。その上に、福祉国家の骨組みを彩り、これに肉づけするかたちで、NPOが各種サービスを展開しているのである。

なお、福祉国家としてのこの社会がもつ医療や社会サービスに関しては、第V章の3節g項に取り上げ、他にも本文の関連箇所でふれるが、その全貌を知りたい方は、先にあげた参考文献や、ケンジントン・アンド・チェルシー区その他各自治体のホームページを参照していただきたい。

この町には数え切れないほどのNPO活動があるので(注1)、ここでは、まず、地図と国勢調査データにもとづいてノースケンジントンの全体像を示してから、この街を歩き廻ってみるような感覚で、いくつかの特徴的な都市空間に着目しつつ、そこに展開される活動を取り上げていくことにする。

1　ノースケンジントンの全体像

現在の町のイメージ

ノースケンジントンは、東京にたとえていえば新宿区の北部といったイメージのところである。東京の23区内にあたるインナー・ロンドンの中でもかなり都心から近いところにあるマルチエスニックな町で、南のほうには新宿御苑をイメージさせるケンジントン・ガーデンズやホランドパークがあるからである。ただし、都心から見れば西寄りで、都庁にあたるものはこの区にはない。また、おしゃれな町といわれるノッティングヒルにも新宿の中心部のような華やかさはなく、個人商店があるポートベロー通りのほかは、住宅街が続いている。

住宅街はすべて4～5階建ての集合住宅で、きれいにそろって連続しており、一戸建てはほとんどない。住宅整備が進められた現在では、ノッティングヒルでもノースケンジントンでも、ハウジング・トラストによる賃貸住宅と、買取の高級住宅が混在していて外見上は識別できないことが多い。知人の住む、労働者や失業者の多い集合住宅の数軒先に、現職の北アイルランド担当大臣が同じつくりの建物のいくつかのフロアから成る住宅を買って住み始めたときも、その門口にテロを警戒する警官が立って初めてそれとわかったほどである。東京のように市街地の建物の建築が個人や私企業にゆだねられていて見た目に統一感がなくバラバラした印象が強い町とはまったく違い、現在のノースケンジントンは整備されたまとまりのある街であり、ロンドン市内

カーニバルの日の街並み

の大部分がそのようになっている。写真は、後に述べるカーニバルの日の街並みの様子である。

地域の略図

図Ⅲ-1は、前章の図Ⅱ-1に示したケンジントン・アンド・チェルシー区の北部のノースケンジントンと呼ばれている地域を拡大したものであり、主要道路と本章に登場するおもなスポットが示されている。縦軸は南北に背骨のように通ったラドブロック・グローブという大通りとその東側にあるポートベロー通り、横軸は北端のグランド・ユニオン運河と高架の自動車道路ウェストウェイで、地下鉄の駅は、ラドブロック・グローブとラティマー・ロードの2つがあり、この他いくつかのバス路線が縦横に走っている。

地図に記しきれないので割愛した学校についてここで若干ふれておけば、ノースケンジントンだけで小学校が11校、中学校が1校、シックスス・フォーム・カレッジと呼ばれる2年制の高等学校が1校ある。中学校になるとⅣ章のcで述べるように、ノースケンジントンの区域をはみ出して区の中央部にあるホランドパーク・スクールに進んで義務教育の終わる15歳までを過ごす生徒が多い。

人口と年齢構成

2001年の最新の国勢調査の地域別資料(Census 2001

図Ⅲ－1　ノースケンジントン

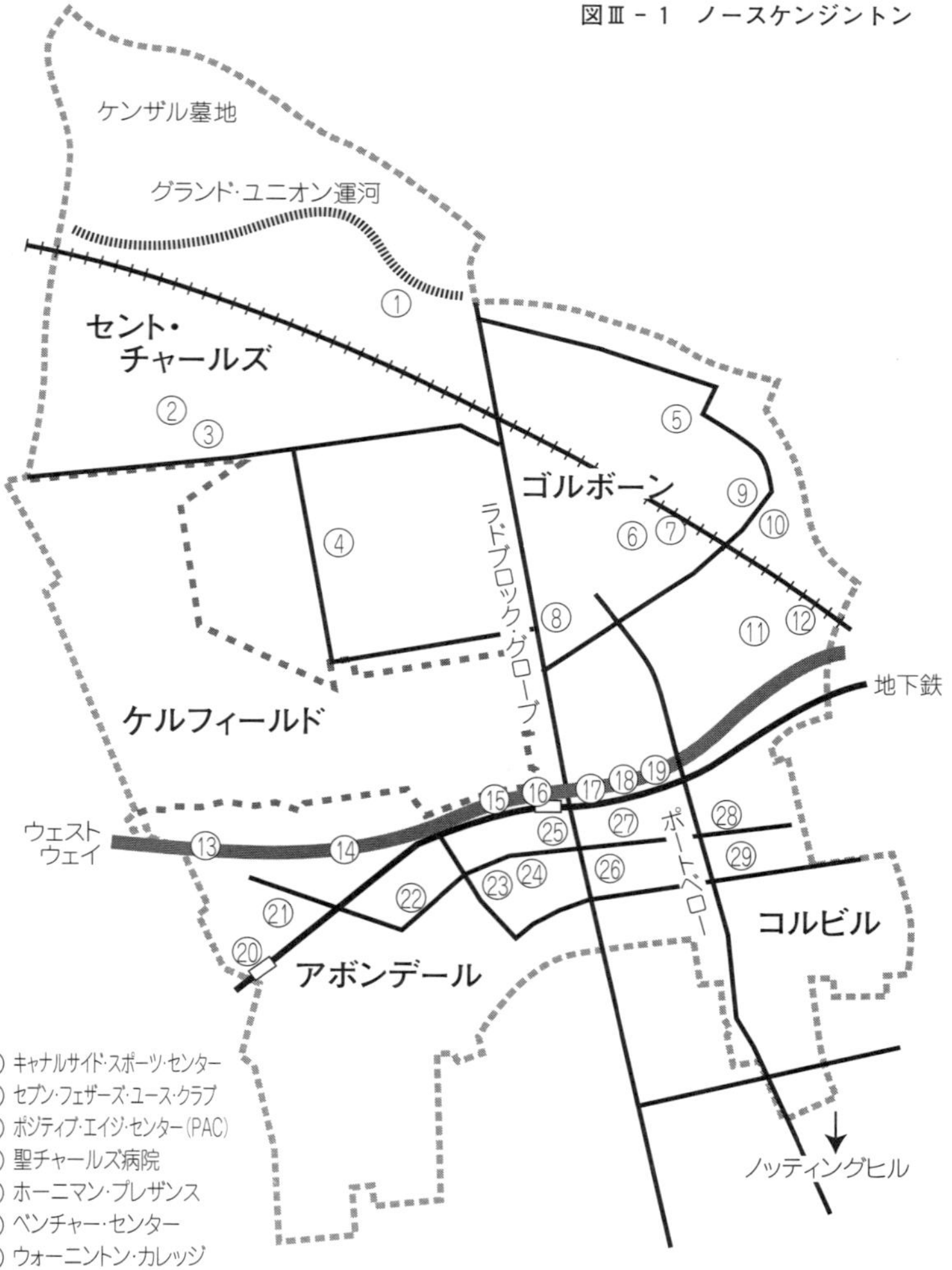

①キャナルサイド・スポーツ・センター
②セブン・フェザーズ・ユース・クラブ
③ポジティブ・エイジ・センター（PAC）
④聖チャールズ病院
⑤ホーニマン・プレザンス
⑥ベンチャー・センター
⑦ウォーニントン・カレッジ
⑧聖マイケル教会
⑨トレリック・タワー
⑩ミーンホワイル・ガーデンズ
⑪ゴルボーン・ユース・センター
⑫モスリム文化遺産センター（モスク）
⑬ウェストウェイ・スポーツ・センター
⑭マキシラ・ナースリー
⑮女性建築教育スクール（WEB）
⑯エピックス
⑰ウェストウェイ情報センター（ソーシャル・サービス／CAB）
⑱ペッパーポット・クラブ
⑲オープン・エイジ・プロジェクト（OAP）
⑳ラティマー・ロード駅（地下鉄）
㉑ハロー・クラブ
㉒メソジスト教会（コミュニティ・ヒストリー・グループ）
㉓トマス・ダービー・コート
㉔ロンドン・ライト・ハウス
㉕ラドブロック・グローブ駅（地下鉄）
㉖ノース・ケンジントン図書館
㉗ランカスター・ユース・センター
㉘オール・セインツ街
㉙タベナックル

ホームページ。この節のデータはすべてこれによる）によれば、人口は、この地域全体だとほぼ2万6000人である。住民の年齢構成をこの区全体の年齢構成と比べると、20歳以下の子どもや青少年の比率が26・6％（区全体18・9％）と高い。一方高齢者の比率は、前期高齢者・後期高齢者ともにそれほど高いというわけではなく、多産な移住者の流入を反映して比較的若い年齢層が目立つ町だということができる。

住民の職業

この地域の住民の職業は、技術者、事務職、管理職、対人サービス、機械操作、手工業などに分散しており、区全体と比べると多目なのが事務職や対人サービス従事者、手工業などで、管理職は区全体では26％を占めるのに対してノースケンジントンでは15％ほどである。ロンドン市内ではさまざまな階層の人々が入り交じって住んでいるため、このあたりにも管理職が住んでいるものの、豊かな住宅地である区の南部に比べると、はるかに住民の職業は多様化しているのである。とくに目立つのは「その他」の多さで、区全体の比率の2倍ほどとなっており、この地域では5本の指に入る「職種」である。新しく入ってきた人々が、さまざまなかたちでなんとか職を得て就業していく様子が現われている。この地域の失業率は、7・5％である(注2)。国全体の経済運営がうまくいっていることやコミュニティ・レベルでの職場造出や職業訓練への取り組みの努力によってかなり抑えられてはいるものの、区全体の4・7％、ロンドン市全体の4・3％、国全体の3・4％よりかなり高い。

住居形態

住居形態は、公営住宅28・4％（区全体8・8％、イングランド/ウェールズ全域13・2％(注3)）、非営利賃貸住宅35・5％（区全体17・2％、イングランド/ウェールズ6・0％）、営利賃貸住宅14・3％（区全体30・3％、イングランド/ウェールズ11・9％）、持ち家28・4％（区全体く反映されていることがわかる。

エスニシティ

43・7％、イングランド／ウェールズ68・9％）である。持ち家の少なさも特徴的であるが、賃貸住宅のなかで、地方ではあまり普及していないハウジング・トラストによる非営利賃貸住宅が多数派となっているところに、前章で述べたようなこの地域の歴史と政治的経済的構造が大きく反映されていることがわかる。

ノースケンジントンの特色はなんといってもその多文化性にあり、ポートベロー通りでは常時50余の言語が話されているといわれ、最大のエスニック・マイノリティである黒人の比率は、カリビアン7・6％、アフリカ系8・4％にその他のルーツをもつと名乗る黒人を合わせて17・7％で、区全体の7・0％、ロンドン全体の10・1％、国全体の2・0％に比べるとはるかに高い。宗教別に見ると、キリスト教徒58・9％（区全体62・0、ロンドン全体58・2、全国71・6％）に次いで、無宗教15・9％（区全体15・2、ロンドン全体15・8、全国15・5％）、イスラム教13・9％（区全体8・4、ロンドン全体8・5、全国2・7％）と、イスラム教徒がかなり多い。カリビアンの大半はキリスト教徒であるが、アフリカ系黒人にはイスラム教徒が多く、これにさまざまなルーツをもつムスリムが加わるのである。しかし、黒人やイスラム教徒（ムスリム）が目立つとはいっても、ロンドンには、黒人が25％強のサウスワークやランベス、バングラディッシュ出身のアジア系が33・4％（ムスリム人口全体としては36・6％）のタワーハムレットのような区もある。いずれも都心からさほど遠くないところにある。また、ノースケンジントンの北隣には、黒人18・3％、インド系18・5％に加えてその他諸々のエスニックな人々が45・3％の白人と混住するブレント区もある。ノースケンジントンは多文化社会の先輩格ではあるが、今日ではその最先端というわけではないのである。

Ⅱ章にもふれたように、それぞれの出身国の政治的・経済的な事情、あるいはイギリス自体の植民地の独立にともなうポストコロニアルな状況を背景として、イギリスの産業革命以降多様な文化的背景を担った人々が労働者としてイギリスに、ロンドンに、そしてこの町に来住している。最先端とはいえない現在でも課題は残されているため、ケンジントン・アンド・チェルシー区は多文化性を自区の特徴として重視し、この特徴が差別・学業不振・失業・貧困・犯罪などに結びつかないよう施策を進めている。その焦点が、ノースケンジントンなのである。

2 カーニバルとモスクのある異文化交流空間

コルビルとゴルボーン

まず、ノースケンジントンの町の中央を南北に走るラドブロック・グローブの東側の地域を一つの都市空間としてとらえてみよう。ノッティングヒルに近い南東部のコルビルと、北東部のゴルボーンとを核として、大きく異文化空間が浮かび上がる。この2つの核は、ポートベロー通りという、マルチエスニックな商店やストールと呼ばれる店舗用の屋台が並ぶ道路で結ばれている。

このあたりでは、ポルトガル、スペイン、アイルランドなど、文化的特徴を強調する白人たちも目立つが、なかでもきわだって異文化を感じさせるのが、カリブ諸島の旧植民地からやってきたカリビアンあるいはウェスト・インディーズと呼ばれる人々と、アフリカ北部のモロッコからやってきたイスラムの人々である。そのカリビアンの本拠地がコルビルであり、モロッコから来たイスラム教徒の本拠地がゴルボーンなのである。

カリビアン

カリビアンはもともとアフリカから奴隷として西インド諸島に連れていかれた人々の子孫であるが、中国系やインド系の人々も商人や労働者として同諸島に渡って交流した結果、ハイブリッドな混合文化が生まれ、独特の食物や音楽などを生むにいたった。アフリカのルーツから切り離されて何世紀も経っているため、彼らの文化と自己認識はアフリカの旧英国植民地からやってきた人たちとは異なる。ノースケンジントンのカリビアンは、かつてこの地で「犬と黒人はお断り」という貸間の張り紙があったほど黒人差別が激しい頃、黒人として最初にこの地に住みついた。とくにコルビルという地域には、有名な悪徳地主がいてカリビアンを搾取して苦しめたが、彼らはそれらの差別に耐えて市民権を獲得したとの自負をもっている。「白人」がそれぞれの出身国・出身地域の歴史と文化的背景をアイデンティティのよりどころとするように、「黒人」もまたそれぞれの歴史と文化的背景とをよりどころにするのである。

モロッコからのイスラム教徒

他方、イスラム系の人々は宗教的なアイデンティティを共有しているが、その出身地は多様で、パキスタン、スリランカ、中東諸国、アフリカ諸国など各地からイギリスに移住してきているくにゴルボーン地区への集住が目立つのが、アフリカ北東部のモロッコの、とくにラルーシュと(佐久間 1998)。ノースケンジントンには南アジアや中東から来た人々はあまり多くはなく、と呼ばれる地域からの人々である。モロッコはイギリスの植民地ではなかったのだが、経済的な困難から人々はまず海峡を越えてイベリア半島南端に今なお残る英国直轄植民地ジブラルタルに渡って住みつき、そこからイギリス本国にやってきたのである。政治難民ではないが経済難民だというのが、人権問題に詳しい人々の理解である。

これらの2つのグループは、ノースケンジントンの「異文化」を象徴する存在であり、カーニバルとモスクという2つの目に見えるシンボルをもち、他の面でも特異な都市空間を形成している。20世紀後半のエスニック・マイノリティ差別への異議申し立てのきっかけをつくったという意味で全世界を揺るがしたブラック・パワーと、21世紀にいたって改めて宗教差別への問いに火をつけてキリスト教世界を揺るがしているイスラム・パワーを背景とし、それらのエネルギーの暴発を防いでコミュニティのなかに吸収するコミュニケーション空間が、この町にくっきりと姿を現わしているのである。

a カーニバルとカリビアンの「ふるさと」

ノッティングヒル・カーニバル

ノッティングヒル・カーニバルは、Ⅱ章でふれたように、人種差別暴動の苦い経験のなかから生まれた。創始者については、黒人たちのプライドをかけて、当初伝えられていた白人だとする見解から、黒人だとする見解が有力になって歴史が書き換えられたという経緯が伝えられているものの、いずれにしても女性のソーシャル・ワーカーやコミュニティ・ワーカーが多様な人々の共生を願って1960年代のはじめに子どもたちのカーニバルを始めたのが出発点であるという点では一致している。だんだん大きくなり、カリビアンのブラック・アイデンティティのよりどころとして警察との衝突が先鋭化した時代を経て、公称200万人（現在では実質100万人以下となっている）が集まるヨーロッパ最大のカーニバルとして、大きなスポンサーがつき、毎年8月の第4週の週末に開催される。この地域、この区ばかりかこの国のマルチカルチュラルな共

子どものカーニバル

生を象徴する一大イベントとなって今日にいたっている。
　カーニバルは、土曜日の夜、ノースケンジントンの最北部にあるホーニマン・プレザンスという広場の前の道路で行なわれる前夜祭に始まり、日曜日には、ノースケンジントンの街頭空間をフルに使って子どものカーニバルが行なわれ、祝日の月曜日の大人のカーニバルへと続く。この祝祭は、情念を解放した人々の、無礼講に近い交流が渦巻く、街頭における巨大なコミュニケーション空間である。主人公であるカリビアンのスチール・パン（注4）の演奏と仮装行列を見ようと通りに立錐の余地もないほど群がる人々、街角に設けられた大音響を発するサウンドシステムの周りで踊り狂う人々、公園でロックやソカ（注5）などのコンサートを楽しむ人々が祝祭空間に溢れ、町には、鶏の付け焼きや焼きそばなどのカリビアン・フードの屋台が並び、カリビアンもアフリカ系の黒人も白人たちも、出会いを楽しみつつ缶ビールを片手に右往左往して酔いしれるのである。
　カリビアンが多く住みその文化が尊重されているとはいうものの、平素は、ノースケンジントンの「主流」はあくまでも白人でありイギリス文化である。その都市空間全体

スチール・パンと
踊る人々

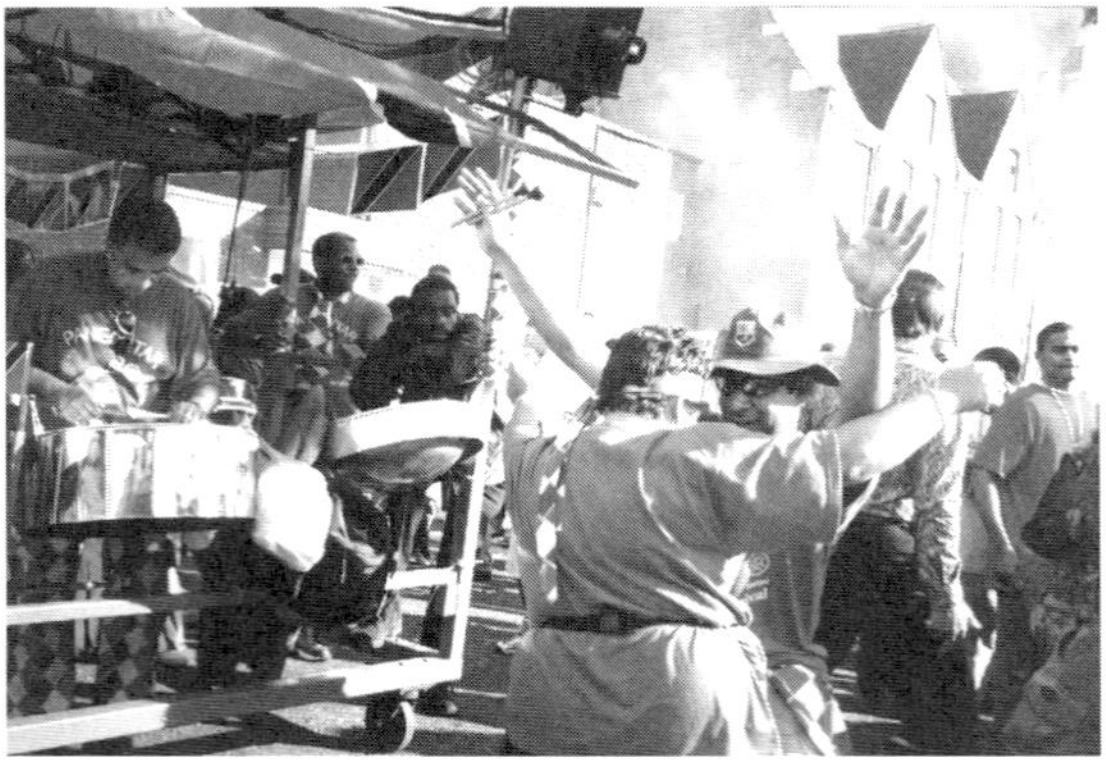

が、カリビアンを「主流」とする空間に2日と1晩だけ変えられる。白人文化の押し付けや白人による非白人の差別はいけない、イギリスは多文化共生の社会であるべきなのだ、という「常識」が、公のポリシーに支えられて街を支配する。情念を解放した無礼講とはいいながらも、全国から多数の警官が集められて一定の安全と秩序を維持する。このようにして、祝祭の間のノースケンジントンは、街頭全体が、非日常性のなかに社会的コンセンサスを織り込んだ公共的な遊戯空間となり、人権キャンペーン空間となるのである。

40年ほど前に人種差別暴動と人種差別殺人の起こった街がそのように用いられ、また、保守党の党首が、選挙に勝利するための報道を狙って訪れるといった具合に、この街がこの国の人権感覚の進化を表わすシンボルとして活用されることには、いささかうさん臭い側面がないわけでもない。今なお十分に解決されたとはいえない黒人の失業率の高さを覆い隠すベール、不満とストレスの発散のメカニズム、カリビアンのみならず非白人さらには外国からの移住者、より大きくいえば下層階級全体の不満を吸収して上中

スチール・パンを演奏する若者たち

流階級の白人の寛容さを売り込む欺瞞、大英帝国の植民地経営の巧みな代替物であるコモンウェルス（「英連邦」と訳されるイギリスと旧植民地のネットワーク）の連帯の誇示という側面ももちろんある（Cohen 1993）。

しかし、カーニバルは、この国に安心して住めるようになり、一定の地歩も獲得したカリビアンの自負が表現される場でもある。カーニバルを運営するトラストは、昨年までの代表者であった女性の弁護士クレア・ホルダーや、今年から代表者になった大学教授のクリス・マラードのように、現在のイギリス社会で成功しているカリビアンを中心にしてつくられ、ラドブロック・グローブの大通りの北のほうにある事務所で年間を通じて活動している。１９６０年代には貧困と麻薬売買で知られていたコルビル地域は、今はカリビアンの文化の殿堂ともいうべき夕べナックルによって彩られ、住宅街として人気がある。

住民との対話集会に現われるカーニバル・トラストの代表者は物静かで自信に溢れている。また、前夜祭の「パノラマ」――大編成のスチール・パンのバンドが、本場であるふるさとのトリニダード・トバゴからやってきた審査員の前で演奏を競うコンテスト——を仕切り、楽器とともに数十人の演奏者を乗せたトラクターの入場を先導する世話役の様子は、威厳に満ちている。いずれも黒人に対する差別的なステレオタイプを打ち破るものである。演奏する若者や子どもたちも、生き生きしていて輝かしく、学業不振や失業といった黒人の青少年についてのステレオタイプを書き換える。

前夜祭のコンテストの参加チームには、ロンドン市内の他の区や、はるばる遠い北のヨークシャーから本場をめざしてやってくるバンドもあるが、多くはノースケンジントンのなかの各地域の代表チームである。それぞれ猛練習を続けてきており、メンバーは、世界中の多くの祭りと同様、都市のマイノリティに起こりがちな無気力状態を防ぎ、コミュニティへの誇りを非暴力的に表現する機会を得て、成長していくのである。バンドの多くには白人が混じっており、なかには白人の少女が大半といったチームもあるが、コルビルの本場中の本場の代表「マングローブ」は、黒人ばかりの大編成のバンドで、逆差別のそしりをものともせず毎年ひときわ大きな聴衆の拍手を集めている。このチームにも他のチームにもジェンダーによる差別はなく、数個の大きなドラムを華麗な技術と素晴らしい体力でたたく女性の姿も多く見られる。

カーニバルの出演者として仮装して街をねり歩く人々や、トラクターの上でスチール・パンを演奏する人々、街頭のサウンドシステムをとり仕切るディスク・ジョッキーの若者たちの大半もカリビアンで、地域のネットワークに支えられてそれぞれに役割を担う。カリビアンのなかでも大勢力であるジャマイカ出身者は、トリニダード・トバゴやその近くの島々の出身者のアイデンティティのよりどころであるスチール・パンを好まないため、巨大なスピーカーを積み上げた大音響のサウンドシステムを用意し、独特の「持ち場」を創り出して、若者たちが陶酔して踊り狂

カーニバルの日の
オールセインツ街

オールセインツ街とタベナックル

う街頭空間を演出している。

先にもふれたように、ロンドン各地、イギリス各地に散っていったカリビアンにとって、ノースケンジントンは「イギリスにおけるふるさと」の機能を果たしている。ふるさとの祭りに里帰りして親戚知人の家に大挙して泊まりこみ、飲み明かしつつ、コミュニティ・センターや教会の信徒会館などの公共スペースを拠点に、仮装の準備を進めるのである。仮装のコンテストもあるので、真剣である。なかでも、コルビル地域にあるオールセインツ街と、その近くの前述のタベナックル・コミュニティ・センターは、カリビアンのイギリスにおけるふるさとの中心ともいうべきところである。

オールセインツ街は、１９６０年代に麻薬の密売吸引の本拠として知られ、警察権力への抵抗のシンボルとして有名であったマングローブというバーがあったところである。今は静かな街で、カリビアンのための相談センターや小さなＣＤショップなどがある。しかし、祭りの日は、カリビアン・フードの屋台が並び、スパイシーなハーブ・チキンを焼く煙が立ち昇り、50メートルほどの距離のところに２

タベナックル

つも置かれたサウンドシステムの周りでは、昔を懐かしむ様子のカリビアンがリズムをとって一日中たむろする。スチール・ドラムのバンドの面々が、行列に加わるため昼過ぎに大きなトラクターに乗って出て行った後も、カーニバルの「本場」あるいは舞台裏を見ようとやってくる見物人が絶えず往来する裏通りである。

一方、古い教会を改装して1998年にオープンしたばかりのタベナックルは、往年の歴史を名称に残したバンド「マングローブ」の本拠地であり、スチール・パンのレッスンをはじめ、ジャズや、アフリカン・ダンス、アフリカン・ドラムなどのコースが大人や子ども向けに常時開かれている。私などがふらっと入っていっても、無料でスチール・パンのたたき方を教えてもらえるという贅沢さで、一見根暗風の初心者のカリビアンのティーン・エイジャーが練習を始めて、アイデンティティの誇りを取り戻そうとしていたりする。ステージやジムもあり、カリビアン・レストランもあるという、ユニークなスペースである。カーニバルの際は、何日も前から、仮装行列用に秘策を練って新しいデザインの衣装を制作し、バンドの練習も夜まで行な

コミュニティ・ワークとしてのカーニバル

われて、直接カーニバルに参加しないグループのレッスンは休みになってしまうほど、カリビアンたちのカーニバルへの熱情が渦巻くところである。

イギリスの麻薬事情は今日も深刻であり、カーニバルの日には街頭に売人が立ち、2001年には売人の縄張り争いからともいわれる殺人事件がカーニバルの終盤に2件も発生してしまった。久々の大事件に、祭りが商業化されて巨大化し、騒音や仮説トイレの臭気など住人の生活への障害が膨らんだことを嘆いていた人々からは、カーニバルの中止やハイドパークに場所を移すことなどを求める意見が強く出された。しかし、責任者が交代し、改めて秩序強化の決意を表明して2002年以降も例年どおり行なわれている。

祭りの日の不幸な事件はたしかに問題であり、いかに大人数の警官を動員してもなお事件発生のリスクは抱えているし、観光客の麻薬吸引の場にもなる。しかし、コミュニティに住むカリビアンやこの祭りのために帰ってくるカリブ系の人々に関していえば、プラスの側面が大きい。みずからのアイデンティティに誇りをもち、集団の絆を確認するための装置がノースケンジントンの都市空間のなかにあるということによって、学業不振や職場からのドロップアウトや犯罪を防止する効果をもっているといえよう。とりわけ数十人の大編成のバンド演奏に参加する青少年は、練習に通いつめて一糸乱れぬ集団演奏を元気いっぱいに行ない、いっせいに日本式のお辞儀をして観衆から熱狂的な拍手を受けたりするのであるから、社会生活への訓練効果は抜群といえるだろう。区内のチェルシーや隣区のフラムとは違って、この町ではプロのサッカーチームがなく、青少年のサッカー練習もさほど盛んではないので、バンド演奏の果たす機能は大きいと考えられる。

カーニバルの舞台となる町全体がコミュニティ・ワークの場であり、祝祭の日とその準備期間を通じてのほぼ一年中といってよいサイクル全体が、コミュニティ・ワークの活動期間である。カーニバルは、ノースケンジントンの福祉市民社会の代表的な活動に他ならないのである。

ケンジントン・テンプル

近くのノッティングヒルの地下鉄駅のそばには、ケンジントン・テンプルという福音派の巨大なキリスト教会がある。信者の大多数が黒人であり、何回かに分けて行なわれる日曜日の礼拝は満員で、まわされる献金籠には小切手もかなり投入される。このようにして集められる多額の献金を活用して、郊外にさらに巨大な体育館のような礼拝施設をもっており、年末のカウントダウンの際には熱狂的な数千の信者が集まってアメリカからきた黒人シンガーを迎えてゴスペルを歌い、黒人にとってのもう一つの「ふるさと」の機能を果たしている。しかし、その教会の幹部は白人で、白人指導者のもとに黒人大衆が集まるという植民地時代を思わせる様相をも呈している。それに比べると、カーニバルは、タベナックル・コミュニティ・センターを中心に繰り広げられ、黒人自身によって運営される黒人のための「ふるさと」の祭りといえるように思われる。

b ムスリムの「ふるさと」づくりとモスク建築

オリエンタリズム

イギリスにおいても、サイードのいう「オリエンタリズム」は、ヨーロッパから見て東に住む人々への無知ゆえの恐怖・不信・差別として今もなお色濃く残存している（Said 1979）。オリエンタリズムは日本人に対しても適用されており、日本軍の捕虜虐待と黒澤作品のなかの残虐シーンを重ねて「日本人は残酷である」というステレオタイプを語る若者に出会ったこともある。今日では、とりわけ「イスラム・フォービア」と呼ばれるイスラムへの嫌悪感が著しく、そのことによってキリスト教社会に住むイスラム系の若者は疎外感を増幅させる。それが2001年9月11日にクローズアップされたようなテロの一因となり、さらにそうしたできごとが中世以来抱かれてきた「キリスト教圏を脅かす残虐な人々」というイメージを強化してイスラム・フォービアを強めるという悪循環が生じているのである。

ムスリム文化遺産センターとゴルボーン街

労働力がグローバルに移動する状況のもとで、疎外感に陥ることなく異郷に生きるためには、アイデンティティのよりどころが必要であり、同郷意識や宗教心の強い人々の場合、異郷における仮の「ふるさと」や宗教的な根拠地が役立つことはいうまでもない。ロンドンのモスクの中には、過激なテロリズムの拠点との疑いを受けたところもないわけではない。しかし、多くのモスクは、他の宗教のもとに生きる人々との平和共存を掲げて、みずからのルーツに誇りをもって西欧文明の地に生きるためのよりどころとして機能している。イスラム教徒（ムスリム）のなかにもそうした根拠地を発展させることを願って、モスクやコミュニティ・センターの建設・運営に携わる人々が少なくない。そのような願いに行政が応えるかたちで、モロッコ出身の人々が多数住みついているゴルボーンの一角に、モスクとコミュニティ・ワークのためのセンターを合わせた新しい施設「ムスリム文化遺産センター（Muslim Cultural Heritage Center）」の建設が進み、2000年にオープンした。区が、1993〜7年にかけて、国からの資金と宝くじその他各方面の協力を得て実施した「シティ・チャレンジ」事業の目玉の一つとして援助を行ない、当事者であるイスラム系の住民自身がトラストをつくり、内外のイスラム教徒からも寄付を募り、青少年のためのカウンセリング・ルームやコンピューター教室、就職相談室、保育室なども備え、結婚式などの大きなパーティが開ける部屋もある堂々たる建物を創り上げたのである。大きすぎてカメラに収めそこねたほどの偉容である。

モスクはロンドンのあちこちにあるが、施設の新しさや規模からいって、このセンターはきわだっており、この地域の人々のための施設にとどまらず、リージェントパークのそばにある大きなモスクに次ぐスケールで、東ロンドンのホワイトチャペルにあるイーストロンドンモスクに匹敵するような、西ロンドンのイスラムの人々のセンターとなることが想定されている。イーストロンドンモスクはアジア系のイスラム教徒の、ゴルボーンのモスクはアフリカ系のイスラム教徒の、イギリスにおける「ふるさと」として機能していくことが予想される。

モスク建設への要望を、イスラム文化センターというより大きな構想のなかに包み込み、行政も計画にタッチしながら、トラストというかたちでイスラム教徒以外の人々もコミュニティ代表として運営委員会に入って意見を述べることのできる仕組みをつくって、透明性を高めていくというやり方は注目に値する。「何をしているかわからない」という情報不足ゆえに外部で異文化への恐怖感が増幅する一方、内部では疎外感ゆえに排他的・暴力的な方向にのめりこんで過激化するという、イスラムをめぐってともすれば起こりがちな事態は避けることができるであろうと思われる。

ゴルボーンの通りには、モロッコ情報相談センターもあり、近くには後述のモロッコ女性センターもあって、いずれも、活動を広げて、モロッコ系だけでなくアラビア語を話す人々全体のために活動しているので、ロンドンのイスラム教徒には心強いよりどころとなる町である。金曜日には、ポートベロー通りに続くゴルボーンにも市が立ち、イスラム教徒用の戒律にしたがって血抜きをしたハラルミートを売る店もひときわ賑わいを見せる。カーニバルの日にもムスリムの人々の食べ物屋が並ぶなど、カリビアン文化との共存もうまくいっているように見受けられる。

モロッコ系移住者への不満の声

このように定着が進んでいるとはいえ、モロッコはイギリスの旧植民地というわけではなく、EU加盟国でもないため、イギリスからモロッコへの移住は少なく、この地域に前から住んでいるイギリス生まれの人々からすると、移住者が来る一方だと感じられている。経済難民などという言葉を知らない人々からの、「芋づる式に親類縁者をたどってやってきた労働者が、妻を呼び寄せ、たくさんの子どもを産み、子育て中の貧しい家族を優遇するこの国の住宅や福祉の制度を利用して、いつの間にか公的住宅に集住するようになってしまった。そうした人々を、なぜ私たちの税金で面倒を見なければならないのか?」という疑問はあちこちで耳にする。

ここにいるモロッコの人々は、イギリスの労働力が不足していたときに入ってきた労働者か、彼らが呼び寄せた親族である。英領のジブラルタルに住んでいたか、EUの一部であるスペインに長く住んでEUのパスポートを獲得したか、それらの有資格者の呼び寄せ家族として本国からやってきたか、いずれにしても資格をもって合法的に来ているのである。そして、先述の黒人差別暴動の後、トラストによる住宅の供給が間に合わず、高騰した民間賃貸住宅の家賃にたまりかねてカリビアンの多くがとりあえず周辺の区に住まいを移した後にやってきて、やがて続々と立て替えられた区営・市営・非営利トラストによる住宅の大きな部分を占めるようになった幸運な人々なのである。

イギリスでは、EUのパスポートをもっていれば、ごく短時間の仕事を獲得することで、この国のすべての福祉の権利を獲得できるように定められている(Child Poverty Action Group 2003)。

そのため、妻が働くことが比較的少なく子だくさんのモロッコ系家族は、生活補助や公的住宅をフル活用して次世代を数多く生み出していくことになる。

これはたしかに、この社会に長く住んでまじめに税金を払っている白人にとってもカリビアンにとっても、不満の種である。共働きで一定の収入があり特別のハンディがないために、公営住宅やハウジング・トラストによる住宅に入る順番はまわってこない。何年も待っているところへ、どんどん外来組が入居してしまう。市・区営住宅とハウジング・トラストによる非営利住宅を併せた公共的住宅の入居は一括して区役所が扱っており、ハンディキャップを数えるポイント制により、貧困、子だくさん、高齢などの悪条件を抱えた人々に早く順番がまわる仕組みになっているので、新来者に追い抜かれるのである。民間住宅の家賃は、公営やハウジング・トラストによる住宅の4倍ほどであるから、不満も無理からぬところである。ただし、今日では、ノッティングヒル暴動などの苦い経験のうえに、民間住宅居住者にも必要度に応じて住宅給付(Housing Benefit)が支給されるので、なんとか不満はつぶやきの程度で終わっている状態である。

グローバルな効果をもつコミュニティ・ワーク

ミクロな次元での人々の不満は理解できるが、マクロにイスラム圏全体とヨーロッパの白人社会との関係を考えてみれば、前者の矛盾を経済難民の引き受けというかたちで後者がこのようにして吸収して、イスラム・パワーの暴発をしのぎ、共生関係を築いていくことが必要なのである。

これまでゴルボーンの町は、時代ごとの情勢を反映してポーランド人・アイルランド人・カリビアンなど海外から特定のマイノリティ・グループがいっせいにやって来て住みついてはある程度経済力をつけるとイギリス各地に散っていく、というパターンを繰り返していたが、このようにコミュニティ・ワークの施設を併設した大きなモスクまでできたということになると、この町は、アフリカ系イスラムの人々のロンドンでの「ふるさと」として、ある程度人の動きを止めるだろうと思われる。定住して生まれる子どもが、この国の選挙権を獲得し、実力をつけて影響力のあるポジションにつくようになっていけば、イギリスのイスラム世界に対する政策への発言も増え、「イスラム・フォービア」の影を落としがちなこの国の対外政策も変わっていくであろう。ロンドンのモスクの中にはアメリカでのテロに関わった犯人などが活動していたとして注目されたところもあるが、ゴルボーン地域のコミュニティ・ワークの今後の発展は、イスラム系が多く居住する他の地域の展開とともに、21世紀の世界の平和のためにも注目されるところである。

異郷のただなかに生きざるをえなくなっている人々が、テロリストの土壌となる疎外感を軽減して、みずからのアイデンティティに誇りをもち、異なる文化をもつ人々とそれぞれの能力を発揮しつつ共生することができる町、イギリス国内に散っていった人々がこの国での「ふるさと」としてアイデンティティのよりどころにすることもできる町をつくるという仕事は、グローバルな効果をもつコミュニティ・ワークなのである。

イギリスも、自分の払う税金のゆくえを嘆く人々の不満を背景に、新たな移住者の入国には厳しい制限を設けざるをえなくなってきているが、いったん入国している人々に関しては、グローバル化に対応した前向きの措置をとっている。ここにあげたマルチカルチュラルなコミュニティづくりの2大シンボルは、その例である。ここでは、日本のように移住者を「見えない存在」としておいて犯罪報道で話題にするだけ、といった状態で偏見を増幅させるのとは違ったやり方がとられている。それぞれの文化や宗教を「見える存在」として打ち出し、当事者の自尊感情を高めてアパシーを防ぎ、青少年が無気力・無感動状態から転じて衝動的行動に走るといった状態が起こらないようにするとともに、異文化に対する市民の目を開いていく取り組みをしていることは、参考にしてよいだろう。

この地域でモロッコの人々のために相談活動をしている白人の若者の話では、この地域のモロッコの青少年には大きな問題を抱えている者が少なくないという。英語圏から来たカリビアンなどと違ってアラビア語圏から来た人々には、教育上の大きなハンディキャップがある。家庭では英語が話されず、学校教育は英語で行なわれるからである。教育に無関心な親の態度が学力不振に拍車をかけることもあり、親の暴力によるしつけと学校の非暴力的な教育のギャップから、家ではよい子を装い学校では悪い子として振る舞ったり不登校になったりする子も少なくない。親にはここで稼いで郷里に錦を飾って立派な家を建てようといった目標があるのだが、大半の子どもたちにとって親の故郷は異郷にすぎない。学業に成功した青少年はこの地のコミュニティを脱出しがちで、他方、学業不振の青少年は地元で固まってもとからこの地域に多く住んでいるポルトガル系の若者のグループとしばしば対立事件を起こす。若者の無気力が麻薬と結びつくこともあり、警察はおおいに警戒している。女性の場合は、売春にはしってしまうことが問題なのだという。そうした事態に対して、新しいモスクは、アイデンティティの誇りを支える宗教活動とともに、コミュニティ・センターとしての機能を重視して、青少年に対する英語教育、学校の補習活動、カウンセリング、コンピューター教育、その他諸々の職業訓練などを重視していこうとしているのである。帰郷の夢も遠のいていく現在、子どもの教育に力を入れる親が増えており、土曜日には言語グループごとの補習校にザックを背負って通うマイノリティの子どもの姿が町に多く見られ、モロッコ系もその傾向を強めている。

カーニバル当日のゴルホーンでアフリカの食物や風船を売る若者たちと、後方にそびえたつトレリック・タワー

3　シンボルタワーの下の福祉空間

トレリック・タワー

次に、ノースケンジントンを象徴する建築物で、どこからも見える目印であるトレリック・タワーに近寄って、その下で展開されている活動を見ることにしよう。

ロンドンでは、高層建築物はこれまであまり建てられてこなかった。この地域にも、ほとんどすべての街路に、半地下を含めて4～5階建ての集合住宅が並んでいる。そうした住宅群のなかでひときわ異彩を放つのが、ノースケンジントンの北部のゴルボーンにあるトレリック・タワーと呼ばれる超高層ビルと、それを中心にしたロンドン市（GLC＝Greater London Council. 東京の23区にあたるインナー・ロンドンと周辺地域を含む自治体）の運営による住宅群エーデンハム・エステートである。市営住宅といわれても信じられないような大変目立つモダンな建築物であり、この街の名物になっている。

有名な建築家の設計による30階建てのこのタワーは、1972年に完成した。居住用としてはロンドンで最も背の高い建物で、70年代を代表する作品として文化遺産を認定するイングリッシュ・ヘリテージにも登録されている。当初から入居している知人によれば、寝室が2つにリビング・キッチンとバス・トイレつきで週ほぼ80ポンド（約1万5000円（注6））で、他の区営や非営利トラストによるフラット（アパート）と変わらない値段である。あまりにも特異な高層ビルなので、当初希望者が集まらず、隣の区に住んでいた共働きの彼女たち一家でもすぐに入居できて、先述のモロッコ出身者も含めて多様な人々が混住してきたのだとのことだが、今では、この町のユニークさを象徴する建物として人気がある。タワー部分の1階や、タワー部分から張り出した形の低層の部分には、さまざまな福祉的スペースが組み込まれており、痴呆の人々をおもに受け入れている区営のデイケア・センター兼老人ホームなどもある。

ここで取り上げる2つのセンターは、タワー部分の1階にある。タワーの入口は、バス停などのある広場に面しており、建物の周りには、細長い公園がある。この公園もまた福祉に活用され、荒地を花園に変えてきた市民活動の歴史を物語っているので、これについても取り上げることにする。

イスラム系女性センターの必要性

a　モロッコ女性センター

アルハサーニャ（愛の業）と名づけられたモロッコ女性センターは、トレリック・タワーの1階の、広場から直接出入りできるところにある。センターの若いヘルス・ワーカーにインタビューして詳しくその内容を聴いたところによると、このセンターは１９８６年に非営利市民組織によって開かれ、じつに多様な活動を行なっている。

１９７０年代から80年代の前半までロンドンの各地域に自主的に開かれていた女性センター（加藤 1984）は、現在ではほとんど姿を消している。サッチャー政権の登場によってロンドン市がいったん廃止され(注7)、主要な補助金源が断たれたことが閉鎖の直接のきっかけとなったところが多いと思われる。それに加えて、女性の問題に対する社会的な認知が進むことにより、女性センターのニーズは減少した。警察や各種の市民相談所などでレイプやストーカーやセクシュアル・ハラスメントなどが重要な人権問題の一環として扱われるようになり、ＤＶ（ドメスティック・バイオレンス、家庭内暴力）に取り組む全国的なＮＰＯ組織ウイメンズ・エイド（Women's Aid）の24時間相談電話の番号が電話帳のトップページに取り上げられアクセスしやすくなったことなどから、地域レベルの取り組みのニーズは少なくなっている。しかし、イスラム社会では今もなお女性差別が激しく、女性と男性が別の世界をかたちづくる習慣があるため、このような女性センターの必要性が現在もきわめて高いのである。

アルハサーニャはこの地域のモロッコ女性のためだけではなく、全ロンドンのアラビア語を話すイスラム教徒の女性のためのセンターとして活発に動いている。健康増進のためのとりくみ、意識を高めるためのコンシャスネス・レイジング（ＣＲ）活動、カウンセリング、２～５歳児の保育、英語・裁縫教室、高齢者訪問、高齢者のための金曜日のランチクラブ、女の子や若い女性のための活動、文化的・社会的なお祝いの行事、日帰りツアー、公的福祉サービスの利用を増進するためのキャンペーン活動、議員への面談等のロビーイング、近隣諸機関とのネットワーキング、調査とその結果の報告、ランチの提供等々がその活動内容である。

連携して行なう援助活動

相談活動として直接ここで行なわれているのは、孤独を抱えてうつ状態になるなどさまざまな悩みをもつ女性に対するカウンセリング活動と健康相談である。暴力に悩む女性たちに対しては、近隣のウェストミンスター・ドメスティック・バイオレンス・フォーラムのネットワーク（注8）に積極的に参加し、先述の24時間相談電話の提供者でもある全国組織のウイメンズ・エイドや、警察や弁護士などと連携してサポートする。この他、法律の専門家やCABと呼ばれる市民相談室（Ⅳ章参照）などのサポートが必要な相談は、そちらへ紹介する。逆に、他の機関から紹介されてここに辿りつく人も少なくない。アラビア語しか話せないまま家に封じ込められているうちに夫に離婚されてしまい、孤独感と生活苦に悩むといった深刻なケースでも、全英800ヵ所にあるCAB、女性のための全国ネットの電話相談、各地方自治体のソーシャル・ワーカー、あるいはこの近くのモロッコ情報相談センターなどに相談すれば、ここに紹介され、文化的アイデンティティを大切にしながら、フェミニズムの視点を生かし、人間存在をまるごと受け止めてサポートしてもらうことができるのである。

フォーカス・グループ

広くコミュニティの資源を活用するためには、異文化間のコミュニケーションが必要であり、そのためにフォーカス・グループという取り組みを行なっている。医師やソーシャル・ワーカーなどを招いて、イスラムの女性たちとの話し合いの場をつくり、サービスの提供者と利用者との間の文化的な食い違いにフォーカス（焦点）を合わせて、互いの意識を変えていく取り組みだという。たとえば、子どもに関する考え方のギャップに焦点を合わせて、医師には女性がたくさん子どもを生むことを問題視しないように伝え、ソーシャル・ワーカーには、イスラムの家族の中で子どもへの体罰が必ずしも愛の欠如によるものではなく文化的伝統として行なわれている場合もあるということを伝える。他方、親には、子どもにモロッコ風の生き方を強制せず、２つの文化に適応できるように育てるための意識の変革をうながす。そういった具合に、「コミュニティと人々との間の掛け橋」となって相互の意思疎通、共存のための基礎づくりをはかっている。

世代を超えた交流

　文化を共有する女性どうしのコミュニケーションを促進することも大切な仕事としてとらえられており、料理や手芸などを通して女性たちを孤独感から引き出し、共通の話題を見つけ、経験を語り合う場を提供する。年齢の枠を超えて故郷での経験が語られ、ロンドンでの経験が伝えられて、そのお喋りは「小さな学校」のような役割を果たしている。金曜には50歳以上の女性のためのランチと交流会があり、車での送迎もある。保育は毎日行なわれており、10人の枠がいっぱいで1年ほど待っている子もいる。アラビア語での歌や踊りなど、英語で行なわれている保育室では経験できないことができるので、子どもを自分の文化のなかで育てたい人々のニーズが高いのである。保育に関しては、文化的側面からのニーズの他に実際的な問題にもとづいたニーズも高く、この周辺に住む子育て中のモロッコ女性は多くが就労しているため、ムスリム文化遺産センターにも保育室が設けられるという。

　私がインタビューしてから一年ほど後に、ノースケンジントンの職業センター刊行のミニコミ誌でこの女性センターが紹介されているが、このセンターは、行政から独立して成人のためのサービスを提供しているセクターのなかで最もよいサービスを提供したとして１９９９年に「コミュニティ・ケア賞」を受けたという（FUNK 2000）。まさにそれにふさわしい密度の濃いサービスが、トレリック・タワーのもとで日々行なわれているのである。

b　アフロ・カリビアンのためのメンタルヘルス・サポート・センター

オレミ（友達）・センター

モロッコ女性センターと同様、トレリック・タワーの1階の外から直接入れるところに、オレミ・センター（ナイジェリアの言葉で友達センターという意味）という、アフリカおよびカリブ諸島出身者の精神面での健康を支えるセンターがある。ここは、NPOによるものではなく、国民保健サービス（NHS）による精神保健センターとして運営されている。1997年に開かれたばかりの新しいセンターで、10人ほどのスタッフが活動している。スタッフの内訳は、マネージャー1人、同代理1人、デイ・センター担当3人、アウトリーチ担当3人、情報担当1人、食堂担当1人で、カリビアンだけでなく、ガーナ、ナイジェリア、カメルーンなど出身は各地にわたっている。サービスの対象となるのは、18歳から64歳のアフリカ・カリブ系の人々であり、65歳以上の高齢者に関しては、ここではなく、後に述べるペッパーポット・クラブが対応する。このセンターはNHSによる公的サービスであるため、原則として区内居住者が対象であるが、その他の人々に対しても柔軟に対応し、福祉市民社会の活気が感じられるサービスぶりである。

精神保健サービスの充実

イギリスの社会福祉のなかでは、日本に比べると、メンタルヘルス・ケアがはるかに重視されており、コミュニティのなかでのヘルスケアの一環として地域住民の精神面の健康を支えている。前述のケンジントン・アンド・チェルシー区のガイドブックでも、6ページにわたり精神保健関連の各種サービスが紹介されており、他に精神保健だけを扱った詳しくて読みやすいカラフルな表紙のガイドブックもある。この区には、コミュニティ・メンタルヘルス・チームが北部に3つ、南部に2つあって、区のソーシャル・サービスに属するソーシャル・ワーカーと、NHS所属の精神科医、コミュニティのための精神科専門の看護師が協力しあって活動している。ホームレスの問題も精神面の疾患と深く結びついているので、ホームレスのメンタルケア専門のチームも設けられている。区内の聖チャールズ病院などで入院や通院によるケアが行なわれている他、リハビリテーションのためのケアつきの住居も用意されており、区内5ヶ所のデイケア・センターでは、精神面での疾患やその予後を抱えて在宅で過ごす人々のためにさまざまなプログラムを実施している。

アイデンティティへのサポート

日本での家事援助サービスは、高齢者・障害者向けのものが別立てになっていてわかりにくいが、ここではホームケア・サービスとして一本化されており、高齢者・心身の障害者・出産後の女性などがニーズに応じて受けられるシステムになっているので、精神障害を抱える人々は、症状のピーク時の入院期間は別として、家事援助サービスと訪問看護を併用して在宅する。そして、昼間はデイケア・サービスの場でコミュニケーションの機会をもち、閉じこもりがちな人にはデイケア・サービスの代わりにアウトリーチ・サービスが行なわれて、援助を受ける人が来てほしいというところまでワーカーが出向き、緊急の課題の解決の手助けをしたり、孤独から引き出したりしていく、というパターンが定着しているのである。夜間の緊急窓口も開かれ、一人住まいの人も在宅で日本よりはるかに安全に過ごせるし、ケアしている家族や知人や近隣の人々に対するサポートも行なわれるので、周囲の人々の安心感も強い。

このような精神保健サービスの全体像のなかにオレミセンターはおかれている。黒人は、もちろんこのセンター以外のデイケア・センターも利用できる。しかし、黒人としての被差別感情、自尊感情の不足、自分は何者かというアイデンティティの危機感などと疾患が結びついているケースもあるため、本人の選択によってどちらでも利用できるように、とくにこのセンターが設けられたのである。1959年には、このセンターの前に広がる小さな広場を越えた向こう側のバス停のところで、黒人の青年が殺された。前年から激化していた人種差別の果てに起こったこの事件を契機として、ノースケンジントンは、人権尊重を柱とする多文化共生のコミュニティづくりに取り組むことになった。このことは今日、国家的な課題となっている。この地域およびこの国の現代史を考えると、このオレミセンターは、イギリスの人権への取り組みの歴史と現状を物語る象徴的なセンターと言わねばならない。なお残る差別とさらなる平等への闘いが、たんに「主流」への統合だけでは終わらず、このようなスペースを生み出しているのである。

センターはきわめてアットホームな雰囲気で、私が訪問したときには、暖かな色彩の明るい居間のようなところに、7人ほどの利用者がくつろいでいた。ワーカーの青年が一人一人に紹介してくれて、握手したのだが、それぞれ堂々として自分たちの居るべき場所にいるという安心感と、誇りが感じられた。「黒人も」いるというのではなく、「黒人が」主人公として存在する場所が、疎外感に疲れた心を癒していくために大切なのである。アフリカン・カリビアンの自尊感情を高めるために「文化を大切にしたサポート（culturally sensitive support）」の提供をめざして開かれたセンターだという説明が、まさにそのとおり実現されていることがうかがわれた。

このセンターは、気が向いたときに予約なしに自由にやってきて好きなだけとどまることのできるドロップイン・センターとして、週3日10時から4時まで開かれている。その間カフェで食事もできるし、黒人文化についての蔵書やテープなどをその場で利用したり借りたりすることもでき、のんびり過ごすことも、各種のプログラムに参加することもできるようになっている。

プログラムとしては、表現活動を重視した、歌・ドラマ・ドラム・文章表現・絵画・工作などの他、黒人の歴史を学ぶブラック・スタディーズ、女性だけで話し合うグループ、黒人の男性であることの意味を話し合うグループなどが設けられて、アイデンティティや自尊感情の確立に役立てようとしていることが特徴的である。アフリカから世界のあちこちに奴隷船で連れ出されたディアスポーラ（離散した民）として、インドや中国から来た人々と混じり合い、ハイブリッドな文化を築きつつカリブ諸島に生きてきたカリビアンと、アフリカの大地に生き続けてきた人々とは、植民地支配の時代が終わった後のポストコロニアルな状況のなかで、労働力として移住する運命を生きて、この地で改めて出会ったのだが、白人からは一括して「黒人」と見られていながら、お互いに通じ合えないもどかしさを抱えている。また、カリブ諸島は多数の国に分かれてそれぞれの文化的差異を示しており、アフリカも同様であって、そのこともコミュニケーションやアイデンティティ形成の妨げとなっている。そうした人々に対して「アフリカン（アフロ）・カリビアン・コミュニティ」というキーワードを提示して、なぜそのように分断されていったのかという歴史を学び、改めて新しい一体感を獲得して自我の再構築のよりどころにしようというわけである。

ブラック・スタディーズの展開を軸にすえ、女性学や男性学の成果をもふまえて、アイデンティティの再構築作業を助ける取り組みは、世界の思想とコミュニティ・ワークの実践の最先端を行くものといってよいだろう。もっとも、コンシャスネス・レイジングに役立つ深い話のできる女性のグループとは違って、男性学をベースにしたプログラムのほうは、「社会や人間関係のなかでのわれわれの役割や責任を見直そう。この社会で黒人の男性であることはどのような意味をもつか?」とパンフレットに大きく掲げた目標のようにはなかなか機能せず、社交的な会話に終わってしまいがちだ、とワーカーは苦笑しており、実践の道はなお途上にあるように思われた。

行き届いたアウトリーチ・サービス

先にふれたように、来られない人にはアウトリーチ・サービスが提供される。辞書を引くと「手を伸ばす」などとあるアウトリーチという言葉は、ドロップインという言葉とともに市民のためのサービス機関の多くで用いられる言葉であるが、「出張」などと訳したのでは伝わらない、生きた人間が手を差し伸べてやってくるという温かみがある。自宅あるいはその他の都合のよい場所で、本人とワーカーが出会って行なうサービスである。

内容としては、「パーソナル・オーガナイゼーション、健康、福祉、住宅問題、未来のためのプランニング、法律的なことがら、チャレンジに直面すること、警察・精神保健サービス・自治体などの行政諸機関との対応、ドラッグの問題、家族問題、その他」とパンフレットに列挙されており、どうしていいかわからないような混乱状況での心や身辺の整理、諸々の問題への具体的対応、入院や転居などの新しい状況への不安を乗り越えるためのサポートなど、行き届いたサービスが行なわれている様子がうかがわれる。もちろんこのようなサポートは住民全体に対してソーシャル・ワーカーや精神保健サービスチームが行なっているのだが、とくに「オレミ・センターのワーカーを」という本人の選択があるときに、ここからのサービスが行なわれるのである。

パンフレットの説明はじつに具体的で、本人の不安を取り除くように配慮されている。他人に自宅に入られるのはいやだという人の身になって、少しでも不安を取り除くことができるように希望の面談場所まで出向くという情報も提示されており、こまごまと具体的に助けてもらえることが書いてあるから、混沌とした不安や閉じこもり状況から一歩踏み出すためのきっかけとしてワーカーに会ってみよう、という気持ちもわくというものである。こうしたサービスのことは、区民のためのガイドブックにも詳しく書いてあり、ホームページでもガイドブックと同様の情報が提供されているうえに、当事者の身になってつくられたほのぼのとした挿絵入りの100ページ余りのガイドブックもあって、「オレミ」の意味などもわかりやすく説明されている。もちろん、区の各種窓口や、Ⅳ章で述べるさまざまな相談機関でも、情報が提供されている。

コミュニティへの支援

オレミ・センターでは、コミュニティ・デベロップメントと題して、アフリカン・カリビアンのコミュニティに対して、教育サービスも行なっている。地域の人々が、心配ごとを率直に伝えて専門家の助言を受け、精神疾患に対する誤解や偏見を除去して、本人のためによりよいサポートを行なっていけるように、との狙いである。ケアに具体的に携わっている家族などを支援して、精神保健サービスの利用方法などを示し、よりゆとりをもったケアができるよう手助けすることも、センターの仕事の一つとして掲げられている。インタビューに応じてくれたアウトリーチ担当ワーカーの黒人の若者ロバートは、本当にやりがいのある仕事だ、と顔を輝かせていた。

サービス内容と広報の充実

市民一人一人のサービスに関わる仕事を増やし、人権に関わる思想の進展とともに、受けられるサポート内容を豊かにし、そうしたサービスについて市民が知る権利を保障する社会を実現するためのプロセスが、日本でどれだけ進んでいるか、なおざりにされて停滞しているかを、改めて問うべきときであろう。イギリスと比べると、心を病む人々に関する公的福祉サービスは、日本ではきわめてなおざりにされており、その充実は、中高年男性の自殺者や心を閉ざした青少年の犯罪が目立つ今日の私たちの社会の急務である。

精神保健関連だけではなく、それなりの福祉サービスが設けられている領域でも、どこにアプローチしたらいいのか、どのようなサービスが受けられるのか、ということを市民にできるかぎり見えないようにして、ニーズと予算が膨らむことを避けているのではないか、と思ってしまうほど、日本の福祉サービスはコミュニケーションという点において弱体だと思う。

私たちは、自分の住んでいる区や市町村の「便利帳」やホームページや各センターなどのパンフレットを徹底的にチェックして、福祉サービスに関する市民への情報提供のあり方を、検討すべきである。真に必要なサービスが、目に見えるかたちで懸命になされているということが伝われば、税金を出す気もわいてくる。しかし、何が市民に還元されるかわからないままに社会的なサービスへの不信感を募らせ、数少ない家族を頼りに、あるいは自分一人を頼りに貯金に励むばかりという社会では、建設業界の要望も絡んでハード面での「箱物」に予算がまわることは若干あっても、財源難から、ソフトなサービスに予算がまわりにくいし、消費も抑制されて社会全体に活気がなくなるのは当然である。目に見えるかたちで福祉市民社会をつくることは、サービスを受ける人も、サービスを提供する仕事に就いてやりがいを感じたいと願う人も、安心して税金を払ってその残りで楽しく買い物を楽しめる人々も、地域で商業を営む人々も、すべての人々がハッピーになれるシステムをつくるということに他ならないのである。そして、納得して税金を払いサービスを充実させながら、さらに、市民資金をも併用して福祉市民社会を発展させていけば、福祉関係の職場創出も進んで、やりがいのある仕事につく人々も増えていくのである。

c　ミーンホワイル・ガーデンズ

都会のなかのオアシス

トレリック・タワーとその周辺のロンドン市営住宅群に隣接した、細長い公園が、ミーンホワイル・ガーデンズである。北側は、ロンドンに古くからある運河に接しており、道路沿いのところもあって、なんとなくいろいろなものの間に挟まれており、気分転換にも向くスペースなので、この名前はぴったりしている。

この区の人々は、公園に恵まれている。たとえば、離婚後ダイアナが住んだ豪華な宮殿を囲む広大なケンジントン・ガーデンズや、孔雀の放し飼いや日本庭園で知られるホランドパークが、区の中心部にある。また、ノースケンジントンのなかには、ゴルボーン地区だけでも、このミーンホワイル・ガーデンズやホーニマン・プレザンスがあり、また、アボンデール地区にも公園があって、それぞれ、何世紀にもわたって貧困にあえいできたスラム状態の地区を改善するなかで、集合住宅群とともに生み出されたオアシスともいうべき歴史をもっている。さらに、区外とはいえ、ロンドン屈指の自然の宝庫ハムステッド・ヒースもバスで小1時間あれば行けるところにあるので、休日にはそこまで出かける人も少なくない。

ボランティア活動の成果

そのなかにあって、このミーンホワイル・ガーデンズは、ごくささやかな公園である。しかし、市民のボランティア活動が生み出した成果であり、精神疾患をもつ人々の福祉や子どもたちの遊戯空間、さらには、広く市民の憩いのスペースとして活用されている。高層住宅に住む人々の多くも、緑の空間に都会生活の疲れを癒されているし、集合住宅の1階にある老人ホームの住人たちにとっても、心和む散策の場である。

この公園の発案者が書いた誕生記録によると、１９７６年のある日、若い彫刻家の彼がこの運河にかかった橋を渡りながら、不要になった建設用材などの捨て場となっていた細長い見捨てられた荒地にふと目を留め、野外劇場やスケートボードのリンクや樹や花で溢れた公園を夢見たのだという。そしてボランティアが集まって、土地の所有者であるウェストミンスター区やロンドン市に掛け合って許可をとり、グルベンキアン財団からコミュニティの自助活動のための援助資金を獲得して、皆で設計図をつくり、労力をも提供して2年間で夢をかたちにしたのである。ロンドン市所有の土地のほうはケンジントン・アンド・チェルシー区内にあったので、ウェストミンスター区との2区にまたがるという意味でも、なんとなく中間にあってほっと一息つくような公園ができたのである。この誕生記録は、市民の善意が実っていくプロセスが語られ、同じように荒地を緑の園に変えたいと願う他地域の市民のための手引書として、許可や資金の獲得に関する詳細なノウハウやデータを添えて出版されたものである（McCullough 1978）。

保護観察と精神保健

この公園の管理には今も、設立のためにつくられた非営利市民組織があたっており、毎年報告書を出している。それによると、大口の資金は面積に応じて2つの区が出しているが、その他いくつかの財団から補助金を獲得したり小口の寄付集めなど、こまめに財源を確保しており、なかにはロンドン保護観察サービスからの３３８７ポンド（約64万円）といった変わった財源もある。報告書によると、犯罪後の保護観察中の人々が監督者つきでこの公園にやってきて、ガーデニングを手伝うとのことで、更生活動の場を提供することで協力費として公園管理組織に支払われているのである。彼らの協力で植えられた３０００個のクロッカスが2月にいっせいに花開き、ほ

子どもたちの遊び場（ローラースケートやスケートボード用のリンク）

青少年と幼児の遊び場

のぼのとした早春の雰囲気をかもし出し、市民たちが喜んで散策しているところに私は出会ったことがあるのだが、この公園はじつに多様なかたちで人々を結ぶ機能を果たしているのである。

公園のなかでとくに緑の豊かな池の周りの一帯は、精神疾患をもつ人々のリハビリテーションや社会復帰のために活動しているマインドという全国的なＮＰＯのこの区の支部が、ガーデニングの訓練のための場所として活用している。

子どものためのエリアには、発案者の青年が最初に夢見た野外劇場や、スケートボードなどのための円形のリンク、さらには水浴び用のプールなどが設けられており、幼児の保育のためのワーカーが常駐する小屋もある。カーニバルの日にはさらに楽しいさまざまな子ども用の遊具が持ち込まれてカラフルな遊び場が出現する。

公園が整備されることによって、この公園の北側にある運河沿いの散歩道も楽しさを増している。ヨーロッパのいくつかの都市に見られるように、ロンドンでも、運河は、古くから人々の暮らしのなかで愛されている。現在は運送に

波形の屋根が印象的なボートハウスと運河を移動しながらゆったりと船上で生活する人の船

ボランティア・センター

用いられることはあまりないが、船を家にして季節によって好みの土地に移動して生活することを趣味とする人々がおり、そうした人々の持ち船も停泊する静かな水上の空間は、都市の清涼剤となっている。この公園の上記の管理団体は子どもたちへの活動の一環として運河を活用したユース・クラブも営んでいる。近くのボートハウスと呼ばれる建物のなかにあるキャナルサイド・アクティビティ・センターを本拠に、子どもたちが上流に行ってカヌーの旅をするといった楽しみが夏休みを中心に提供されているのである。

このあたりには、エコロジカルな市民活動が溢れており、まさに荒野を緑の花園に変え、放っておけばどぶ川になってしまうようなところを憩いの水辺として、環境を維持している。キャナルサイド・アクティビティ・センターの近くには、この区のボランティア・センターがあって、数多くのグループがそこを本拠にさまざまな活動を行なっている。図書館には、とりたてて何をしたいかはっきりしないのだがなんとなくボランティアをしたいという人のために、いくつかキーワードを見つけて登録するように勧める同センターの用紙と往復はがきが置いてある。はがきに記入して送れば、センターのほうで人手を求めているグループと組み合わせて紹介してくれるのである。チリで働いたウィリアム王子（女王の孫）の事例に見られるように、大学入学が決まった若者が1年間、国の内外でボランティア活動をすることがある程度当たり前とされているような、ボランティア大国といわれるこの国の文化や仕組みがうかがわれて興味深い。こうしたボランティア経験の延長線上に、心豊かなシンプル・ライフを送ることができる程度の収入を得ながら「意味とやりがいのある活動」を仕事にしたいという若者が生まれて、さまざまな経験を積みながら人生の旅を続けるなかでワーカーを志願し、これらのプロフェッショナル・ワーカーとボランティアとの協力で、福祉市民社会が発展していくのである。

4　ハウジング・トラストが開く福祉市民社会

ノースケンジントンでは、公営住宅のなかでは区営住宅よりも市営住宅が多く、また、住宅提供を担う非営利民間組織であるハウジング・トラスト（注9）の役割がきわめて大きい。

先に、市営住宅であるトレリック・タワーのなかの公共的なスペースについて述べたが、ハウジング・トラストによる集合住宅のなかにも、公共的なスペースが多く組み込まれている。高齢者、障害者、ホームレスなどに配慮した住宅も、ハウジング・トラストによって公営に先行するかたちで用意されている。ここでは、今後の日本の居住福祉にとって参考になると思われる非営利のハウジング・トラストについて述べ、そのなかの福祉的な機能をもつ公共空間について、子どもや若者、高齢者関連のものに絞って取り上げてみたい。

a　住宅NPOとしてのハウジング・トラスト

イギリスにおける公営住宅供給

イギリスの社会的な住宅供給の歴史は古い。1961年の国勢調査にもとづいて、全国を、自治体による公営賃貸住宅に住んでいる所帯の割合別に示した資料（図Ⅲ‐2）を見ると、イギリス北部の労働党の票田であるスコットランドの工業地帯に40％を超えた自治体が多く、古くから労働者層に向けた公営住宅が政治的課題として取り上げられ、供給されてきたことがわかる(Pooley 1996)。しかし、当時のロンドンは、こうした自治体供給住宅が多いという傾向が見られず、「20・1～25％」というカテゴリーに属している。したがって、ロンドンのなかで貧困な労働者層が集まり、とくに国の内外からの移住者が相次いでやってきた地域には、住宅難を背景にした緊張関係が生じており、ノースケンジントンがその代表例だったことは、すでに述べたとおりである。

ロンドン各区とケンジントン・アンド・チェルシー区

1960年代に高度成長期にさしかかっていたイギリスは、多くの労働力を必要とし、国の内外から多数の労働者がロンドンその他の大都市に集まり、都市化が進んでいた。それにもかかわらず、第2次世界大戦中のナチスドイツの爆撃による住宅破壊の爪あとさえ残って、ロンドンの各区は住宅整備が遅れていた。そこで各区は、労働者の要求に応え、ミドルクラスの中の下位の人々の要求にも応えるために、公共的住宅の建設に取り組むことになった。労働党が地方政治の

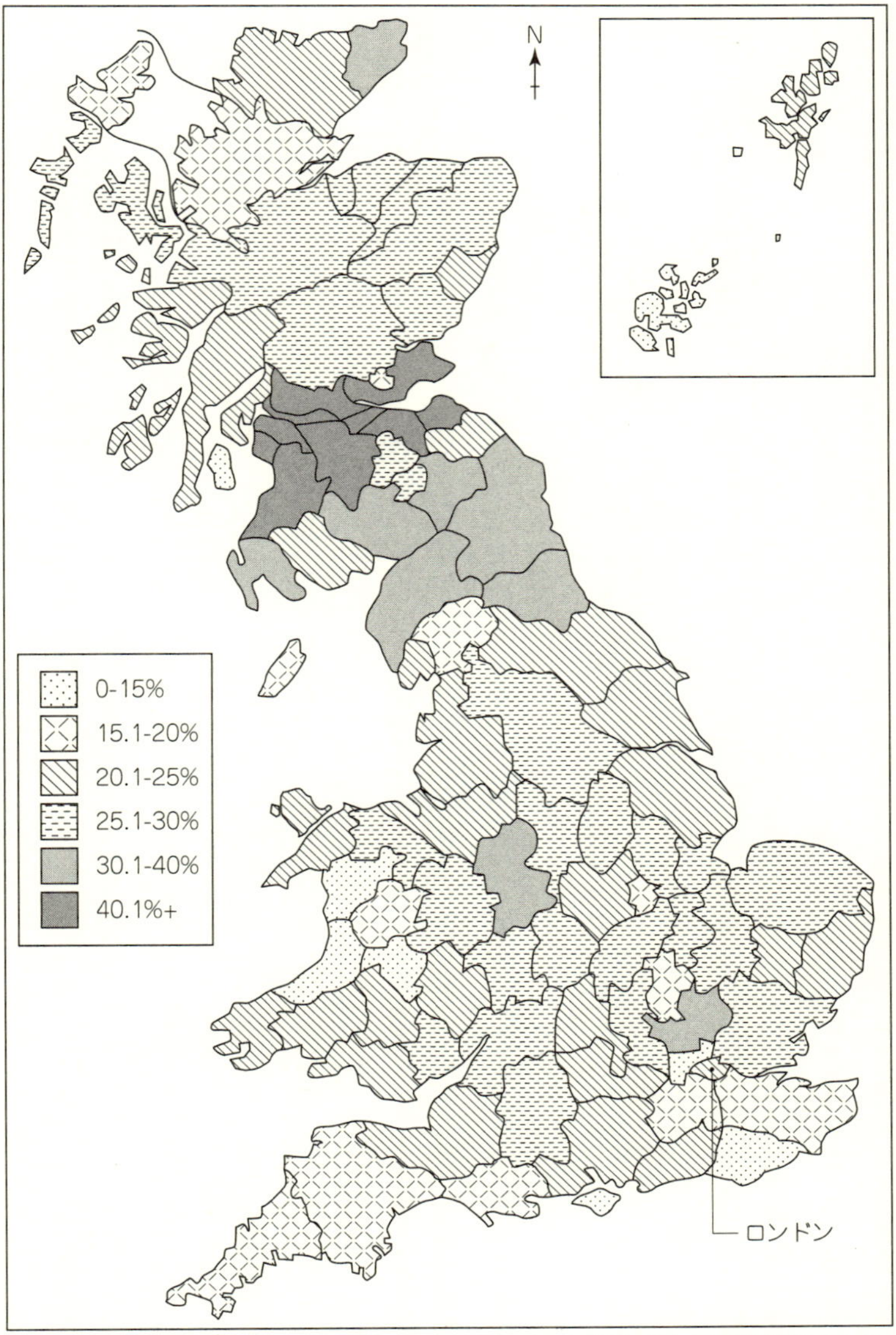

※ Census of England and Wales, 1961; Census of Scotland, 1961. をもとに作成されたもの。
※ 出典：Pooley, C.（1996）*Local Authority Housing: Origin and Development*, London: The Historical Association, figure 1. Reproduced by permission of The Historical Association.

図Ⅲ－2　公的住宅居住世帯の割合（1961年）

イニシアティブを握っていた区では、区営住宅の建設がハイピッチで行なわれた。

しかし、先にもふれたようにケンジントン・アンド・チェルシー区は、北の貧困層より南の富裕層が多く、この層から出た区の執行部は北部への税の投入に消極的であった。加えて、北部では、労働者向けの住宅ばかりでなくノッティングヒルの魅力に引かれたミドルクラス向けの住宅のニーズが高かった。そのため、トレリック・タワー周辺のようなロンドン市所有の土地への市営住宅建設はいち早く進んだものの、それ以外の場所に区が直接乗り出して劣悪な民間賃貸住宅を法的に買い上げて大がかりな団地をつくって区営賃貸住宅を建設するといったことはあまり行なわれず、非営利のハウジング・トラストによる住宅供給に期待がかけられた。

ハウジング・トラストによる住宅福祉の展開

もともとこの地域には、労働者の住宅面での福祉を願う非営利トラストが、早くから事業を手がけていた。住宅社会福祉のパイオニアとして有名な女性、オクタビア・ヒル（中島明子 2003）は、貧しい人々のための福祉を志すミドルクラス出身の仲間とともに、1886年にホレース・ストリート・トラスト（現在のオクタビア・ヒル・ハウジング・ケア）を設立して、ロンドンの他の地域で貧困層のために衛生的な生活を保障するための住宅福祉事業を手がけていた。その後、1899年にノッティングヒルの牧師の招きを受けて、この地域で仕事を始め、やがてこの地域に活動の本拠を移した。最初のうちは、民間の家主から家賃徴収を請け負うことで、ボランティアが賃貸のフラット（集合住宅のなかの各戸）を毎週訪問して家賃を受け取りながら保健指導を行なったり暮らしに関する助言をしたりしていた。このように週単位で家賃を払うこの国のシステムを利用した福祉的管理サービスからスタートした同トラストは、やがて、資金を集めて次第に独自にフラットを一戸また一戸と買収して低価格で労働者層に貸し出すようになり、さらに集合住宅の棟全体を建設し、そこで労働者の生活改善のためのサービスを行なうようになる(Malpass 1999)。

「非営利の住宅建設を通して労働者の生活改善を進めるトラスト」という行き方が社会的支持を集めていくなかで、1926年には、最初からこの地域に根ざしたケンジントン・ハウジング・トラストが設立される。そしてさらに、先述の人種差別暴動を経た1963年には、市民たちの手によりノッティングヒル・ハウジング・トラストが創設される。この頃になるとハウジング・トラストは、「中流階級の正義の味方が労働者階級の福利厚生のために上流階級から資金を集めて行なうボランティア中心のチャリティ活動」という階級社会特有の色彩を脱してくる。自立したシンプルライフを営むための搾取を廃した有意義な職業として、こうした仕事に取り組む傾向がミドルクラスのなかにも強まり、仲間のために役立つ職場を得たいというワーキングクラス自身の目的意識と合わせて、市民の手による非営利市民組織として、ハウジング・トラストは地域に根づいていくことになる。それは、ちょうど、無償のボランティアとして期待されていたミドルクラスの女性たちが、女性解放の意識を高めて、経済的自立のための、しかもやりがいのある職住近接の職業を、地域のなかで求めていく時期とも重なっていた。

ハウジング・トラストの現在

現在では、地元で育てられ、起業された右記3つのトラストも周辺各区に発展し、一方で他のハウジング・トラストもこの地域に入ってきて、多数の非営利のハウジング・トラストがノースケンジントンで住宅提供活動を行なっている。

サッチャーの推進した持ち家政策により、居住者の所有となったフラットもあるが、売却による収入はまた新たな賃貸住宅建設への投資にまわされている。また、大がかりな修理の際の費用を個人所有の人々が分担することによって、トラストは修理費の負担の一部を免れ、高齢者向けのシェルタード・ハウジングや障害者向けのバリアフリー住宅などの建設にあてる資金を得ている。ハウジング・トラストは、全国組織に加盟して、財政を公開し、弱者のためのサービスを競い、政府自治体から資金や土地の提供を得て、社会的信用を元手に個人の資金をも吸収し、事業を発展させていく。建設時から、すべての権利を売却するフラットと、所有権をトラストと買い主とで共有するフラットと、賃貸用のフラットとを混在させるかたちで計画を立て、トラストによる建築費の負担分を安く抑えてその分賃貸の家賃を抑えるというやり方も行なわれている。

財産として所有権をもって住んでいる人と、賃貸で住んでいる人の間の人間関係が懸念されるところだが、所有者が、所有の喜びと引き換えに人一倍ボランティア精神を発揮し、青少年などが乱暴に使うことにより財産価値が下がらないよう近隣に目配りをして、快適なコミュニティづくりに努力し、修理費の負担とあわせてソフト面での運営のコストをトラスト側とともに負担するという側面も少なくないと考えられる。賃貸契約で入居している人々の権利も強いから、所有権をもっている人々の側も、気持ちのよい関係を維持するためには高圧的な態度は慎まなければならないし、知らん顔をして集合住宅全体が荒れ果ててしまえば自分の財産が減ってしまうので、積極的にコミュニティに関わることになる。

先に述べたように、公共的な住宅の家賃は民間の賃貸住宅のそれよりはるかに安い。しかし、供給には限りがあるから、簡単に入れるというわけにはいかない。市営・区営とNPOによるフラットは、区役所が一括して扱っているが、多くの人がそこに申し込み、ウェイティング・リストに載せてもらって長いこと待っている。先にもふれたように、低収入の者や失業者、シングルマザー、子どものいる家族、障害者、高齢者などはポイントが高く優遇されるから事情によってはかなり早く入居できる。一定の基準以下の収入で、公的・民間を問わず一定の基準以下のとくに贅沢というわけではない家賃の賃貸住宅に住んでいる人は、申し込むと国から住宅給付（Housing Benefit）を受けることができるようになっているので、それほど焦ることはない。とはいっても、面倒見のいい安全な大家さんである信用あるハウジング・トラストのフラットに入れれば、それに越したことはない。シェルタード・ハウジングの建設には近年力が入れられているし、高齢者になればポイントが上がるので、遅くともその頃までには入りたいものだ、というのが、リストに名を連ねている人々の気分である。

長期的展望をもった住宅福祉

イギリスは現在、住宅ブームで価格上昇が激しく、持ち家階層になるために生活を切り詰めて必死という人々もいるのだが、給料や年金は残さず使って生活を楽しみ、公共的な賃貸住宅で一生を終えていくという暮らし方を好む人々も多く、ノースケンジントンはそうした人々が過半数を占めているところなのである。

なにしろ、公共的住宅といっても部屋の広さは日本とはかなり違う。大多数のフラットの後ろ側には緑豊かな、猫の額というよりは広い庭がついていて、航空写真で見るとこの街はじつに緑豊かであり、そこにキツネが住みついたりもする。都心のオックスフォード・ストリートから地下鉄で30分ほどのところで、ベッドルーム1つと広いリビングがあって、日本の公団住宅よりはかなりゆったりしたフラットの家賃が、週1万2000円ほどだったりすると、ため息が出る。

日本のように、30年でコンクリートの集合住宅を壊して立て替えて建設会社の財政を支えようなどという発想はない。100年以上も経った集合住宅でも、そのなかのフラットが売りに出されていたら、ハウジング・トラストは買う。そしてそのフラットは内装職人の手によって新しいスタイルに生まれ変わり、賃貸住宅として貸し出される。建築業者といっても、リフォームに従事する人々が多い社会なのである。地震がなく築200年といったフラットも珍しくない国とはいえ、50年前の住宅トラブルの苦い思い出をかみしめて、長期的な展望をもって市民のための都市空間を大切に築き上げ、居住性を高めようとしていることには驚くばかりである。歴史的な景観をもつ町並みを大切に保全しようという狙いも、共有されている。そうした町づくりの旗手として、ハウジング・トラストは活動しているのである。日本には各地に住宅に関する公社があるが、高価なマンションをつくったものの不況による売れ残りに対応するために大幅に値下げして話題になるなどして、「公社」の「公」とは何かと首をひねりたくなるような意味不明な行動も目立つ。市民が積極的に情報公開を求めて、「公」の名のもとにベールに包まれている仕組みを点検しなおし、複数の非営利組織間のサービス競争が起こるような仕掛けをつくり、住宅NPOの仕組みを発展させていくことが必要なのではないかと思う。

ハウジング・トラストへの信頼感

ハウジング・トラストに関しては、財政の点検・公開のシステムがしっかりしているので、日本の住宅公社のように横領に気づかず放置したままだったというような事件も起こらず、トラスト間の競争があるので独占も起こらない。会計がガラス張りで経営感覚もあるので、同じ立地条件で同じ広さであれば自治体管轄の物件より賃貸料が安く、住民に対するサービスもよい、というのがノースケンジントンの市民の間での定評である。

オールド・レイバーを自認する女性に話を聞いた際にも、労働党が長く政権をとって区営住宅が多い区ではコネによる入居の不愉快なうわさがあり、料金もサービスもこの周辺のNPO住宅は優れているという意見を得た。サッチャー政権が推進した鉄道民営化政策を踏襲するブレア内閣のニュー・レイバー路線を痛烈に批判する彼女でも、ハウジング・トラストには好意的なのである。

非営利民営と営利民営の峻別

「民営」という言葉のなかには営利企業とNPOとがあり、もともと非営利市民組織として創設されたところはもちろん、ビール産業のギネスをルーツとするギネス・トラストのような、営利企業を背景とするフィランソロピー（慈善事業）組織であっても、非営利のハウジング・トラストとして運営されている限りは営利を排して公共的な目的のために事業を行なっているということが、人々に十分理解されている。日本の高速道路や郵政の問題のように中身も問わずに「民営化」が主張されるようなことはないのである。

トラストというものは、まさに「信頼・信用」を基本にして事業を行なう仕組みである。とくにチャリティ委員会（111、260ページ参照）によって社会的弱者のための事業を目的とする「チャリティ」として認められたトラストは、社会正義を実現するサービスを実践しようとする人々に対して、サービスされる側の人々と、資金援助などによってサービスの実践者を支えようとする人々から寄せられる信頼・信用を基軸として成立し、発展するのである。営利企業でももちろん信用は大事であるが、それ以上に、文字どおり信用が資本となって展開されているのが、非営利の「トラスト」だということができる。トラストという言葉は、非営利市民組織が大切にしている個人と個人、組織と組織の信頼関係にもとづく活動のありようを、よく表わしている。ハウジング・トラストという住宅NPOは、その信用をより多く獲得して、誇るに足る事業を展開するためのよい意味での競争を展開している。競争といっても需要が供給を上回っているわけであるから、サービスをなおざりにしてもつぶれることはないのだが、長い目で見れば信用という財産を失い、人材も流失し、資金が集まりにくくなって衰退する。これに対して、評判のよいトラストが伸びる結果となるというかたちで、トラスト間の勝負は行なわれているのである。

信頼の基盤としてのコミュニケーション

信頼・信用の基盤には、コミュニケーションが重要な役割を果たす。会計や事業内容に関する徹底した情報公開と、サービス・ユーザーや資金提供者との対話が、事業の維持発展のためには不可欠なのである。何をやっているかよくわからない組織には、資金など集まらない。無利子や低利で資金を提供してほしい、公的な資金や資産をより多く提供してほしいと願えば、いかに評判のよい事業をいかに明朗会計で賢く展開して人々に喜ばれているかをPRしなければならない。類似の事業を行なうトラストが複数存在して資金投下先の選択肢が確保されている場合は、コミュニケーション競争のようなメカニズムが働き、不透明な組織は政府自治体や銀行などの資金援助を失って淘汰され、少なくとも大きく発展することはない。トラストや政府自治体のあり方に対しては市民の眼が光っており、トラスト自体の透明性への市民の関心に加えて、税金支出に関する財政の透明性への国民の関心も高い。こうした関心がある限り、公的資金がずさんな機関に投入され続けるといったことは起こりにくいのである。

トラストとしては、居住者からの苦情を歓迎して、サービスの改善のために役立て、居住者と職員との間の、あるいは居住者間の良好な関係を打ちたて、快適な運営を心がけることも必要である。人々が社会正義の実現に無関心であれば、実態とかけ離れた宣伝でごまかすこともできるだろうが、より公正な社会の実現を追求しようとする熱意をもった人々が多い社会では、ごまかしは長続きしない。担保物件のような「物」でつながっているというより、「信頼・信用」という「心」でつながっているという側面が強く、それゆえに「心」を伝えるコミュニケーションが、一般の企業以上に重要性を占めるのが、「トラスト」という組織なのである。たんに非営利である、というだけでなく、発信者・受信者が「コミュニケートする責任」をしっかりと果たし、情報を的確にやりとりしてガラス張りの運営・経営を成り立たせていくことによって、非営利セクターが大きく発展している社会——福祉市民社会とは、まさにそのような社会だということが、ノースケンジントンを調べていくうちにはっきりと見えてくるのである。

創立後40年でこの地域の最大のハウジング・トラストとなったノッティングヒル・ハウジング・トラストの事例を、コミュニケーションの側面を重視しながら、さらに考察してみることにしよう。

b ノッティングヒル・ハウジング・トラストの事例

開かれたオフィス

ノッティングヒル・ライオットの衝撃を契機にコミュニティの発展をめざして立ち上がったこの地域の市民活動を象徴するノッティングヒル・ハウジング・トラストの事務所は、私がフィールドワークを始めたときには、カリビアンのふるさとの核心のところにあるオールセインツ街の中ほどにあった。先述のタベナックル・コミュニティ・センターから程近いところである。このオールセインツの事務所もかなり大きく、そこへ行けば、住人はあらゆる疑問や問題をトラストの職員と話し合うことができるし、各種の情報を入手できたのだが、オフィス自体は地味でごく実務的な印象だった。

事業の発展にともなって本部がハマースミスに移転した今は、地下鉄やバスで行かなければならないが、報告書や新聞は郵送されるし、オフィスまで足を運べば、円形のカウンターの前にゆったりしたカラフルなソファが置かれて、親が用談中の子どものために遊具や絵本などを置いた遊び場も設けられ、アットホームな雰囲気のなかで職員がきびきびとていねいに応対している。ホームページには年次報告書もすべて載せられていて、知る権利は関係者以外にも開かれている。

図書館のローカル・ヒストリーのコーナーに収められているガリ版ずりの、1964年12月、つまり発足1年目の第1回年次総会のための報告書と、近年の年次報告書とを比べながら、このトラストの発展をたどってみよう（Notting Hill Housing Trust 1964, 1998/1999, 2001/2002）。

24ポンドから1万戸まで

このトラストは、（1）家がなく、あるいは込み合った家に住んでいる家族や高齢者のために良質のシンプルな家を提供すること、（2）家族的・社会的な問題に関する援助が必要なマイノリティが落ち着いた暮らしを取り戻す手助けをする、という2つの願いをもった市民が集まり、ノースケンジントンを貫く古物市で有名なポートベロー通りで、持ち寄った骨董を売って24ポンドの資金を得る、というところからスタートした。その活動がマスコミに取り上げられ、10年間無利子で3000ポンド貸そうという出資者が現われ、寄付も集まって、4人の職員の給料が出せるようになり、5軒の家を買って生活困窮者に貸した、というのが1年目の記録である。そして1998年度（注10）の居住者向けのわかりやすい報告書によれば、このトラストは、ケンジントン・アンド・チェルシー区と隣のハマースミス・アンド・フラム区を中心にロンドン市内11区にわたって9666戸、つまり1万戸に近い住宅を賃貸住宅として稼動させている。職員の数は、1998年3月時点で586人である。

エスニシティのバランス

借家人およびスタッフと運営委員会メンバーのエスニシティ・バランスは毎年詳細に発表されており、黒人の雇用や入居にとくに配慮していることがわかる。運営委員会にはやや白人が多いものの、このトラストが事業を展開している区の人口構成を反映した比率となっている。98年までの運営委員長は、黒人であったが、最近の運営委員長は、白人である。

ノースケンジントンで見ていると、白人が黒人、とりわけ、かって差別の対象となってこの地域で苦しんだカリビアンに対する罪責感から、遠慮して、カリビアン・コミュニティに作業を一任しすぎると、会計や人事といったポジションを彼らが独占する状況になることがある。公正を欠く事態も生じて、白人のなかのマイノリティ・グループやアフリカ系の黒人からも不満が起こってしまうことが、ときとして起こる。オールセインツ街から程近いタベナックルのコミュニティ・センターでも、長年にわたってそのような独占に対する不満がくすぶり、大がかりな工事をして新しくオープンした際に、アイルランド系の白人の女性がトップになったことがある。また、2002年には、長いことノッティングヒル・カーニバル・トラストの代表であったカリビアンの女性の弁護士であるクレア・ホルダーが、きょうだい2人を雇用していた点を「ネポティズム（縁者びいき）」として批判されて辞職を余儀なくされ、カリビアンの男性の大学教授が代わって代表となった。カリビアンとはいってもジャマイカ系、トリニダードトバゴ系等々その出身の島はさまざまであり、さらにアフリカ各国からやってきた人々あり、白人といってもアイルランド系あり、スペイン系あり、ポーランド系あり、英国人といってもスコットランドやウェールズからきた人々あり、さらに、宗教もさまざまで、クリスチャンといっても英国国教会信徒あり、カトリックあり、アメリカの南部から来た福音派あり、と多様である。そんなわけで、多文化社会の公平性を保つのは大変なのだが、このようなデータがハウジング・トラストの居住者向けに公表されているところは、エスニシティ・バランスへの配慮を示すものとして興味深い。なお、職員や役員のジェンダー・バランスに関するデータは公表されていないが、98年の居住者向けの年次報告書のなかで、先に述べた黒人の当時の運営委員長と並んで写真入でメッセージを寄せている居住者会の代表は、日焼けした白人ふうの女性である。

高齢者・障害者住宅の重点化

98年の居住者向けの報告書には、家賃の平均額と並べて、家賃がどのように使われているかを示すグラフが掲載されている。それを見ると、週当たり日本円にして平均1万2000円前後の家賃(注11)でありながら、そのなかから修理や建設にあてる余裕が十分ある運営ぶりであることがわかる。このようにして40年の間に急成長を遂げた同トラストは、この年、241戸の一般向けの住宅と、65戸の特別なニーズをもつ人々のための住宅を新たに世に送り出している。高齢者向けのシェルタード・ハウジングや、より若い障害者のためのバリアフリー住宅などが、それにあたる。先の現有賃貸住宅9666戸中、289戸がシェルタード・ハウジングであり、37戸がとくに重度のケアを必要とする高齢者のための特別のシェルタード・ハウジング、121戸が非高齢者用の車椅子住宅であると明記されている。各種合わせた特別ニーズ対応住宅の比率は4・6％と決して多いとはいえない比率であるが、1998年に新たに完成して貸し出した住宅のうちの27％が特別ニーズ用であるから、ピッチを早めて高齢者や障害者のニーズに応えようとしている様子がうかがわれる(注12)。

苦情歓迎と情報のバリアフリー化

苦情に関するデータは、所定の様式を用いた正式の苦情が59件、地域の委員会への口頭による苦情が1、オンブツマンへの提訴は0と、これも明記されている。所定の様式というのは、「苦情をおもちですか？」というパンフレットに挟んであるもので、わかりやすい説明がついており、書き方も簡単である。書面以外にも、運営委員会に申し出たり、オンブツマンのところへ申し立てることもできるのである。各戸に届けられる年次報告書には、苦情は修理その他改善に役立つので、口頭でもよいからぜひ言ってきてほしいと大きく記されており、テナントの権利を守るためにハウジング・トラストの連合体が制定して配布している借家人憲章も、この報告書に同封されてくる。これらの書類は、トラストの年次総会の前に配布されるもので、フィードバックと出欠を知らせるためのはがきが挟まれており、グラフや写真が多く、字も大きく読みやすい。自国語の翻訳がほしければご連絡くださいと6ヶ国語で記し、音読したテープを送ってほしいというところにチェックする欄も設けられている。大きく成長した今もなお、居住者とのコミュニケーションを絶やさない姿勢が見られる。

職員のコミュニケーション基準

ノッティングヒル・ハウジング・トラストは、職員のコミュニケーションに関する態度基準についても居住者向けのパンフレットに明示している。「オープンである」「トラストの仕事内容をよくつかんで、わかりやすく相手のコミュニケーションをうながしながら説明できる」「はっきりとタイムリーに適切な情報を責任をもってコミュニケートすることができる」「顧客を尊重し自分の不完全さを自覚しながら相手のニーズを知って十分に耳を傾けることができる」等々、ごく当たり前のこととはいいながらなおざりにされがちな目標をわかりやすい言葉で表現して掲げていることは、官僚的になったり、支配的になったり、恩着せがましくなったりしがちな職員を戒め、現代市民社会の公共的サービスのあり方を築こうとするものとして興味深い。

住宅福祉への期待

このトラストは、ノースケンジントンの集合住宅の地下に大きな家具リサイクル用のスペースをもっており、引越しや模様替えの際に持ち込まれたものを必要な人が引き取っていく。また、他の多くのチャリティを掲げたトラストと同様、より小さな品々を扱うリサイクルショップも開いている。多面にわたってかなりきめ細かいという印象を受けるのだが、住民の側に不満がまったくないわけではなく、家族構成が変わったので小さな住まいに変えてほしいといった要望を地域担当者に電話で伝えても一向に実現しないという不満を述べた人もいる。また、オクタビア・ヒルが開いたようなきめ細かな各戸へのケア方式を期待して、このトラストはあっさりしすぎているという不満をもつ人もある。いずれも、苦情を申し立てたこともなく、事務所に行ったこともないとのことであるから、一応の満足感をもったうえでのさらなる願いである。これらは、居住者の生活面でのケアを含む住宅福祉という考え方が鮮明に打ち出され、行き届いたケアが行なわれてきたこの地域ならではの住民側の高い期待であり、コミュニケーションに関する姿勢を律していくだけでは応えきれない問題があることをうかがわせるコメントである。

市民による市民のための公共的住宅

公共的住宅はすべて自治体が供給すべきだとする声のあるなかで、今日、英国が育ててきた市民による市民のための住宅トラストは、大きく発展し、上からの「慈善」の臭みを抜いて、福祉市民社会の不可欠の構成要素となっている。NPO法がつくられた日本で、これから展開される必要があるのは、人々のニーズと善意と資金とが結びつき、搾取や腐敗を排除するこのような仕組みではないであろうか。民営であるか否かだけが問題なのではなく、人々のためにより公正な社会をつくり、よりよい生活を提供したいという志がある人々が業を起こし、その志をいかに政府や市民社会がバックアップするかが問題なのである。公共的目標を掲げて市民の側から創りあげるイギリスの非営利住宅トラストのあり方は、居住者のニーズを充たすうえでも、やりがいのある職場を創出して日本社会を活性化させていくうえでも、参考になると考えられる。

c　社会的弱者のための空間

トラスト団地のなかのユース・センター

チャリティを掲げるハウジング・トラストは、社会的に不利な立場におかれた人々のためのサービスを目的としている。住宅提供というかたちで暮らしやすい私的空間を安く提供しようとするとともに、都市の社会的疎外感を克服したコミュニティの創造をめざす。そのために、トラストは、さまざまな場を用意している。よりよい暮らしを提供するためのサービスの追求は、個人あるいは個々の家族の生活のための条件をよくすることだけでは終わらず、広く住民の間に築かれる関係性の質の追求にもつながる。そのためには、公共的なコミュニケーションの場を用意することが必要になってくる。とくに、「弱者」のための出会いの場は重要である。

都市のなかで育つ子どもたちは、交通の激しい道路に囲まれている。家庭と学校しか居場所がないのだとすれば、街頭にたむろして早くからドラッグなどに引き込まれていくことにもなりやすい。子どもたちが安心してゆったりと過ごせる場が必要であり、そこで出会う仲間は異年齢を含み、相談相手や役割モデルにもなれる若者をも含むことが望ましい。そのような考え方から都市の必需品として導き出されているのが、ユース・センターで行なわれるユース・クラブ活動である（注13）。

ゴルボーンにあるノッティングヒル・ハウジング・トラストの集合住宅の地下には広々としたユース・センターがあり、イスラム系のユース・クラブの活動が展開されている。また、19世紀以来の大きなハウジング・トラストであるピーボディ・トラストがノースケンジントンの西北部につくっているダルガモ・ガーデンズには、集合住宅群の一角に居心地のよいコミュニティ・センターがあって、昼間は高齢者のヨガ教室なども開かれており、夕食後はユース・センターに変わる。セブン・フェザーズというかっこよい響きの名前のついたユース・クラブが設けられており、ユース・ワーカーがいて話し相手になったり、ボクシングその他スポーツ関係のプログラムを運営したりしてくれるので、親も安心である。夏休みには、いろいろな催しが行なわれて、異年齢集団の仲間と遊ぶという、子どもの発達過程にとって不可欠な、しかし少子化時代の子どもたちからは奪われがちな権利が、しっかりと保障されている。宿題クラブもあって、ワーカー、上級生、同級生のアドバイスを受けることもできる。ひとしきり勉強してから、仲間と話したりテレビを見たりゲームをしたりスポーツをするというのは、ワーキングクラスの子どもたちにとってはごく自然で、そのなかで人間関係のさまざまなルールを身につけ、小さい子への対し方や異文化間の接し方などを学習していくのである。

子どもと障害者のためのボートハウス

子どもたちのスポーツと身体障害者の住まいを結びつけた快適な建物を創り出して、コミュニティにユニークなスペースを提供しているトラストもある。先にふれた、１９２０年代からこの地域で活動しているケンジントン・ハウジング・トラストは、青少年の水上活動のためのセンターを建設しようとして資金不足に悩んでいたノースケンジントン・キャナルサイド・トラストに協力して、水辺には艇庫《ていこ》、1階に子どもたちのためのエコロジー教育のためのスペース、2、3階にバリアフリー住宅、という、「ボートハウス」と名づけられたユニークな建物（74ページの写真を参照）をつくり、子どもたちと障害者それぞれの経験を広げる場を設けている。波形に屋根がカーブしたモダンなデザインの建物で、水辺の新しい風景を生み出している。艇庫のそばの訓練用のプールのようなところから建物の下をくぐって、子どもたちはカヌーで運河に出て行き、夏休みには指導者のもとにはるばると運河をさかのぼる旅に出たりもするのである。

ホームレスのための住宅提供と就業援助

社会的弱者としてしばしばトラストの活動の対象となるのがホームレスである。住まいを提供するということの他に、主として若い失業者に対して、職業訓練の場を提供して再スタートをうながすプロジェクトが行なわれている。ケンジントン・ハウジング・トラストは、ノースケンジントンの一角に、90年代のはじめにホームレスのための施設として開かれて以来挫折したままになっていた建物を買収して整備し、住まいを提供するとともに、居住者および外からも通ってくるホームレス経験者のための徹底した就業相談、技能や適性の診断、職業訓練のプログラムを行ない、自由に練習できるコンピューターのある部屋を備えたトレーニング・センターを設け、短期間でかなりの数の就職者や資格取得者を出すなどの成果をあげている。このような施設は国内初の試みだとされ、区や国などから資金も投入されている。

ノッティングヒル・ハウジング・トラストでは、親からの虐待やドメスティック・バイオレンスから逃れた女性のための住宅提供にも力を入れている。1998年の地元交響楽団による教会でのチャリティ・コンサートの際に配布された趣意書は、ホームレスになっている若い女性の40%が子ども時代や思春期に性的虐待を経験しており、さらにホームレスになってからも危険を避けるために気が進まなくても特定の男性の庇護のもとに入ることを余儀なくされていると伝え、若いホームレスのための新しい集合住宅を建設予定であり、そのなかに女性専用の安全なフロアを設けて、とくに女性たちを支援することを明記し、女性の視点を強く打ち出している。ドメスティック・バイオレンスへの支援には、オクタビア・ヒルの創設したハウジング・トラストでも取り組んでいる。このような、トラストという「非営利の市民組織」ならではの創意や、よい意味での競争が、多様なサービスを次々に生み出し、やがては公的サービスや企業のサービスにも好影響を与えて、国全体の福祉サービスの水準を上げていく原動力となっていることを見逃すわけにはいかないであろう。

d シェルタード・ハウジング

高齢者のための住まい

社会的弱者のための快適な住まいと生活環境の提供をめざしてハウジング・トラストが発展してきた以上、高齢者のためのシェルタード・ハウジングの提供がごく自然なかたちで展開されてきたのも当然のことである。

日本では、高齢者の「自立」といえば「孤独」を連想し、「孤立」と間違えて、家族と一緒に過ごすことだけが幸せの条件であるかのように感じさせてしまう文化的な装置が、まだかなり強く作動している。イギリスの場合は、他の西欧諸国と同様、高齢者が子どもの家族と同居するというのはむしろ異例なことで、近居して週末などにはかなり行き来していても、住まいは別にするのが当たり前である。このような西欧諸国に共通の文化と、「奉仕の精神が旺盛なトラスト」という、イギリス社会がとくに発展させてきた仕組みとがあいまって、自治体による公的住宅を先導するかたちでNPO住宅の領域でシェルタード・ハウジングが発達してきたものと思われる。

イギリスの場合、市民の生活感覚のなかで「自立性」と「共同性」とがかなり強く結びついていることが特徴的である。高齢者に関しても、孤立して唯我独尊という高齢者像もあるが、コミュニティを創り支えながら緩やかに結びあって自立を生きる、というあり方が、とくに女性の場合に根強い文化としてある。だからこそ、人間関係がわずらわしいなどと拒否しないで、高齢者用の集合住宅の暮らしを選ぶ人々も少なくないのだと思われる。

3種類のシェルタード・ハウジング

シェルタード・ハウジングというのは、「安全に守られた住まい」というほどの意味であるが、イギリスでは、ハウジング・トラストや区などによる高齢者用の賃貸フラットを指し、高齢者の身体的・精神的な心細さの度合いによって、現在では3種類に分かれている（武川 1992）。

標準的なものは、ワードンと呼ばれる管理人が24時間体制で住み込んでいるものである。いざというときには居室から非常ベルを鳴らせば来てくれて、適切な措置をとってくれる。コモンルームと呼ばれる広々とした共同の居間や洗濯室などのパブリックスペースもあって、ワードンは自宅にあたるプライベートスペースの他に、パブリックスペースの一角にオフィスを構え、細かな相談に応じ、ソーシャル・サービスや国民保健サービスの担当者と連絡をとって、ホームケア・サービス、ミールズ・オン・ウィールと呼ばれる食事配達サービス、訪問看護その他必要なサービスの手配もしてくれる。

このスタイルの変形したものとして、人員が合理化され、ワードンは各建物にはおらず特定の場所に常駐していて、非常ベルや電話での連絡に応じる、というものがある。このスタイルのところでも、日頃からコモンルームなどで顔合わせをして同じ心細さを抱えた住民どうし助け合えるようにコミュニティづくりが行なわれているので、一般の住宅にいたままコミュニティの非常ベルのシステムに加わっているのよりも、安心に感じる人が多い。区や市などが提供しているシェルタード・ハウジングは、この方式のものが主流である。

もう一つ、高齢化の進展を受け止めて最近増えてきているのは、ベリー・シェルタード・ハウジングと呼ばれる、より身体的・精神的な虚弱度の高い人のためのものである。介護スタッフが常駐するが、1980年代のはじめに私がロンドンに滞在した頃地域によく見られた老人ホームとは違って、一日の大半を個室から出てコモンルームに座っているようにうながされたり、食事を一緒に食べたりするといった集団的管理はなく、プライバシーを尊重するシェルタード・ハウジングの理念の延長線上に、個室での自立した生活を保とうとするものである。

なお、痴呆や身体的虚弱の度合いの一段と進んだ人のためには現在も老人ホーム（Residential Care Home）が用意されており、さらに弱った人のためにベッドでの生活を中心とするナーシング・ホームも用意されているのであるが、そのような場を必要とする段階に立ち至るまでは、あくまでも個人として、しかも一定のコミュニティとしての関係性を隣人たちとの間に保って生活し、できればそうした暮らしを全うしたまま、短期間の入院中あるいは自室で安らかに天国へ行きたい、というのがシェルタード・ハウジング利用者の願いである。

自立・共同生活の効用

シェルタード・ハウジングでの、個の独立と共同性を組み合わせた自立・自律の生活は、アルツハイマーなどの器質的なものはともかく、暮らし方から生じる痴呆に関しては多分に予防効果をもつ、というのがイギリス社会での定説（加藤 1984）であり、事実、右に述べた願いは果たされることが多いのである。

バリアフリーという点に関しては、ベリー・シェルタード・ハウジングはもちろん完全にバリアフリーであるが、その他のものについては、バリアフリーという考え方以前につくられて改造が困難な構造のために、階段のあるところもある。いずれにせよ、シェルタード・ハウジングは、トラストの福祉的な志に沿ってワードンなどのサービスがつけられてはいるものの、あくまでも自立してコミュニティで生活を営むための住居であり、区が提供する地域福祉そのものではない。だから、医者から心臓に疾患があるなどといわれて一般のフラットでは少々不安になってきた人や、老年期にさまざまな事情で住まいを失って新しく居場所を求める必要を生じた人が、ソーシャル・ワーカーに相談したうえで、一般のハウジング・トラストのフラットに関する手続きと同様、区の住宅関係の窓口に、希望条件を明記して申し込み、区がトラスト側の条件とつき合わせたうえで紹介してくれるのを待つのである。

区内39ヶ所のシェルタード・ハウジング

区の援助で高齢者のための情報提供などの活動を行なっているシックスティ・プラスという組織が出しているガイドブックによれば、ノースケンジントンには、ハウジング・トラストによるもの3ヶ所、区営によるもの3ヶ所、計7ヶ所のシェルタード・ハウジングがあって、隣接のノッティングヒルにも16ヶ所、あわせて徒歩1時間以内ぐらいのところに23ヶ所もある。サウスケンジントンを合わせた区全体では、39ヶ所（ハウジング・トラストによるもの32、区営7）である。ポストの数ほど、というよりもっと多くのシェルタード・ハウジングが、さりげなく町のあちこちに用意されており、その多くはハウジング・トラストによるものなのである。さりげなく、という理由は、それぞれなかなか趣のある名前がついているが、看板などかかっておらず、ごく普通の住まいとしてのたたずまいを見せているからである。1ヶ所に平均30戸として、1200戸前後の自立を支える安全な住まいが、住み慣れた「わが町」に用意されていることになる。現在、合計14のトラストがこの区でシェルタード・ハウジングを提供しているが、なかでも注目されるのは、女性の志が実を結んだシェルタード・ハウジングである。すでにふれたオクタビア・ヒルの志を受けついだトラストはオクタビア・ハウジング・アンド・ケアという、ケア・サービスを強調した名称のもとに7ヶ所ものシェルタード・ハウジングを用意しており、ウイメンズ・パイオニアやシェパード・トラストという、女性による女性のためのサポートという明確な目的意識をもってシェルタード・ハウジングを運営しているトラストもあり、注目される。

e シェパード・トラストの事例

女性の自立した生涯へのサポート

日本より早くから女性の社会進出が行なわれてきたイギリスでも、女性が自分の城をもつ、ということには困難をともなない、現在よりも男女間の賃金格差の大きかった状況のなかで働き続けて老後を迎えた女性の住まいは課題であった。そうした状況のなかで、女性がその人らしい自立した生涯を送ることを助けたいという願いをもった女性が、住宅提供に乗り出す努力は営々と行なわれてきた。そのなかの一つである、シェパード・トラストの事例を、ここで見ておきたい。住人である友人の好意でパブリックスペースの一角にある客室に3年にわたって各2週間ずつ滞在して参与観察する機会を得たことで、改めて、女性への住居提供の意義を確認することができた。同時に、個人の初志を起点に、その思いを広めて人々の力をつなぎ合わせ、援助活動への願いを受け継いで発展させていくことで成り立つハウジング・トラストというものへの理解を深めることができたと思う。そこで、ノースケンジントンからは徒歩15分ほど南にはみ出したところの事例ではあるが、とり上げることにする。

成立の歴史と入居条件

シェパード・トラストは、静かな住宅地のなかに、何棟かに分かれて合計30ほどの女性専用のフラットをシェルタード・ハウジングとして提供している。19世紀の半ばに、ミス・シェパードというミドルクラスの女性が、質素な生活を送ってきてあまり蓄えのない「ジェントルウーマン」の老後をねぎらうための住まいを提供したいと思いたった。そして、所属していた教会の牧師に相談して、委員会をつくり、トラストを立ち上げて、資金を集め、一戸ずつこつこつとフラットを購入し、自分で事務や管理の仕事を担当して、少しずつフラットの数を増やし、彼女の死後も志を引き継ぐ人々がトラストを支えて、今日にいたっているのである。

設立者の意志によって、入居条件はプロテスタントのこれまで苦労の多かった女性の年金生活者となっている。私の友人は、体力の限界を感じて住み込みのハウスキーパーの仕事を辞め「ホームレス」状態になる予定というところで申し込み、それまでの南アフリカからの引き揚げの苦労や夫の死後の自立へのたゆまぬ努力などが運営委員の共感を得て、面接即入居ということになったのだという。

シェルタード・ハウジングの家賃は、ワードンの人件費や共用スペースのための費用などがあるため、一般のハウジング・トラストよりはやや高い場合もあるのだが、このトラストの家賃はかなり安く抑えられており、居間・寝室・キッチン・バスルームのゆったりした住まいが２００３年段階で週60ポンド（約1万１０００円）程度である。もちろん日本の有料老人ホームのような入居一時金といったものはいっさいない。

玄関の鍵は各人が持っていて、ホールにはエレベーターがあり、友人の住む本館についていえば、居室は3フロアに分かれて19室、半地下には、コモン（共同）ルーム、洗濯室、オフィス、ワードンの住まい、それに1泊3ポンドほどで泊まれる入居者のゲストのためのバスつきの快適な部屋があり、庭に通じるサンルームもあって、庭には桜の樹を中心にいかにも英国らしい植物が植えられ、あちこちにベンチもあって、ガーデニングを楽しみたい人のためには1坪ほどの花壇が割り当てられる。物置のあたりにキツネが住みついて子どもを産み、最上階の友人の部屋からもキツネ一家の生活風景を眺めておおいに楽しめたとのことである。

シェルタード・ハウジングにいる人の家計状況はさまざまであり、むしろ貯蓄額が低く年金収入の低い人が入居を優先されやすいから、一見ミドルクラス風の服装でゆったりと快適な生活を楽しんでいる住人たちのなかにも、所得補助（Income Support）と住宅給付（Housing Benefit）、あるいは後者のみを受けている人が少なくない。自分をも他者をもかわいそうとか恥ずかしいとかいう感覚でとらえることをせず、社会構造や社会変動の結果として生じている自分の経済状態を率直に受け止めて求めていけば、サービスの面でも、金銭的な面でも、補うべきものを社会が補って、ゆったりした老後が提供されるのである。チャリティ・ショップなどでリサイクルの洋服や日用品などもごく安く手に入るし、街頭のマーケットや住宅NPOの地下の展示場などでは安価または無料でリサイクル家具の入手もできるので、生活費の少ない人でも好みを生かした気持ちのよい暮らしを楽しむことは容易である。

終生の住まいへの発展

各階はエレベーターで結ばれているが、入り口や、建物のなかに数段の階段があるため、バリアフリーとはいかない。かなり足腰の弱った女性も、がんばって暮らしているが、先ごろまでは、契約時の条件として、自立した生活を営める状態の人、となっていたので、住人のなかに将来への一抹の不安があった。なにしろ、最近全体を改装したばかりのじつに快適な住まいが先に述べた家賃で提供されており、おまけに、他のシェルタード・ハウジングでは聞いたこともないここ独特の制度として、創立者の志に沿ってバカンスを楽しむための費用として年に350ポンド（約6万5000円）のプレゼントがあり、居心地のよい共同の居間という感じのコモンルームでの話し合いやパーティはもちろんレストランや郊外の植物園などへの招待もあって、運営委員が直接訪問して住民の要望を聴く機会も設けられている、と至れり尽くせりであるから、できるだけここで最後まで、と願うのも当然である。

その願いに応えて、2003年夏にトラスト側から、近年の政府の在宅福祉重視の方針に沿って、希望者がここで終生住むことができるようハードとソフトの両面でさらに配慮するという方針が改めて打ちだされて文書で配布され、「自分のことが一応できる人」という入居条件だったために不安を抱えていた住人に大きな安心感を与えることとなった。つまり、先述の3種類のシェルタード・ハウジングとナーシング・ホームの役割を兼ねられるようにすることが表明されたのである。なお、先年の大がかりな改装工事中も、心のこもった配慮があってトラストから仮住まいを提供されており、将来さらに工事などが行なわれることがあっても生活環境が損なわれることはないという絶大な信頼感を、住民はこのトラストに対して抱いている。

私が泊めてもらうようになって2年目に、私の到着直前に1人、滞在中に1人の住人の死があった。一人は、持病で病院に行き、在宅で療養を続けることになって帰ってきて、翌朝洗濯をして庭で住人仲間と挨拶をし、そのまま部屋に戻っていたが、共同の洗濯機のなかに洗濯物が残されているのに疑問をもった住人の知らせでワードンが部屋に行ったところ、安楽椅子に座ったままで安らかにあの世に旅立っていた、というのである。その話を聞かされている頃にまた、もう一人、天国への出発があったのだが、この女性は脊椎が悪くかなり背中が曲がった状態であるにもかかわらず、外出好きで、しばしばもと住んでいた郊外の地域にバスで行っていた。その彼女が、先述の350ポンドの旅費のプレゼントを生かして、アメリカにいる友人を訪問しようとその郊外の町の行きつけの美容院でセットをして出てきたところを、オートバイにはねられてしまった。知らせを受けてワードンの中年女性が駆けつけたときには、病院でもう亡くなっており、彼女のハンドバッグには、楽しみにしていたアメリカ行きの航空券が入っていたのだという。その話を聴く前々日に、私も友人とともに近くの路上で会って挨拶していただけに、びっくりしたし、住人のショックも大きかった。しかし、どちらのケースも、ワードンがしっかり対処したうえで親族に連絡して、それぞれに教会で葬儀が行なわれ、あの人らしい人生だった、長いこと寝付かなくて、やりたいことをしながらの自立した人生を送って旅立っていったのだから、うらやましい、という話になった。いずれも80歳前後での死であった。

しかし、人生はこの2人のようにいくとは限らず、寝たきりになることもあり、痴呆になることもある。そうしたときに、他の施設へ移動せず、住み慣れた自分の部屋でソーシャル・サービスとNHSのサービスを使いこなし、さらにトラスト側のサービスの工夫を加えて、介護・看護を受けて生を全うできる保障が得られたわけであり、すでに朝夕足しげくヘルパーの出入りしている部屋も見受けられる。この区ではホームケア・サービスによる深夜のケア・システムもあるので、安心である。一般用のハウジング・トラストにいる人にももちろん同様の在宅ケアが提供されるのだが、高齢者用に運営されているシェルタード・ハウジングでは、さらに一歩進んだ安心が得られるのである。

すべてがこのシェパード・トラストのように至れり尽くせりというわけではなく、あまり人の行きたがらないところもあるという話であるが、総じていえば、シェルタード・ハウジングとは、一人一人のその人らしい充実した人生を、その人の願いと心身の状態に応じた「自立」を保ちつつ全うするための場だということができるであろう。

f　共同スペースの提供

自立性と共同性の相互作用

個人や家族の自立性が隣人たちとの共同性によって支えられ、共同性は自立した個人や家族によって生み出され支えられるというのは、ごく当たり前のことなのだが、住宅提供者側がそのことを十分理解して適切な舞台装置やサポート体制を用意しなければ、集合住宅はばらばらの個人や家族の索漠とした雑居の場になってしまいがちである。人々を支えようという志をもったハウジング・トラストは、その点をふまえて、高齢者用のシェルタード・ハウジングでも、一般のトラスト団地でも、共同のスペースを用意している。

シェルタード・ハウジングのなかのコモンルーム

私の知る限りでは、シェルタード・ハウジングにはほとんどといってよいほどかなり広いコモンルームと呼ばれる共同スペースがあり、隣にはちょっとしたキッチン、もしくはお茶の用意程度のことならできるパントリーと呼ばれる小部屋がついている。集会ばかりを目的として、がらんとしたスペースに折りたたみの椅子を出してくる、といった具合ではなく、必ずしもそこで大きな集まりをする、というわけではないが、やろうと思えば補助椅子を持ち込んでミーティングやパーティもでき、ふだんは好きなときにやってきて出会った人と話したりできる、というゆったりした椅子が置かれた大きなリビングルームといったしつらえなのである。

これはおそらく、家族一人一人が個室をもち、共同の居間で出会っていたこの国のミドルクラス以上の人々の暮らしのかたちを持ち込んだものなのではないかと思われる。一方で「個」のプライバシーを支える個室をもちながら、共同スペースでコミュニケーションを重ねて、コミュニティをつくり、支え合うことを通じて、人々は人間性を失うことなく、死に至るまで社会性を保ち育て、支えあっていく。家庭でも、社会のなかでもそのようにする。そのような出会いと語り合いの場を用意することなしには、いくら快適な個室を用意しても、高齢者のための環境としては不十分であり、死に至るまで自立した健康な心を保っていくことはできないと考えられたのであろう。

それでいて、食事はあくまでも自室でする、というのは、日本の有料老人ホームなどとはかなり違った発想である。コミュニティのソーシャル・サービスが発達していて、ミールズ・オン・ウィールと呼ばれる配食のシステムがかなり以前からあったとはいっても、食堂ではなく居間をコモンルームとして備えたという発想のなかには、食べることからは切り離して、コミュニケーションそのものを人間が人間であり続けるための条件として重視する考え方が現われているように思われる。話し合いのための居間や会員制のクラブや街角のパブに代表される人と人との出会いのための共有空間ないし公共空間を英国の文化が重視しており、その伝統のうえに、社会的な弱者のために設けられた住居の一つであるシェルタード・ハウジングが、はじめから公共の場を組み込んでいることは確かであるように思われる。

シェルタード・ハウジングのコモンルームは、その建物の住人たちだけでなく、より広範囲の

明るくアットホームな雰囲気の漂うシェルタード・ハウジングのコモンルーム

サービス提供組織との提携で生かされる公共空間

地域の人々の公共の場へのニーズに応えうる可能性を秘めている。そのことに気づいて高齢者たちのネットワークを豊かに繰り広げているオープン・エイジ・プロジェクトの活動の詳細は、次章で取り上げる。写真は、トマス・ダービー・コートというシェルタード・ハウジングのコモンルームで行なわれている同プロジェクトの月例ミーティングの光景である。

ハウジング・トラストは、町づくり、コミュニティづくりに力を入れている。したがって、団地のようなものをつくるときには、公共的なスペースを用意し、提供することが少なくない。次章で取り上げるオープン・エイジ・プロジェクトは、先にふれたノースケンジントンの西北部のピーボディ・トラストのダルガモ・ガーデンズという集合住宅群の入り口のところにあるこじんまりした平屋の建物の提供を受け、シティ・チャレンジの資金や宝くじ財団から得た資金で改装し、専用のスペースとして活用するとともに高齢者一般のためのコミュニティ・センターとしてメンバー以外の高齢者のドロップインも歓迎している。

その隣の同じような建物は、デジタル・ラーニング・センターと呼ばれ、ダルガモ・ガーデンズの住民の職業的スキルのトレーニングと就業促進のためのコンピューター技術向上をめざして、同トラストが直接に設けたものである。同トラストの年次報告書によれば、他の3つの集合住宅群にも同様の施設が設けられている（Peabody Trust 2000）。ダルガモ・ガーデンズの場合、さらに奥のほうに入っていくと、先に述べたコミュニティ・センター兼ユース・センターがあり、ここもスペースを用意するだけでなくセブン・フェザーズ・クラブというサービス提供組織と組むことでコミュニティづくりに役立てている。このようにしてハウジング・トラストは、高齢者と一般住民と青少年とに、それぞれドロップイン、つまり思いたったときに立ち寄ってコミュニケーションを楽しんだり学習したりすることのできるスペースを用意しているのである。

住宅に近い都市空間のなかにこうした「立ち寄って人間らしくコミュニケーションをし、さらに何か有益なことをする」場が組み込まれるということは、人々の暮らしを豊かにするために役立つ。集合住宅群をつくるトラストの設計図のなかにこうした公共的スペースが位置づけられていることは重要である。さらに、ハード面で「箱」をつくってこと足れりとするのではなく、オープン・エイジ・プロジェクトやセブン・フェザーズのようなソフト面でのサービス提供を目的とするNPO組織と組むことで、ハードを現実に人間のための場所として機能させてこそ、都市空間はコミュニティとして生きて動いてくる。疎外の極みであったノースケンジントンは、このようにして人間のための町として再生している。

市民のための公共空間を組み込んだコミュニティとしての町をつくるのか、それともたんなる個人の住宅の集合をつくるのか？　明確な答えをもった人々の営みが、今日も続けられ、そのなかの重要な役割を住宅NPOは果たしているのである。

せっかく場所が用意されても、その場所を活用する市民組織と力を合わせ、あるいはそうした組織の立ち上げと運営を人員の提供や資金面を含めて積極的に援助していかないと、コミュニティづくりの意図は果たされない。先に取り上げたロンドン市営のトレリック・タワーの住民の話によると、タワーには立派なミーティング・ルームがあるのだが住民の自治組織だけでは生かしきれずコミュニティづくりに十分に活用されているとはいえないとのことであり、こうした状況は日本にもあると思われる。ハードの提供とソフトの用意とがあいまって、人間のための町は生まれるのである。

5　コミュニティ・デベロップメント・トラストが開く福祉市民社会

市民主導の地域・職場づくり

ここで、このコミュニティの人々が創り出した最大の公共都市空間であるウェストウェイの下のスペース群の生みの親であり、貸し主であるウェストウェイ・デベロップメント・トラスト（旧名ノースケンジントン・アメニティ・トラスト）を取り上げたい。同トラストは、コミュニティ・デベロップメント・トラストのパイオニアである。コミュニティ・デベロップメント・トラストとは、行政主導ではなく、市民主導で地域づくりを展開し、福祉市民社会に対する人々の志に資源を与え、夢を現実にして、職場創出をも進めていく仕組みである。ウェストウェイ・デベロップメント・トラストが創造し提供しているスペースでは、数々の福祉市民活動が展開されている。

災いを福に転じて新しい都市環境を創造し、人間の息吹の通う快適なコミュニティをつくり発展させるために、大がかりな非営利市民組織が、この40年余の間に、生まれ、育ち、小さなNPO組織の誕生・成長を助け、町全体の発展を先導し、支えて今日にいたっているのである。

住民運動が生んだトラスト

a ウェストウェイ・デベロップメント・トラスト（旧名ノースケンジントン・アメニティ・トラスト）

西へ向かう高速自動車道路ウェストウェイがノースケンジントンを2分して貫通したのは、1970年のことである。60年代を通じて、道路建設のために取り壊される地域の住民や支援者によって、住宅向上の要求や、子どもたちが安全に遊べるスペースを求める運動が展開され、遊び場要求運動が土台となって、4年間のキャンペーンの末に1971年に設立されたのが、ノースケンジントン・アメニティ・トラスト（2002年にウェストウェイ・デベロップメント・トラストと改称）である。当初、行政が、資金を出す代わりに口も出せるような組織にしたがるのを、運動側の責任者が粘り強く働きかけを続けて、トラストを立ち上げ、左右対立の緊張を経て、行政からの自立度がかなり高い、住民のためのトラストをつくることに成功したのである（O'Mally 1977, Duncan 1992）。

ウェストウェイの道路下については、道路の運営主体も区の行政側も、駐車場にしようといった程度のプランしかもっていなかったのであるが、遊び場を求めるグループは、子どものためのスペースだけでなく、広く市民のためのスペースを創り出して、ノースケンジントンを分断する障害物を宝の箱に変えようというアイディアを得て、働きかけを始めた。その結果、今日、この道路の下には、ケンジントン・アンド・チェルシー区内の部分に限り、テニス、サッカー、ロック・クライミング、乗馬などの総合運動施設であるウェストウェイ・スポーツ・センター、幼児のためのアドベンチャー・プレイグラウンド、保育所、カーニバルの前夜祭のスチール・パン・コンテストでしばしば優勝している楽団エボニーの練習場、スケートボードのためのグラウンド、職業訓練校、自動車工場、女性のための大がかりな建築技術学校、洒落たブティックなどのある商店街、若者の集まる有名なディスコクラブ、大きなレストランバー、インターネット・カフェ、フィットネス・センター、高齢者のための2つのデイケア・センター、ソーシャル・サービスやホームヘルプ・サービスの事務所と窓口、高齢者や障害者のための小型バスなどを手配するコミュニティ・トランスポートのサービスセンター、市民相談室CABその他各種の相談所、オープン・エイジ・プロジェクトのオフィス、ウェストウェイ・デベロップメント・トラストをはじめとする各種事業の事務室等々が並んでいて、空いているスペースは僅少、といった状態である。他の区を通る部分のウェストウェイの下は、まったく空いているかせいぜい駐車場に使われているといった程度であるから、ノースケンジントンの区域の充実ぶりはきわだっている。

次ページの写真は、ウェストウェイ・デベロップメント・トラストやオープン・エイジ・プロジェクトのオフィスの入り口付近である。多くの部分は、このように2階建ての建物として、しっかりと、しかも洒落た構造につくられている。そのため、商業的なスペースとして各種企業に高く貸し出して資金を稼ぎ、行政に貸している部分からも家賃をとることができる。これらの

ウェストウェイの下の空間を利用してできたオフィス街や商業スペース

家賃と、政府のコミュニティ・デベロップメントに関する援助資金、各種の全国的の大きなトラストから獲得する市民資金、銀行から低利で借りる資金を合わせて、当初地元の行政が出資した分を返済し、NPO活動団体には市場の3分の1の低価格でスペースを提供し、さらに活動への援助金をも供給することができるのである。現在、このトラストからスペースを借りている市民組織は26、活動資金を得ている組織は50に及ぶというから、このトラストが地域の活性化に及ぼしている影響は計り知れない。先述のミーンホワイル・ガーデンズの場合と同様、夢をかたちに変えた青年たちがいて、はるかに大きなスケールでその夢が実現したのである。

コミュニティ・ワーカーの心意気

創立メンバーはもはや残っていないが、60年代の夢をもってそれぞれの場で活動してきた人々が現在この組織を切り回している。ディレクターは20数年この組織にいるロジャー・マットランド、コミュニティ担当のディレクター代理は十数年この組織にいる元中学教師のジョニー・ベバリーで、企業と比べれば決して高いとはいえない給料で行政や銀行とタフな交渉を重ねながらも、心から生きがいを感じ、インタビュー時のジョニーの言葉によれば、「自己形成期（formative years）のエートス」を生き続けているのである。ウェストウェイの下のスペースを詳細に示した壁いっぱいの大きな地図を背にして語る彼は、じつに楽しそうであり、非営利のトラストという仕組みは、ボランティアから踏み出して、人々のためのサービス活動を本職に変えたワーカーたちの心意気や能力を軸にして成り立っているのだと改めて痛感させられた。たしかに無償のボランティアも運営委員や実働メンバーとして大切な役割を果たしているが、プロフェッショナルな判断を下しながら日々組織を動かしているのは、こうした組織のワーカーを職業として選んだ人々である。その心意気を信用して資金が託され、大きな仕事ができるのである。こうした情熱や仕組みなしに、営利と非営利との区別もせずいたずらに民営化を行なったからといって、市民のためのよいサービスが創造されるわけではないことを、今日の日本社会は認識する必要があるだろう。

チャリティ法のもとでの活動

本書で取り上げているような公益的な目的のもとに設立されている非営利市民組織は、すべてチャリティ委員会（Charity Commission）という政府機関に登録している。1990年代のはじめにガラス張りの組織活動ができるよう改めて制定されたチャリティ法には、トラストの設立・運営の方法などについて、明確な規定があり、登録トラストはそれにもとづいて活動している（宮城 2000）。

旧名のノースケンジントン・アメニティ・トラスト当時の2001年度の報告書によると、地域の88のNPO活動や学校や教会などがメンバー組織として加盟しており、メンバー組織の選挙により7人の運営委員が選ばれている。15人の運営委員会メンバーのうち7人は、区が推薦し、委員長は別途選挙で選ばれる。地域の第三者を交えた運営委員会の決定・監視を経た財政は会計監査を経てすべて細かな報告書として総会に提出して承認を受け、チャリティ委員会に活動報告とあわせて年次報告書として提出するとともに、一般市民にも公開される。文字どおり人々の信用・信頼を集めてそれを見えざる資本として運営していく組織がトラストである。そのトラストや類似の非営利組織をあくまでも市民のためのものとして機能させるべく、市民が政府に、このようなチェック機関を設けさせているのである。

メディアによるチェック機能

チェック機能に関しては、メディアも重要な役割を果たしている。ウェストウェイ・デベロップメント・トラストぐらいユニークで発展の目立つ、しかも独占的な位置に立つトラストとなれば、ニュースになりやすく、また多様な立場を抱えた住民のなかには、かねてからのこのトラストへの不満もある。これを取材したブライアン・ディア記者が2001年の6月に『サンデー・タイムズ』の付録雑誌に「ノッティング・ヘル（地獄）」というセンセーショナルな見出しの批判記事を書き、商業的なクラブへのスペースの貸し方の問題や近隣住民とのトラブルの処理の仕方などをめぐって、このトラストのチャリティとしてのあり方に疑問を投げかけた。その後も同記者は独自のホームページで批判情報を流し続けている。これらの中身はかなりどぎついものであるが、トラストにとっては会計などを見直す機会となり、メディアによるチェック機能が果たされたのではないかと考えられる。政府機関やメディアによるチェックを通して最終的には市民社会そのもののチェックを受けつつ、公共的な目的を掲げたトラストは活動していくのである。

チャリティ委員会のチェックと、メディアのチェックと、周囲の市民の厳しい目によるチェックのなかで、みずからを厳しく律しながらかつのびのびと活動していく力のあるＮＰＯだけが、大きく発展していくことができるのである。資本家による搾取と親方日の丸の官僚組織の弊害を脱して人々のために生きがいのある仕事をしたい、という人々が集まれば、職場はおもしろくなり、次々にアイディアがわいて、新しいサービスが開発され、サービスのための資金を稼ぐ方法も編み出される。そして、空き地のまま放置されるかせいぜいのところ駐車スペースか倉庫にしかならないままにおかれたであろう道路下の地面まで、直接市民活動のために用いるばかりか市民のために高い収益を生む資産として活用する、といったような資産創出まで起こってしまうのである。

コミュニティ・デベロップメント・トラストの全国的展開

「コミュニティ・デベロップメント」という言葉も、重要なキーワードであり、「地域開発」などと訳してしまったのでは、志をもった市民が集まって主体的にしかも経営感覚を研ぎ澄ましてわが町を活性化させていくというイメージがわいてこない。あえていえば「町づくり」であろうが、日本ではこの言葉には行政主導のイメージが強すぎるように思われるため、ここではカタカナのままにしておくことにする。

ジョニー・ベバリーの話によると、このトラストは、政府、全国レベルの大きな非営利市民組織、銀行などの外部に働きかけ、コミュニティに資金を集めて、社会活動のためのスペースや援助金を提供することで職場を創出している。行政機関や企業にスペースを提供し、さらにはNPOを援助してここにも職場を生み出していくとともに、みずからも組織を拡大して地域の人々のための有力な職場となっていく。このように各方面に職場を創り出すことができれば、地域の人々のためのサービスは増えるし、失業者は減っていく。銀行にとってもコミュニティ・デベロップメントへの投資は信用獲得その他の面で重要であるから、喜んで貸し出してくれて、トラストとそれにつながる諸活動は発展し、地域はいよいよ活性化していく。このような循環作用を生み出すコミュニティ・デベロップメント関連のトラストの役割は、イギリス社会の活性化の鍵として注目されており、このトラストは、パイオニア的な位置に立つ成功例として全国的に知られている（Development Trusts Association 1998）。

このトラストが設立メンバーの一つとして積極的に関わっているデベロップメント・トラスト・アソシエーションが１９９９年８月に加盟１５９組織に送付して73組織から回答を得たアンケート（Development Trusts Association 1999）によれば、ノースケンジントン・アメニティ・トラストが設立された１９７１年にはほんの数団体にすぎなかったこの種のトラストが、とくに90年代に入って急激に増加している。設立経緯が、行政の主導によるトップダウンか市民の盛り上がりによるボトムアップかという問いに関しては、ボトムアップが56％を占め、トップダウンが７％で、残りは両方向の混合形態となっている。活動が行なわれている場所は、都市部が67％であるが、農村部も22％を占め、混合地域も11％ある。「デベロップメント・トラスト」といっても中身は多様で、とりあえず地域の諸団体のネットワーキングをといったものや、環境・職場創出・教育などに特化している組織もあるが、総合的なコミュニティ・デベロップメントを掲げる組織も増えてきている。

職場の創出と地域の活性化

同調査によると、コミュニティ・デベロップメント・トラストで働く人々の内訳としては、無償のボランティアのパートタイマーが54％と過半数を占めるが、これに次いで、有給のフルタイマーが32％おり、あとは、有給のパートタイマー12％、ボランティアのフルタイマー２％となっている。働き方にかかわらずスタッフの総数を組織ごとに聴いたところでは、25人以上という組織が１つだけあり、最も多いのは２人以下の小さい組織である。この最高人数が働いているトラストは、ノースケンジントン・アメニティ・トラストで、１９９9年段階で55名である。管理事務部門の他、スポーツ・センターや、フィットネス・センター、インターネット・カフェなどを直営しているので、かなりの働き口があることになる。こうした直接の雇用の他に、営利・非営利の諸組織を合わせてこのウェストウェイの下のスペースでは８００人ほどが働いていると、活気溢れる各部門の利用者の写真を用いたカレンダースタイルの年次報告書には記されている（Notting Hill Housing Trust 2000）。さらに最新のデータでは、スポーツ・センターの拡大によって、ウェストウェイ・デベロップメント・トラストの雇用は70名に増え、この他パートタイムのスポーツコーチ45名に職場を提供している。V章で取り上げるオープン・エイジ・プロジェクトのような小さなＮＰＯでも着々とワーカーの数が増えているから、ウェストウェイの下の職場はさらに拡大を続けているといえるだろう。

イギリスの統計は、人々の生活に密着するかたちで細かく出されており、何という地域にいくつ職場のポジションが創出されたか、何戸の住宅が企業・行政機関・非営利機関のいずれによって新たに提供されたか、といった具合に、社会の状況改善をカウントしていくのだが、まさにコミュニティの発展をはかるとは、このような作業の積み重ねなのである。不要な道路工事などによって職場の維持に汲々とするより、人々の知恵と活力を集めて、コミュニティの人々にとって必要なサービスに従事する職場が創出されれば、やりがいのある仕事を終えて、帰りに近くのパブに立ち寄ったり買い物をしたりする人も増えるし、サービスのおかげで元気になって町に出て映画でも見ようかという高齢者も増えるといった具合に、そのコミュニティは目に見えて活性化するのである。そのように考えると、コミュニティ・デベロップメント・トラストという仕組みは、行政と既成企業に依存した公共工事漬けの今日の日本を救うヒントとなる可能性を秘めており、ウェストウェイ・ディベロップメント・トラストは、この仕組みのトップランナーとして注目に値するといえるだろう。

ネットワーキングによるオルタナティブな経済政策

デベロップメント・トラスト・アソシエーションのパンフレットは、「もう一つの道」としてデベロップメント・トラストの活動を位置づけ、「社会的排除にタックルする、経済政策へのオルタナティブなアプローチが、今姿を現わしつつある。活発な市民性（active citizenship）と社会的な起業（social entrepreneurs）を育てていくことにより、互いに築き合うさまざまな集団や社会（mutual building societies）が、新しい意味やつながり（relevance）をもち始めた」と述べ、社会から疎外されている人々を新たに活性化し巻き込んでいく原動力としての可能性を提示している。

このいささか抽象的な宣言文は、ウェストウェイ・デベロップメント・トラストに加盟する90ほどのグループや組織とそのメンバーを例にとっていえば、次のようなことを指しているといえるだろう。この地域に起こされたNPO組織は、疎外された子どもたちや高齢者や障害者や女たちやマイノリティ集団の人々などに焦点をあてて、コミュニティを再生させ活性化して、より住みやすいところにしようとそれぞれの場で活動してきたが、お互いのつながりははっきりせず、他のグループのやっていることに関心をもつことも少なかった。しかし、このトラストを支え、またそれによって支えられつつ、このトラストのため、このコミュニティのために最善の運営委員会を選出して区からの市民活動の独立性を守りつつ行政との協働関係を創り出そうと連絡を取り合い、一堂に会して討論するようになった。そのなかで、お互いの位置関係を見定めつつ共にコミュニティを創る市民としての意識を育て合い、加盟非営利組織の人々ばかりでなく、ウェストウェイの下の企業用貸スペースで新しい職場を創造しているブティックや自動車工場で働く人々にも、この町に生きる人間どうしとしての連帯感を感じるようになっている。これこそ、「特定の地域の再生に活発に取り組んでいる、コミュニティに根ざした独立組織」としてのコミュニティ・デベロップメント・トラストの存在意義なのだ、というわけである（Development Trusts Association 1998）。

自動車道路の下のスペースは、コミュニティ・ワーカーの先人が子どもたちの遊び場を求めるニーズに深く関わるなかでひらめきを得て生み出したものである。コミュニティの貴重な資産であるこの場所を用いて、コミュニティの人々のために豊かな生活を生み続けていくというのは、魔術のような仕事である。自動車道路の下に保育園などをつくれば、排気ガスや騒音が子どもたちに悪影響を及ぼすのではないかとの懸念もあり、詳しい調査も行なわれたそうであるが、幸い悪い結果は出なかったとのことである。

騒音については、工事がしっかりしているため、私自身も道路直下の2階のオフィスで長時間インタビューをしたことが何度かあるが、道路下にいることなどまったく忘れて過ごしていたほど、音も振動も感じなかった。同じく2階のカフェのベランダにいたときも同様である。また、排気ガスに関していえば、道路の脇には公園を設けて樹などを植えてある部分も多く、環境の保全、再生への心遣いが随所に見られる。次ページの写真は、後に改めて取り上げるマキシラ・ナースリーという保育園であるが、右手には専用の園庭の一部として森のようなかなり広い緑地が設けられており、柵の外側には公共の芝生の広場があって、訪問時の経験では、室内にいても道

右手に緑豊かな園庭が続くウェストウェイの下の保育園

路下の遊び場にいても騒音は感じられなかった。「アメニティ・トラスト」の名は、決してごまかしではなく、人々の生活環境の向上に役立つ都市空間を創造し維持する活動主体の名にふさわしく活動してきたのである。

ここでは、このトラストからスペースや資金の提供を受けている諸活動のなかから、いくつかを取り上げてみよう。このトラストの掲げる「社会から疎外されがちな人々に焦点をあてた地域の再生」のなかで、この地域の歴史にとって重要なエスニック・マイノリティに関わる活動はすでにこの章で取り上げてきたし、障害者に関する活動も精神疾患に限ってではあるが取り上げてきたので、地域のなかで疎外されがちな人々のカテゴリーのなかでは大人数の、子どもや青少年と女性と高齢者とに絞ってウェストウェイの都市空間での活動を中心に取り上げていくことにする。

有料の遊び場

b 子どもと青少年のためのスペースと活動

先に述べたように、子どもの遊び場を求める活動が、このトラストの発足の原点である。そのため、この道路下の

イギリスの遊び場の定番ともいうべきアドベンチャー・プレイグラウンド

諸活動を列挙したときにあげたように、かなり多くのスペースが子どもや青少年のために提供されている。ただし、市価よりかなり安い値段で、各種の割引もあるとはいいながら、子どもや青少年のためのスペースは、すべて有料である。このため、目の前に魅力的な施設がありながら利用できない子どももいるのではないかと気になるところである。しかし、地域全体でいえば、ミーンホワイル・ガーデンズのなかのスケートボード・リンク、コミュニティ・センターや公園などにあるアドベンチャー・プレイグラウンド、集合住宅のなかのテニス場やサッカー場など、無料のところもかなりあるので、貧富の格差から問題が起こるといった状態にはいたっていないように思われる。

遊び場運動が直接かたちを現わしたものとしては、アドベンチャー・プレイグラウンドがある。足場を組んでよじ登ったりして冒険をし、遊べるようになったプレイグラウンドはこの地域のあちこちに設けられているが、ウェストウェイの西の方にある、もともと遊び場運動が盛んだったアクラム・ロードのところに設けられているものは、室内でしかも天井が高く、よじ登り甲斐のある高いジャングルジムがあるので、天気の悪い日でも思い切り遊べる施設である。

ウェストウェイ・スポーツ・センター

プレイグラウンドで育った子どもたちがもう少し大きくなると、より西側にある、インターチェンジの部分を利用した巨大なウェストウェイ・スポーツ・センターで思い切り身体を動かすことができる。アドベンチャー・プレイグラウンドとの関連でいえば、ここにはヨーロッパ随一を誇るロッククライミングの施設がある。イギリスでは、けわしい山が少ないにもかかわらず、子どもにも大人にもよじ登る遊びの愛好者が多いのである。

スポーツ・センターには、各種の球技場もあり、各競技のコーチが働いていて、初心者からかなりの選手まで、力いっぱい競技をして力を伸ばすことができる。ノッティングヒルが19世紀に競馬場で有名だったこともあって、長い間このあたりには馬が飼われていたことから、厩舎も設けられていて、乗馬のレッスンも行なわれている。

青少年相談援助機関「コネクションズ」

マキシラ・ナースリーの隣に21世紀に入ってからオープンしているのは、政府の肝いりでロンドン中心部の各区に設けられた、コネクションズ(注14)である。13歳から19歳の青少年（学習困難や各種障害のある場合は25歳まで）の若者たちのさまざまな相談に応じてサポートをする目的で設けられている。子どもを預けることのできる部屋の案内なども入り口に大きく書かれているので、若いシングルマザーなどへの対応も十分視野に入れていることがわかる。さまざまな状態を抱えた若者たちが社会に入っていけるように、個人相談やグループ活動などを通じて援助しようというのである。一応NPOではあるが、地元発のボトムアップではなくトップダウンで、青少年のドロップアウトを防ごうと政府が力を入れていることをうかがわせる活動ぶりである。

パンヤードとスケートボード・リンク

ラドブロック・グローブの大通りを渡ると、後述する高齢者福祉関連のスペースの周辺に、ウェストウェイ・トラスト直営のフィットネス・センターやインターネット・カフェがあり、青少年のためのビデオ制作プロジェクトの拠点もある。さらにこの地域の買い物街であるポートベロー通りを渡ると、再び青少年のためのスペースが並ぶ。まず賑やかなのが、パンヤードと呼ばれるスチール・パンの練習場。その東側にはスケートボードのリンクがあり、ティーン・エイジャーの遊び場となっている。隣にはブライアン・ディア記者が批判した商業ベースの有名なディスコクラブがあって、週末には、若者たちで賑わいを見せ、周辺の住民の騒音被害の訴えが、先の批判記事につながり、閉店時間の調整が行なわれた模様である。

c 女たちの活動

マキシラ・ナースリーと保育・女性労働の状況

ウェストウェイの下のあちこちで、女性たちが活躍している。そのなかでもとくに第2期フェミニズム最盛期の女たちの運動の足跡を残し、今なお熱気を感じさせるのは、マキシラ・ナースリーと、女性のための建築技術学校ＷＥＢ（Women's Education in Building）である。

マキシラ・ナースリーは、保育所運動を続けていた6人の若い女性が各方面から資金を集めて1970年代の末に開き、自主的な運営を続けて今日にいたっている。先に述べたアドベンチャー・プレイグラウンドに近いこのあたりは、Ⅱ章で述べた、住宅改善運動の先頭に立って空家占拠をした力強いシングルマザーが活躍したところであり、フェミニズムのパワーを体現する女たちの活動スペースとして、この保育園をとらえることもできる。しかし、保育園増設の願いは依然として行政にあまり届いておらず、今もなお補助金打ちきりが取りざたされており、行政が発行している子育てのための手引書には、このマキシラ・ナースリーを含めて区内の保育園には18ヶ月もの待機リストがあるので、できるだけ早く登録して待つようにと書いてあるほどである。保育費用も、朝8時15分から夕方5時45分までで2歳児以下は週142ポンド（約2万6000円）と、公的住宅の家賃の倍以上だから大変である。

このあたりのほとんどの公立・私立の小学校には保育園が併設されており、なかには2歳からとしているところもある。しかし、終了時間以後は自宅で子どもを預かるチャイルド・マインダー(注15)などに頼る必要がある。低年齢児の保育の充足度に関しては、日本のほうが上だといってよい。さまざまな面で市民運動の実りの多いノースケンジントンも、女たちの運動から生まれたマキシラ・ナースリーも、保育不足の例外とはなりえていないのである。

女性のための建築技術教育

ラドブロック・グローブの大通りに近い自動車工場や建設業の会社などが集まった一角にある女性のための建築技術学校であるWEBも、フェミニズムの熱気が溢れるところである。ここは、80年代の前半に4人の女性によって始められ、今ではここに大きな訓練スペースをもつとともに、ロンドン市内の数ヶ所に関連施設をもっている。さまざまなコースが用意されているが、初心者向けのコースが始まる9月には50人が入学し、各コースあわせて200人ほどの女たちが毎日配管、下水工事、大工仕事、ペンキ塗り、指物（つくりつけの家具づくり）などを学び、建築業界で働くための資格をとる。2003年秋の新学期を前にようやくインタビューの約束をとりつけて訪問し、マネージャーのサンドラに聴いたところでは、申し込みはすでにいっぱいで、さらに問い合わせの電話がかかっているということだった。オフィスは、私がロンドンで見た最も忙しい職場といった様相を呈し、何人かの女性スタッフが忙しく新学期の準備をしていた。スカーフをつけたイスラム系の女性が問い合わせにやってくる姿も見られ、黒人が多数派ではあるが多様な背景の女性たちが集まり、建築業界のニーズも大きいという。

現在、保育所とは違って職業訓練には政策的に大きな支援がある。この追い風に乗ってＷＥＢは政府やロンドン市をはじめ、いくつかのＮＰＯ支援団体から大がかりな資金を獲得し、英語の話せない女性たちのための英語クラスやコンピューター・クラス、さらには保育費用まで提供し、すべて無料で、自立のための力をつける機会を提供している。ロンドン市内の他の場所に、起業のための助言や金策の世話までする関連組織もあるのだから、充実している。シングルマザーの受講生も多い。このあたりの保育は前述のような状況であるから、それぞれが自宅の近くでなんとかチャイルド・マインダーを見つけて預けてこなければならないのだが、その費用をＷＥＢが支給しているのである。

このあたりに誰でも行ける女性センターがあってもよさそうに思われるが、モロッコ女性センターのところでもふれたように、私が80年代に訪れて『女たちのロンドン』に記録したような一般的な女性センターというものはイギリス全体から今はほとんど姿を消しており、市民のためのサービスなら何でもあるという感じのノースケンジントンにも女性センターはない。しかし、保育所問題などは依然大きな課題であり、3月の国際女性デーには、ウェストウェイ・スポーツ・センターで、ティーン・エイジャーも含めた女性たちによる集会が開かれたという。この地域のカトリック系の高校に行っているカリビアンの少女の話では、数人の友人が妊娠して学校を中退し、子育てのみに専念しているとのことである。そうした状況を背景にして、自立に向けた取り組みが行なわれているのである。

d　高齢者のためのスペースと活動

周縁化されない高齢者用スペース

高齢者のためのスペースが、端のほうに追いやられてしまわないで、便利な都市の中心部にゆったりとしたかたちで設けられていることは、高齢者が大切にされている証しとして、高齢者自身に誇らしい気持ちを与えると思われる。ウェストウェイの下には、行政が設けているものとNPOによるものとを合わせて、高齢者関連のスペースが並んでいる。ノースケンジントンの中心部の地下鉄駅であるラドブロック・グローブの駅前にある、市内各所につながるバス停から、高齢者がゆっくり歩いても3分から5分以内のところに大方が集まっているのである。直接的に高齢者だけのためのものと、高齢者がよく利用するものとを合わせて、高齢者の目線からこの道路下の都市空間を見ていくことにしよう。

ラドブロック・グローブの大通りを挟んで、広々とした高齢者センターが2つある。一つは、すべての高齢者を対象にしたウェストウェイ・センター「エピックス」であり、もう一つはカリビアンを対象にした「ペッパーポット・クラブ」である。まず、この2つを取り上げることにする。地域のあちこちにあるデイケア・センターでも、ランチを食べられたりさまざまな便宜が得られるのだが、中心部にあるこれら2つのセンターは内装や設備も新しく整っており、一段と総合的なサービスが提供されている。いずれも区が費用負担をする社会サービスの一環であるが、ペッパーポット・クラブのほうは自主的に立ち上げられた経緯をもつため、トラストが運営を任されるかたちをとっている。

ホーリスティック・ケアをめざすエピックス

エピックス（EPICS）とは、Elderly People's Integrated Care Service の略であり、「高齢者統合ケア・サービス・センター」とでも訳すべき施設である。マネージャーのキャロル・オーゲルローゼンへのインタビューでは、ホーリスティック（holistic, 全体的・全人的）・ケアという言葉がしばしば使われた。医療の側面、在宅ケアの側面といった具合にばらばらに対応しないで、各サービスの担当部署が協力して一人の人間の全体的なニーズに応えたケア・サービスをしようというのである。

イギリスでも、医療ケアは国の責任、コミュニティ・ケアは自治体の責任で行なわれている。しかし、日本の場合は家族が責任をもつことを前提としているのに対して、イギリスの場合は家族がいなくても生きられるように、対人サービスが日本よりずっと踏み込んだかたちで行なわれる。

国によって行なわれているNHS（National Health Service）も各自治体のなかに、かかりつけの医者であるGP（General Practitioner）や看護師を配置して、一人一人の患者のニーズを受け止めている。また、自治体側では、ソーシャル・サービス部門が、ソーシャル・ワーカーを軸にニーズを聴き、家事援助のためのホームケア・サービスや、リハビリや補助器具・住宅改善などのためのオキュペーショナル・セラピー・サービスや、心身の健康を支える各種のNPOなどと連絡をとってサービスを行なう。しかし、ともすれば国側と自治体側、さらにいえば自治体の各部署は連繫を欠いて、一人の人間がばらばらに扱われ、サービスのタイミングがずれてギクシャクするというようなことが起こってしまう。エピックスでは、この点についての反省にもとづいて、一人の人間をまるごと受け止めて、この場所でも、また自宅で受けるサービスについても、各セクションが一体となって協力してニーズに応えよう、というのである。

用意してくれた訪問者・見学者用の専門的な資料によると、このセンターのカバー領域であるノースケンジントンとノッティングヒルを合わせた地域の65歳以上の高齢者数は、1991年の国勢調査の時点で5206人で、総人口4万6620人の11%と、高齢者の比率は区内の他の地域より低いのだが、入院する人の比率が、区の他地域に比べても、全国平均と比べてもかなり高かった。罹病率そのものが高いというより、ケアがばらばらで、一人暮らしなどで心細い人々が病院から離れられず、在宅生活ができないという社会的入院の傾向が見られたのである。このような状況はすでにかなり前から問題になっていたので、地域ケアを強化するために、国と区とが相談を始めた。ヘレン・ハムリン財団という、高齢者のためのサービス・プロジェクトを創造するための援助を行なう財団も、当初からこれに参加し、新しい考え方のセンターを創ろうと知恵を出し合い、3年ほどかけて枠組みをまとめた。各組織間、スタッフ間、ユーザーとスタッフ間のコミュニケーションを重ねつつ、サービスを試行して最善のかたちを創り出す努力が行なわれた。同時に、高齢者向けのランチクラブだったスペースを本格的に改造して、65歳以上の高齢者のためのこのセンターを立ち上げた。区のやっているあらゆる高齢者向けサービスと国の提供する医療サービスを組み合わせて、前期高齢者の老化への備えと後期高齢者のデイケア・サービスを共に行なう場を創ったのである。

ここには、ランチを食べたりお茶を飲んだりしながら談笑したり、本を読んだり、ときにはダンスをしたり文芸や美術の同好会をするために、元気な高齢者もやってくる。そのあいだに、心配ごとがあれば早めに専門家に相談して健康状態が悪くなるのを予防する。そして、いざとなれば、どんなサービスが必要か、本人と専門家が十分相談しながら判断してデイケアを受け、リハビリ・健康維持・休息など必要なサービスを受ける。必要に応じて、自宅での在宅ケアサービスもこのセンターから派遣してもらう。センターにデイケアに来ている間に、老人医療専門医や歯科医などによる診療もあり、整髪や手足の手入れも受けられて、社交的な催しやクラブ活動にも参加できる。このように、地域での安心な老後をまるごと引き受けよう、というセンターなのである。

在宅ケアについていえば、ノースケンジントンのホームケア担当事務所がこのセンターの真上の2階部分にあるのだが、入り口も違い、別組織であるため、調整が行なわれにくく、一人の高齢者がデイケアに来ているときと家に帰ったときと別々の人格として扱われてしまうようなことが起こっていた。そこで、このセンターのデイケアに来ている人には、エピックスが責任をもって在宅ケアのほうも派遣しよう、ということにしたのである。

このセンターは、土曜日も日曜日も含めて年中休みなしにオープンしており、ランチは予約なしに400円ほどで食べられるし、2日前に頼んでおけば健康上特別の配慮をした食事も宗教的な規則に沿った食事も食べられる。ホームケア・サービスのほうも、朝7時から夜10時までの主要サービス時間帯の他、必要があればその時間の枠外でも来てもらえるから、在宅での自立の備えはきわめてよく考えられている。自宅にはもちろん配食サービスが頼めるし、買い物サービスもある。デイケアに来ている間にソーシャル・ワーカーに相談にのってもらい、さらにボランティアによるいろいろなサービスの紹介を受け、自立の体制を整えて、より快適な条件を獲得していくことができるのである。一人暮らしの人に対するケアはもちろんのことであるが、家族や知人がケアしている場合にも、ケアをしている人がつぶれないようにさまざまな社会的なサービスを組み合わせていく手助けを、このセンターはしてくれる。地域には他にもいくつかランチクラブを含むデイケアセンターがあるが、このエピックスの総合性は群を抜いている。

このセンターは、利用者の参画にも力を入れている。軽度のサービスを受けている人々（ランチやリクリエーションの利用者）と、より重度のケアを受けている人々（デイケアやホームケアの利用者）の双方から、それぞれ代表者を選んで、サービス担当スタッフと毎月1回の定期的な話し合いをもって、ニーズを受け止めている。北欧でよく見かけるタイプの施設であるが、北欧のそれよりも、クラブで談笑したり議論したり遊んだりすることの好きなイギリス、とりわけノースケンジントンの市民の気風が加わった賑やかな施設である。受付のスタッフのエスニック・バランスにも配慮し、リクエストがあれば通訳を用意するなど、多文化共生の地域特性にも配慮は忘れていない。

なお、エピックスというコンセプトは、このセンターを皮切りに、ヘレン・ハムリン財団がイギリス各地の行政と協力して、全国的に展開中である。同センターの、ホームページには、詳しくその考え方とウェストウェイのセンターの実例とが載せられている。創設者の一人の女性の志が、研究にもとづく理念や方法論や資金となって、各地域の市民の志に力を与え、かたちを与えていく――その最初のセンターが、この市民が創る町ノースケンジントンのウェストウェイの下に誕生し、活発に動き続けているのは、まさに福祉市民社会イギリスの先頭を走るにふさわしい出会いであるということができるであろう。

ペッパーポット・クラブ

ここでもう一つの高齢者センターである、ペッパーポット・クラブに目を転じよう。先に述べたように、エピックスは65歳以上のすべての市民のための施設であり、白人文化の押し付けにならないように配慮されている。しかし、ノースケンジントンの人種構成は、白人が人口の65・3％を占めており、黒人17・7％、うちカリビアン7・6％（2001年国勢調査）である。ここでは、カリビアンはあくまでもマイノリティであり、移住当初の激しい被差別体験の記憶をもった高齢者の中には、白人のなかにいると緊張するという人が少なくないのである。高齢になって、自分たちが真に主人公である場所で、自分たちがなじんできた文化のなかで、ゆっくりと自分たち流の食べ物も食べたい、音楽も聴きたい、同じ肌の色の人たちの間でゆっくりしたい、というニーズは、当然である。このようなニーズに応えて、カリビアンのコミュニティでは、この地域の東北部に位置するオールセインツ街の一角に、長いこと独自の高齢者センターを開き、カリビアン・フードのランチ提供や自宅への配食、レクリエーション、思い出話のローカル・ヒストリー・グループ活動、リハビリテーションやアドバイスなどの活動を含むデイケアやアウトリーチ・サービスを行なってきた。オールセインツのセンターも訪問したことがあるが、やや手狭だったし、カリビアン文化の中心地とはいってもこの区の東の端にあるので、区内の他の地域に広がって住んでいるカリビアンから見ればあまり便利なところとはいえなかった。そこで1999年に、ウェストウェイの下で、ラドブロック・グローブの大通りを隔ててエピックスとちょうど対称となる場所に移転したのである。

ドアには、ペッパーポットというカリビアン独特の煮込み料理の鍋の絵が描かれ、ランチには、鶏のももをスパイシーな香料たっぷりのソースに漬け込んで焼いた料理や、カリブ諸島で中国系やインド系の人々と共存するなかから生み出されたカレー焼きそばなど、カリビアンの家庭料理

「ペッパーポット」のドア

が出されて、この地域で差別に耐えながら地歩を築いてきた高齢者たちがくつろいでいる。先に述べたトレリック・タワーの下の精神疾患をもつ人々のためのオレミ・センターと同様、白人と同じように、すべての市民のためのサービスを受ける権利を確保したうえで、あえて自分たち独自のサービスを、と願う人々のための権利も確保し、しかも、この街での苦闘の甲斐あって周縁から中心へと進出し、広々とした自分たちの場を獲得したのである。オレミ・センターと違う点は、オレミ・センターが、アフリカから直接、あるいはヨーロッパ経由でこの国にやってきた人々とカリビアンを共に対象とし、両者の食い違いを乗り越えて新しいブラック・アイデンティティを築くことをめざしているのに対し、ペッパーポット・クラブのほうは、カリビアン中心だということである。高齢者ということになると、新たに知らない人々と出会って、知識を学び、違いを乗り越えたアイデンティティを築くといったことよりも、慣れ親しんだ環境のなかに安心して過ごしたい、というのが精一杯という人も少なくない。それゆえ、あえてアイデンティティ再構築をめぐるチャレンジはせず、カリブ諸島か

くつろぐカリビアン

らやってきてこの地で老いていく高齢者の苦労に報いているものと思われる。

カリブ諸島といっても、数多くの島々がイギリス植民地からの独立後、多数の国に分かれており、高齢者の多くはそれぞれの生まれ育った島に帰ることを夢見て働いてきたのである。しかし、祖国はイギリスのように福祉が発達しているわけではないため、帰ることにはためらいがあって、年月を重ねた末に寒いこの国で老いる人々が少なくない。その人々が、カーニバルのところで述べたようにイギリスでの「ふるさと」であるノースケンジントンのど真ん中に、「私たちの居場所」であるペッパーポット・クラブを得たのである。カーニバルは年に2日と1晩のふるさと行事であるけれども、ペッパーポット・クラブは年中開いている。よその地域からふるさとのなまりなつかしとばかりにやってきて、ここでふるさと風のランチを食べ、古い友達と会うこともできようし、カリビアンの若いソーシャル・ワーカーに相談して、せめて若き日の思い出の詰まったこの仮のふるさとに戻ってくるというかたちでの引越しを可能にする人もあるだろう。ウェストウェイの下の公共スペースにそのような人々のためのもう一つの高齢者センターが備えられたということは、この地域の、ひいては全英のカリビアン・コミュニティの願いに応えてのことなのである。高齢者にとって、自分が若い頃元気で活動していたときの思い出話をしたり、その場所を訪れたりする、ということは、痴呆防止や痴呆からの回復のためにも役立つということが明らかにされてきており、北欧などでも、痴呆の進んだ高齢者のためのグループホームで、入居者の若い頃の流行のインテリアを取り入れたり音楽を流したりして記憶の活性化をうながすということが行なわれている。カリビアンの高齢者にとって、ノースケンジントンはまさにそのようなところだということができるであろう。

デイケアに来る人々のためには、エピックス同様、マイクロバスで区内から送迎がある。ランチやコミュニケーションのためにやってくる区内外の人々にとっては、ロンドンのあちこちに通じるバス停や地下鉄の停留所から徒歩3分といったところにこのセンターはある。周縁部にあったときとは大違いの便利さである。ロンドンのバスは、都心を越えて2時間ほどのところまで行くものはざらで、車掌がいて乗り降りに手を貸してくれたりする2階建てのバスや、ワンマンでもステップが低くて乗り降りがしやすい路線が縦横に走っており、バス停には屋根とベンチがあるところが多いから、自治体から提供される無料の定期券をもっている高齢者にとって、大変便利である。そうしたバスでこの地にたどりついて、黒と赤で描かれたペッパーポットのついたドアを開けるとき、高齢者たちの胸に浮かぶカリビアンの同胞とともに築いてきた自分たちのこの社会での苦闘の歴史への思いは、ひとしお深いものと思われる。なお、新しいペッパーポット・クラブは、聖マイケル教会（写真は24ページ）から徒歩で10分足らずの場所にある。１９５９年に人種差別暴動の余波を受けて若いカリビアンが殺されたときにこの教会で行なわれた大葬儀が全英に報道されることで、人権への取り組みが本格化した、記念すべきところである。Ⅱ章でもふれたように、その聖マイケル教会から、ラドブロック・グローブの大通りを１０００人余の葬列が北のケンザル墓地に向かったと、カリビアンの苦闘を語るコミュニティ・ヒストリーには記されている。みずからの尊厳と快適で安全な暮らしを勝ち取るための闘いの原点に、ペッパーポット・クラブは改めて根を下ろしたのである（Pilkington 1988, Pepperpot Club 1998）。

「ウェストウェイ情報センター」と「ソープクローズ一番地」

ペッパーポット・クラブに接したラドブロック・グローブの大通りに面したところに、「ウェストウェイ情報センター」と大きく看板の掲げられたエメラルドグリーンのドアがある。横断歩道の真ん前で、バス停から30秒ほどのこのドアのなかには、ソーシャル・サービスの相談窓口と、市民相談室ＣＡＢ（Citizen's Advice Bureau）とがある。区役所の立派な建物まで出かけて行って福祉課にたどりつかなくても、市民の相談に応じてくれる専門の仕事をしているソーシャル・ワーカーが、日常生活の場のすぐ近くで待ち構えていてくれる。高齢者福祉、障害者福祉、児童福祉等々、ノースケンジントンの市民は気軽にここへ出かけたり、ここからアウトリーチ・サービスを受けることができ、Ⅲ章で詳しく述べるＣＡＢで相談することも簡単にできるのである。

一方、ペッパーポット・クラブの左隣のドアは、さまざまな市民活動のオフィスが詰まっている「ソープクローズ一番地」の入り口である。このなかで行なわれている高齢者関係のおもな活動としては、オープン・エイジ・プロジェクトとシックスティ・プラスがあり、ＣＡＢの高齢者のための特別相談部門も、この一角にある。

次章で詳しくふれるオープン・エイジ・プロジェクト（ＯＡＰ）は、フィフティ・プラスつまり50歳以上の高齢者およびその予備軍のためのレクリエーションや生涯教育を中心とするネットワークである。木曜日の昼ごろになると、「ソープクローズ一番地」と呼ばれるオフィス群用の入口のドアを入ったところにある受付の前のロビーには、ＯＡＰのスペースからはみ出した高齢者がたむろして、賑やかにロンドン市内へバスで出かけるための出発待ちをしている。他の日も、このロビーには高齢者が出入りしており、その一部はＯＡＰではなく、２階にあるＣＡＢの高齢者相談室や、シックスティ・プラスのスペースへと上がっていく。

シックスティ・プラス

シックスティ・プラスは、コミュニケーションに関するサービスを軸として60歳以上の高齢者の健康を支えるＮＰＯであり、区から補助金がかなり出て、高齢者自身や各年齢層のボランティアが活動している。高齢者宅の庭の手入れをボランティアが訪問して手伝うといったプロジェクトや、高齢者たちの買い物にボランティアが同行してついでにスーパーの喫茶でお喋りするプロジェクトなど、さまざまな取り組みがある。一人暮らしの孤独感を和らげるための対話活動にはとくに力を入れており、訪問の他、一人暮らしの高齢者とボランティアの高齢者が電話で話すプロジェクトもある。トレーニングを受けたうえで、取り組むのである。１００人余のボランティアが活動しているがそのうちの半分ほどは中学生で、世代をつなぐ活動にも力を入れている。新学年のはじめに、ワーカーが学校へ出かけて説明し、希望者を募るのだという。

情報提供活動も多角的に行なわれており、10人近くのスタッフを抱えているだけに、大がかりである。シェルタード・ハウジングのところでもふれた、ここで出されている区内のサービスをまとめた生活ガイドブックは、高齢者自身の視点でまとめられた便利なものである。区民全体へのガイドブックにもかなり載せられているが、高齢者向けの情報がさらに詳しく痒いところに手が届くように集められ、記述されていて、２０００年版は１７２ページにも及び、字も大きく濃くて読みやすい。毎年秋には、区役所の大ホールでシックスティ・プラス主催の健康フェスティバルが開かれるが、このときには健康に関する医療関連情報と、アロマセラピーや指圧等々の医療の枠外の各種療法をめぐる情報、および精神面での健康に関する情報が展示され、相談が行なわれる。「健康」というときには常に身体的な健康と精神的な健康が念頭におかれており、オープン・エイジ・プロジェクトのように、生涯教育やレジャー活動に自主的に取り組むネットワークも、心身両面に関わるコミュニティ・ヘルス・プロジェクトとしてみずからを位置づけ、独自のブースをもち、パンフレットや活動の写真などを用意して、会員が市民に説明し、相談に乗り、勧誘する。互いにコミュニケートし合うということこそ、人間らしい「健康」の基本であり、各種の講座やイベントへの参加は健康保持のための手段でもあることが強調され、高齢者自身も自覚的に取り組んでいるのである。

これまで、ウェストウェイの下の高齢者関連の区とＮＰＯによる合計４つの活動について述べてきたが、そのうち３つのトップは女性である。現在は男性がディレクターをしているペッパーポット・クラブも、もともとはカリビアンの女性たちが開いたものであり、今も彼女たちはトラストの運営委員会でがんばっているから、このあたりの高齢者福祉関連の活動はすべて女性たちのリーダーシップのもとに創始され築き上げられて、今日にいたっているといってもよい。

なお、イギリスで高齢者関連の活動というとエイジ・コンサーンが有名であるが、この地域の支部の事務所は区内の南のケンジントン・ハイストリートという目抜き通りにある。移動浴槽による入浴サービスや、寒さに備えた暖房費の補助や保険など、全国レベルの活動が、この地域でも行なわれてはいるものの、コミュニティ・レベルでの直接的な動きは目立たず、オープン・エイジ・プロジェクトに若干の補助金を出すなど、間接的に活動しているのみである(注16)。自主的にNPOを立ち上げるだけの市民社会の力のない地域では、こうした全国的なNPOの役割も重要であろうが、福祉市民社会の勢いが盛んなところに関しては、古く大きなNPOの名前にとらわれていると、市民の活動の全体像は見えてこない。

全国に発信するノースケンジントン

コミュニティに関わる活動は、区の南部より北部が活発であり、ウェストウェイの下にあるノースケンジントンの基地から、新しいタイプの活動が生み出され、区の南に、さらには全国に発信され、影響を及ぼしているといってよい。国と自治体が連携を欠いてきたセクショナリズムの弊害に挑戦する、エピックスというホーリステック・サービスの第一号がノースケンジントンで姿を現わして全国に拡がりつつあることはすでに述べたとおりであり、次章で述べるようにオープン・エイジ・プロジェクトは、ノースケンジントンからサウスケンジントへと拡がり、他の区へも拡がりつつある。いずれも、ウェストウェイの下のスペースが豊かな都市空間として開発されたことを背景に、ノースケンジントンで産声をあげ、周囲に影響を及ぼすまでにすくすくと育つことができたということができる。そのスペースの開発を行なったウェストウェイ・デベロップメント・トラスト自体も、コミュニティ・デベロップメント・トラストの先駆者として全国に影響を及ぼしているのであり、いろいろな意味でノースケンジントンは福祉市民社会の先端を行く発信地なのである。

弱者の参加のためにある社会

強調しておきたいことは、市民に対するサービス活動が周縁的な場所にばらばらにあるというのではなく、町の真ん中の交通至便なところに見えやすいかたちで存在する、ということの重要性である。もちろん、家の近くにランチクラブなどがあることは重要であり、先にも述べたように、ノースケンジントンでも中心部の2ヶ所の他にいくつかデイケア・センターが配置されている。しかし、それだけでなく、高齢者へのサービスに関するスペースは、サービス対象者の人数が多く、そのわりにその多くが町へ出にくく不可視化されがちであるだけに、中心部にもおかれることが重要である。日本でも、もし駅ビルなどがコミュニティ・デベロップメントのためのNPOの責任でつくられるようなことが可能になれば、交通弱者のためのドロップインを含めたサービス・スペースを、真っ先にそこに配置することを当たり前と考えるような日がくるのではないだろうか。一日中よほど混雑する駅でもない限り、高齢者のためのスペースを、周縁化して、町のどこからも便利なように交通が集中している場所から排除する理由などないのである。

町へ出て、語り合い、学び合い、買い物を通して経済活動にも寄与しながら、わが町で老いる仕組みがあれば、高齢者も障害者も、町に参加してその活性化に貢献するとともに自分自身の市民性を維持し高めることができる。そして、サポートする側も、職業として、あるいはボランティアとして、同様にコミュニティと自分自身を活性化していくことができるといえよう。そして、日頃なにげなく高齢者を見かけることで、人々の意識も多様な生き方を受け入れる方向に変わっていくのではないだろうか。

ノースケンジントンが福祉市民社会であることを象徴し、町とは、社会とは、強者のためにではなく、むしろ弱者のためにこそ存在するべきだということを市民に絶えず確認させる役割を、ウェストウェイ・デベロップメント・トラストの創り出してきたスペースと、そのなかに活動している諸組織は果たしている。

6　町並みのなかの福祉市民社会

以上、ノースケンジントンの全体像を国勢調査データと地図とで頭に入れたうえで、異文化関連、トレリック・タワーの周辺、ハウジング・トラスト関連、ウェストウェイ・デベロップメント・トラスト関連の4節に分けて、NPOを中心にノースケンジントンのなかの福祉市民社会の展開ぶりを記述してきた。ここで、町並みのなかにさりげなく散在していて、これまでまったくあるいは十分に取り上げてこなかったものについて、ふれておきたいと思う。

a　HIV／エイズと向き合うライトハウス

まずあげておきたいのは、HIV感染者やエイズ治療中の人々のためのNPO活動であるライトハウスである。ラドブロック・グローブの中心部から徒歩5分ほどのところにあり、宿泊も含めて1988年にここで始められたNPOで、現在はロンドン南部にもう一つセンターを開き、あわせて2つのセンターが活動している。

薬や援助方法が発達したことから、現在は宿泊施設はやめて、ドロップインやカウンセリング相談を中心に活動している。ミュージック・セラピー、ヨガ、コンピューター訓練コース、就職相談、同性愛者・異性愛者それぞれのサポート・グループなどを設けるとともに、ガーデンレストランを開いて交流の場を設けている。夏休みには、子どものためのプロジェクトも行なわれている。

b アフリカ女性の活動

ライトハウスと関連して述べておきたいのは、ライトハウスで働いていたウガンダ出身の女性エリザベス・アリマーディが創ったNPO、アフリカン・ピープルズ・リンクである。アフリカ女性リンクと呼んでいたのだが、子どもたちやシングル・ファーザーなどのサポートも行なうために改称して、ノースケンジントンの北西部にセンターを開いている。ロンドンでエイズと言うと、ともすれば白人男性の同性愛者の問題とイメージされやすいが、それは偏見である。アフリカの本国での蔓延を受けてロンドンでもアフリカ出身の人々の間に広がりを見せ、感染した男性が家族に秘密にしたままセックスを行なうことから、女性や子どもへの感染が問題となっている。ライトハウスも直接この問題に取り組んでいるが、エイズ関連と明示したところへは相談しにくいと言う人もいるため、アフリカン・ピープルズ・リンクでは住宅街の一角に英語クラスや裁縫クラスなども含めた活動の場を設けて女性にも訪れやすくし、ボランティアによるアウトリーチ・サービスも行なっている。カリビアンの女性の存在感はこの町でかなり増してきているものの、アフリカ系の女性リーダーの姿は少なく、ジェンダーとエスニシティによる二重差別を鋭く告発するエリザベスは、ロンドン市長の表彰を受けたり、あちこちのNPO団体の運営委員に選ばれたり、メディアで発言する（Alimardi 2000a, 2000b）など、忙しく活動している。

c　教会とコミュニティ

町のあちこちに大きな姿を見せている教会は、必ずしも毎日曜日に大勢の人を集めているというわけではないが、コミュニティの中心であり続けており、人々の集まりの場としても機能している。多くの教会の礼拝が始まる日曜の11時前になると、人々の行き交う姿が見られる。イギリスの国教であるアングリカン・チャーチ（英国国教会）はあちこちにあって、通例は近くの教会に行くのであるが、特定の宗派に属しているため遠くまで出かける人もいる。黒人の高齢女性のなかには、正装して、夏なのに黒いコートを着て改まった感じで参列する人もいる。

そうした女性が目立つランカスター通りのメソジスト教会は、完全バリアフリーで、ときには黒人の若い女性の牧師なども招き、信徒の果たす役割の大きい新しい様式の礼拝が行なわれる。付属の建物には、コミュニティ・ヒストリー・グループのオフィスがおかれ、ノースケンジントンの町々の歴史や、各国からの移住者や難民の歴史、女性たちの歴史などをまとめたブックレットがここで出版されている。イギリスはオーラル・ヒストリーの盛んなところであり、無名の人々の話をボランティアが聴いて書きとる記録をもとにした貴重なブックレットがこのＮＰＯから生み出され続けているのである。

キリスト教会のなかでひときわ特異なのは、セルビア教会である。旧ユーゴスラビアからの難民の苦難を物語る50年の歴史をもつ教会に、ロンドン中から多数の人々が日曜ごとに集まり、礼拝の後、隣のコミュニティ・センターでふるさと風のランチなどを楽しみ、子どもたちのお国ぶりのフォークダンスなどが夕方まで行なわれる。コミュニティ・センターといっても、この地域に住む人々というよりは、全ロンドンに散っている旧セルビア系の人々の文化的コミュニティを保ち、世代を超えて発展させていくためのセンターなのである。そこに集まる人々のなかには、話しかけてみると英語がほとんどわからない人もいて、文化的・宗教的コミュニティの根強さを感じるとともに、改めて多文化社会の共生を成り立たせていくことの困難を実感させられる。

ノースケンジントンに2つほどあるカトリック教会でも、日曜日には何度もミサを行ない、アイルランド系の人々が多く集まるなかにポーランド語のミサの時間帯もあるなど、ふるさとの響きを懐かしむ人々が日曜の礼拝を中心に集まり、交流を楽しむ姿が、あちこちで見受けられる。

d　ファミリー・センター

この町にあって、少子化が大問題とされている今日の日本にありそうでないものとして、ファミリー・センターがある。区営のセンターで、ノースケンジントンには3ヶ所ある。保育所であると同時に、子どものケアをしている人々のドロップイン・センターでもあって、育児に関するさまざまな相談に応じたり、両親のための話し合いを開いたり、出張相談に応じたり、DVのサポート・グループやカウンセリングがあったり、さらには英語を話せない人々のための英語クラスを開いたりしている。それぞれの地域のニーズに応じて、多様な機能をもつセンターである。これといって立派な建物ではないが、中身は柔軟で充実しており、区のソーシャル・サービス部門が責任をもって運営している。

e　ユース・クラブとユース・センター

同じく日本にありそうでなかなかないのが、青少年のためのユース・クラブである。これについては、ハウジング・トラストの活動のところでふれたが、トラスト団地から離れた町のなかに専用のユース・センターが設けられている場合もある（注17）。また、町のなかのコミュニティ・センターの建物のなかに開かれて活動しているものもある。低年齢の子どもたちに対する保育そのものにかけられている予算やエネルギーが少ないのは問題であるが、子育てをとりまく家族や、ティーン・エイジャーに対する取り組みは、公的福祉とＮＰＯ活動とをあわせて日本よりはるかに充実しており、このことが低年齢保育の貧困さのわりには少子化が問題化していないイギリスの状況につながっているのではないかと考えられる。

ランカスター・ユース・センター

ランカスター・ユース・センターは、ノースケンジントン図書館の斜め向かいの便利なところにあり週日の夜7時から10時まで区の予算で開かれる。ゆったりしたソファで13歳から25歳までの青少年が、ユース・ワーカーを交えてリラックスして話をしたり、テレビを見たりしている。コンピューター・ルームでインターネットをすることもできるし、アート関係、ビデオ制作、コンピューター、スペイン語、英語、旅行、ダンス、演劇、ディベート、などのクラスもあり、実習に使えるキッチンもあって、サンドイッチなどつくって食べることもできる。写真はカーニバルの準備でいっぱいになった夕べナックルで練習できなくなったアフリカンドラム・グループ

ユース・センターを利用する若者たち

ハロー・クラブ

（私も参加していたクラス）がこのセンターの大きな壁画の前のスペースを借りたとき、ユース・クラブのメンバーが喜んで参加してきたときのものである。

他方、ハロー・クラブは、ノースケンジントンとしてはかなり西の方にある。大人も含めたコミュニティ・センターのなかにユース・クラブが設置されているので、午前から夜まで週末も含めて活動しており、便利である。貧困層が多く住み人種差別暴動が吹き荒れた地域に、有名な私立校のハローの同窓会が関わって創設したＮＰＯによるコミュニティ・ワークである。ランカスター・ユース・センターよりさらに広く、スポーツジムをもっている。常時ユース・ワーカーがいて、各種のプログラムを運営したり、お茶を飲みながら気楽に相談にのってくれたりするので、居心地がよさそうである。

青少年が、自宅と学校以外に居場所をもたず、街頭でたむろして麻薬などに引き込まれていくというのは、都市の社会現象として長年問題となってきたことである。そうした経験の積み重ねのうえに、さまざまなかたちで市民が活動してティーン・エイジャーや若者のためのセンターがつくられているのである。

個性的なユース・ワーカー

右にあげたユース・クラブはごく一般的なものであるが、いったん非行や犯罪などに手を染めてしまった少年のためのコンピューター・クラブといったプロジェクトも設けられている。YES（Youth Enterprise Scheme）というパンフレットを見つけて行ってみると、市役所の職員だと名乗るユース・ワーカーが、教会の奥のコミュニティ・センターのそのまた奥のキッチンつきの大きな部屋を獲得して、きわめてアットホームな雰囲気のスペースをつくって夜間にドロップインできる場を開いていた。型破りの個性をもったイキのよいワーカーやボランティアが、ワーカーの言によれば「けっこうすごいことをやってしまった」少年少女を、全身で受け止める熱気が感じられた。コンピューターは、企業が更新して不要になったものをまわしてもらうからいくらでもある、とのことで、もっぱらテレビゲームが楽しまれている様子であった。夜の寂しい時間に、ふらっとでかけて行って、ちょっと変わり者の、しかし自分たちのことを本気で気にかけているらしい大人と言葉を交わす。そして、好きなゲームをして、好きなようにキッチンに入って軽食をつくって食べ、ミルクをたっぷり入れた紅茶を飲む、というドロップイン・スペースがあることは、都市の青少年の抱える問題を解きほぐしていくうえでよくできた仕組みだと思う。ここは、一応NPOであるが、自治体がかなり深く関わっているコミュニティ・ワークである。

コミュニティに必要な青少年のための夜間施設

現代の日本では、犯罪や売買春などが話題になるたびに少年少女の問題を憂慮していながら、青少年が思い切りスケートボードでスリルを味わえる空間といったものもあまり用意されていないし、まして気軽に話し相手になってくれるユース・ワーカーのいる夜間の施設のことなどほとんど考えられていないように思われる。夜間に青少年が集うことのできるたまり場の必要性は無視あるいは軽視されており、いるべきだとされる家庭から外に出るとすれば、塾通いか街頭空間にたむろするか、ゲームセンターかマクドナルドかという、親と対立することも少なくない思春期の心理を無視したコミュニティのありようが保たれているのは、不思議なことであり、子どもと大人の間の年齢の人々のための心地よい居場所を用意することは、急務ではないかと思われる。

ユース・センターのなかでは、言葉のハンディを抱えるエスニック・マイノリティのための学習クラブや、独自の民族文化を学ぶ活動などが開かれている場合もある。社会から疎外されがちな少年少女をエンパワーし、自尊心を高め、コミュニティを活性化して住みよいところにしていくことは、福祉市民社会の重要な活動である。

f コミュニティ・センター

コミュニティ・センターは、日本では自治体によって用意されているが、イギリスではNPOによってさまざまな経緯を経て開設され運営されている事例が多い。

先にふれたように、ユース・クラブの活動の場でもあるハロー・クラブは、ハロー校の卒業生たちの志によるものであり、カリビアン文化の本場のようになっているタベナックルは、改装に際してトラストをつくって運営されている。

ベンチャー・センターの多彩な活動

次章に登場するウォーニントン・カレッジの前にあるベンチャー・センターは、地味な建物であるが、アドベンチャー・プレイグラウンドがあって、その垣根には賑やかな子どもたちの壁画が描かれている。2階にはコンピューター教室もあり、1階には裁縫教室にもヨガ教室にもなるよ

カラフルで楽しいベンチャー・センターの壁画

うなちょっとしたスペースがある。午前中はイスラム系の人々の幼児グループがあり、学校が終わる頃にはワーカーが子どもたちを迎えにいって学童保育も行なわれるなど、多様なエスニシティの人々による共同利用がうまくいっている。運営委員には、エスニシティのバランスに配慮しながら若者たちが多く入って、トラストというほど大規模ではないものの、NPOとして活発に動いている。総会にも出席してみたのだが、会計報告・活動報告をしっかり行なった後、このセンターを本拠地としているスチール・パンのバンドが出演し、和やかなパーティが行なわれた。

自動販売機に頼っている日本のコミュニティ・センターとは対照的に、ここにはキッチンとカフェがあり、毎日、昼時にはおふくろ風の近所の女性がパートタイマーとして温かい料理をつくっている。町をコミュニティとして成り立たせるためのコミュニケーション・スペースづくりに人々がエネルギーをかけていることを感じさせる。

コミュニティ・センターだけではなく、ノースケンジントンの町全体がコミュニティ・ワーカーとボランティアと一般市民との協力によって、手間ひまかけて支えられており、その基本には、コミュニケーションへの渇望とそれを満たすための努力と方法論とがあるといえる。次章ではそのコミュニケーションにスポットライトをあてて、この社会のやり方をクローズアップさせてみることにしたい。

注

1　ノースケンジントンには、本書で取り上げたものの他にも多くのＮＰＯ活動や行政によるサービス活動がある。ここに取り上げられていない領域があるからといって、決してその領域の活動の欠落を意味するものではない。関心のある方は、領域に関するキーワードをこの区のホームページの索引（Ａ～Ｚ）に入れて、ＮＰＯも含めた各種の活動を見つけることをお勧めする。

2　以下で「ノースケンジントン」の数値を示す際には、２００１年の国勢調査のノースケンジントンに位置する各選挙区のデータを平均したものを用いる。各選挙区の人口に大きな違いはないため、ここに示す数値はほぼノースケンジントン全体を表わす数値と見てよいと思われる。なお国勢調査の失業率の算出方法は同調査独自のもので、ＩＬＯの国際基準による算出方法とは異なっている。

3　住居形態については全国データが公表されていないため、「イングランドとウェールズ」として公表されているものを示しておく。なお、ロンドン市のデータも得られないため、これについては割愛する。

4　スチール・パンは、カリブ諸島のイギリス植民地の一つであったトリニダード・トバゴに奴隷として連行され、アフリカからの楽器を用いることを禁じられた人々が、ドラム缶の底を細工して音程が出るように工夫して創り出した楽器である。今日では大小さまざまなものがあり、その合奏はリズムにのって歯切れがよい。

5　ソウル音楽とカリプソが合体したカリブ音楽の一種。

6　ポンドと円の換算率は変動しているが、便宜上本書では現金交換の際の2003年の平均的なレートに従って1ポンド185円として概算して示しておく。

7　ロンドン市（GLE＝Greater London Council）は、サッチャー政権のもとで1986年以来廃止に追い込まれて議会とリーダーをもつことがなかったが、労働党政権になってから、2000年に市長と議員の選挙が行なわれて、廃止前のリーダーでノースケンジントンのNPO活動関係者を含むロンドン市民に強い人気のある労働党左派のケン・リビングストンが無所属で立ち、同党右派のブレア首相の推す候補を破って当選し、復活した。

8　1999年のインタビュー当時はウェストミンスター区との連携のみが行なわれていたが、その後ケンジントン・アンド・チェルシー区にもDVフォーラムがつくられ、アルハサーニャは同区内の各機関とも連携している。どちらの区も、重要な電話番号を記した小さなカードを用意してDVに悩む女性たちの手に渡りやすい工夫をしている。「パートナーや家族のメンバーに脅されたり傷つけられたりひどい扱いを受けていませんか？　秘密の助言を得られます」と記されたケンジントン・アンド・チェルシー区のフォーラムのカードに記されている連絡先は、警察・区の担当部署、アルハサーニャ、女性トラスト、チェルシー・アウトリーチ・チーム、24時間女性援助電話相談、24時間難民ヘルプライン、ロンドン・レズビアン・ゲイ電話相談、ノースケンジントン法律センター、救急センターなどで、層が厚く幅広いネットワーク体制が組まれていることを示している。

9　公的カテゴリーとしてはハウジング・アソシエーションと呼ばれ「住宅協会」と訳されているものを本書で「ハウジング・トラスト」として記述することについては、Ⅱ章の注3を参照。

10　年次報告書の特集事項に違いがあるため、本文の記述に関しては一回目の事務所訪問のときに入手した1998年度のものを用いる。なお、ハウジング・トラストの元締めであるハウジング・コーポレーションのホームページによれば、ノッティングヒル・ハウジング・トラストの2002年度の賃貸戸数は1万1134戸（内シェルタード・ハウジング369戸、車椅子の障害者用157戸）と、さらに大きく発展している。

11　2001年度の年次報告書によると、週当たりの家賃は、間取りによって違うが、一般向けの平均が68・6ポンド（約1万２７００円）、シェルタード・ハウジングやケアつき住宅の平均が75ポンド（約1万３９００円）である。なお、イギリスでは「週」という単位が日本よりはるかに強く、年金でも家賃でも週当たりで示され、実際、支給や支払いが週単位で行なわれることが少なくない。

12　２００2年のデータについては、注10を参照。

13　ユースセンターおよびユースクラブの詳細については、本書刊行後にこの地域のほぼすべての該当対象についてフィールドワークを行い、コネクションズや学習センターなどのユースワークに関する情報とともに加藤春恵子「ロンドンの『１０代空間』── コミュニティにおける自我とコミュニケーション ──」（東京女子大学紀要『論集』５８巻2号　2008）にまとめているので、参照していただきたい。

14　その後移転したコネクションズのこの地域のセンターの場所と活動については、13に挙げた拙稿、および http://www.centrallondonconnexions.org.uk/を参照。

15　チャイルド・マインダーに関しては、子どもの死を招いた過去の不幸な事件などもふまえて、自宅環境をチェックし、ソーシャル・ワーカーや医師の報告書や犯罪記録などを参照して専門部署の担当者が面接選考して、さらに計16時間の研修をして資格認定を行なっている。そのうえで、区が有資格者のリストを用意して、申込者に近所に住む受け入れ可能なチャイルド・マインダーを紹介し、費用は両者の間で決めることとされている(Royal Borough of Kensington and Chelsea 2003a)。

16　この地域のエイジ・コンサーンの２００3年秋のニューズレターによると、従来、入浴サービスにとどめていた枠を外して在宅ケア・サービスに乗り出すべく準備中とあり、実施されれば、ノースケンジントンでのエイジ・コンサーンの活躍もより目立ってくるものと思われる。

17　日本でロンドンのユース・センターを思わせる、ユース・ワーカー常駐で個人が夜間に使用できるドロップイン・センターとしては、東京都杉並区の公的な児童青少年センター「ゆう杉並」があげられる。この種の施設は、日本ではまだごく僅かだといってよいと思われる。

Ⅳ

ノースケンジントンに見るコミュニケーションと公共圏

これまで、ノースケンジントンの福祉市民社会の歴史と現在の状況について、広くとり扱ってきたので、この章では、福祉市民社会の動脈ともいうべきコミュニケーションに絞ってこの町で行なわれていることを見ていくことにしたい。

Ⅰ章に述べたように、コミュニケーションの発達なしには、市民社会の発達はなく、したがって福祉市民社会の展開はありえない。また、これまでの日本の社会科学がともすれば陥りがちであったように、コミュニケーションという言葉で、マスコミュニケーションばかりをイメージしていたのでは、市民社会の創造はできない。日本が福祉市民社会を発展させていこうとするならば、社会のなかで日々行なわれるコミュニケーションの仕組みを点検し、市民社会のコミュニケーション力、すなわち「コミュニケーション・パワー」とでもいうべきものを高める必要がある。そして、市民の発信力・受信力・対話能力を駆使して、行政と交渉し、NPO活動を展開し、その基盤となる市民資金の仕組みをも発達させていかなければならないであろう。

そこで、ノースケンジントンのフィールドワークを通じて見えてきた、市民のコミュニケーション・パワーを支え、養い、受け止め、生かしていくサービスについて、相談・情報・対話の3つの主題に分けて報告する。そして、従来マスコミュニケーション論の問題として語られがちだった公共圏という問題についても、より広範な市民社会のコミュニケーション論という文脈のなかで若干の考察を行なう。そして、政治が人々の心地よい生活（well-being＝幸福・福利・健康）のためのものであり続けるように方向づけることを通して、福祉市民社会を構築していく世論の渦巻きの生成・発展の場を見定めて、次章の事例研究に備えておくこととしたい。

1　相　談

ドロップイン／アウトリーチを含む多様な相談活動

ノースケンジントンを歩いてまず気づくのは、人々が相談できるところが多く、しかもそれがきわめて行きやすいところにあるということである。それらの多くは、週日はほぼ毎日開いており、予約相談だけでなくドロップインといわれるかたちで自由に立ち寄って相談でき、しかも相談窓口に来にくい事情のある人のために自宅などに相談員が訪れるアウトリーチ・サービスも行なっている。そうしたサービスの詳細についての情報は、区の出しているガイドブックや各機関のパンフレット、ホームページなどに明記されている。

前章で述べたように、ノースケンジントンの中心部には、福祉全般にわたって相談できるソーシャル・サービスの窓口、高齢者センターの相談窓口、ＮＰＯの市民相談室ＣＡＢなどが、ウェストウェイの下のスペースのなかでもごく便利な、ラドブロック・グローブにある地下鉄駅（このあたりは高架で走る）およびバス停から5分以内のところに軒を連ねている。

CABでも専門家による法律相談を受けられるが、バスで10分ほど北に行ったゴルボーン地区にはノースケンジントン法律センターがあり、より複雑な法律的相談や裁判などに無料で対応してくれる。同地区には、職業相談所もあり、モロッコ情報相談センターもある。カリビアンのための相談所は、オールセインツ街にある。精神保健のサービスについてはすでにふれたが、オレミ・センター以外にも数ヶ所のメンタル・ケア関係のデイケア・センターがあり、飛び込みでいつでも相談することができ、区のハンドブックにはわかりやすく案内が載せられている。その他、青少年はユース・クラブのアットホームな雰囲気のなかでユース・ワーカーに家庭や学校の悩みをいつでも相談できるし、親たちはファミリー・センターで子育ての相談ができるといった具合である。

コミュニティ・センターは、日本とは違ってNPOによって運営されているのだが、ここにも、ワーカーが常駐していて、相談に応じ、各区議会議員による相談も毎月必ず1回ずつ地元のコミュニティ・センターで設けられている。年間の各議員の相談日はセンターに掲示されている他、区のホームページに広報されている。

市民相談室CAB

CABは、国内全土にわたって800余の無料相談所を展開しており、相談所のないところでも図書館などに資料を提供し、ホームページでも、詳細な参考情報を提供し続け、法律や制度が変わるごとに更新して、人々の悩みごとの解決に役立っている大きな非営利相談機関である。各種の公的資金によってはいるものの、行政からは独立した非営利市民組織である。

ＣＡＢでは、いかにしてがっちりと市民の権利を行使して各種の生活補助金を申請し年金も確保して所得を増やすか、という点にとくに力を入れ、キャンペーンを張っている。細かな相談に応じて助言するとともに、申請書の書き入れまで手伝ってくれる。英語の苦手な移住者のためには、母国語のできる相談員を用意するようにつとめている。住宅の獲得についてもノウハウを伝授し、あくまでも相談者の立場に立って相談にのり、具体的な成果が得られるように計らってくれる。

ＣＡＢへの人々の信頼の厚さとその働きの大きさは、ノースケンジントンだけの特色ではないが、便利でわかりやすい場所に各種相談機関とともに位置してよりどりみどりの感を呈していることは、この町の特色といえる。区の福祉関係の窓口で仮に不親切な対応があったり、補助金の申請を抑制するような応対があったとしても、すぐ隣のＣＡＢに駆け込んで権利行使のやり方を助言してもらえるということは、行政のサービスを市民社会の視点からチェックするメカニズムが恒常的に働いているということになる。

ノースケンジントン法律センター

一方、ノースケンジントン法律センターは、全国的に展開された法律センター運動の先頭を切って１９７０年に開かれた地域住民のための無料法律相談所である（North Kensington Law Centre 1988)。貧困、人種差別、住宅に関する搾取、移民の権利をめぐる問題などが渦巻くこの地域に、社会正義を求める法律家やその卵たちが関わって資金を獲得し、今日では８人ほどの弁護士とほぼ同数の事務所運営スタッフが有給で働くまでに発展し、多くの裁判も手がけている。私がこの地域の調査を始めた１９９８年当時は、所長を含めて、弁護士資格をもつスタッフの半分ほどを女性が占めており、その後所長は男性に交代しているが、この地域が住民の苦難のゆえにこそ人権を保障する社会として高度に発展してきた歴史を物語る、強力な助っ人集団である。

行政とＮＰＯの協働

区が発行している住民のためのガイドブックには、行政によるものと並んで各種ＮＰＯによる相談について詳しく紹介されている。区のホームページからもこれら諸々の相談場所についての情報を容易に入手することができるし、後にふれるように図書館で聞けばすぐに教えてくれる。行政とＮＰＯとは一線を画し、ときには緊張関係をはらみながらも、福祉市民社会を共に構成して協働しているのである。

市民社会の基礎としての相談の充実

日本では、市民意識がかなり進んだといわれる地域に住んでいても、相談所といわれるものには縁が遠い。介護相談などは別として、ちょっと込み入った法律問題などになると、月に何回かの区役所の相談日の他には地元にこれといった無料相談機関がない。弁護士会などの相談所については、はるか遠くにあるという話を聞いたことのある程度である。市で出している数十ページの「便利帳」には、もっぱら市役所関連の情報ばかりで非営利民間組織による相談サービスなどは出ていない。そんな状態に慣れている私から見ると、ノースケンジントンは相談王国である。

イギリスでも相談に関する地域格差は大きく、ノースケンジントンは問題が山積していたためにとくに相談機関が多くつくられたということは確かで、最近では経済的な豊かさにおける南北格差とは逆に情報相談における北南格差があることが区内で問題視されて実態調査が行なわれているほどである。しかし、区の南にも市民相談室ＣＡＢは設けられており、少なくともＣＡＢと図書館をもつ市町村に関する限りは、イギリスは相談大国といってもよいように思われる。ドメスティック・バイオレンスの24時間相談をはじめとする各種の相談電話番号は電話帳のイエローページの冒頭に並んでおり、相談参考用の膨大な市民生活に関する情報を載せたＣＡＢのホームページは一般にも公開されていて、相談に関することがらが社会全体にごく当たり前のこととして浸透している。

福祉市民社会の基礎として、相談と、次項に見る情報保障のレベルアップは、不可欠であると思う。一人で考えつくことや身近な人から得られる知恵は限られており、仕方がないとあきらめる前により広く具体的な知恵をもった人物、立場の違う複数の機関に相談できるということこそ、権利・人権という言葉を空語とせず、個人の生活と社会のあり方との改善を求める前向きの生き方をするための基盤に他ならないからである。

いざというときに相談できる、というだけでなく、相談できるところがあるということが広く知られており、アクセスしやすいところにあって、複数の機関で相談して得た情報をつき合わせてチェックしてみることもできることが大切である。そのことによって、個人の生活には安心感が生まれ、一方、公務員であれNPOの関係者であれ、市民へのサービスに携わる仕事をする人々には、緊張感が生まれて、サービスの改善がはかられていくのである。

2　情　報

a　情報公開

NPOの情報公開

情報公開という言葉は、日本では近年ようやくポピュラーになってきたが、今日の日本で問題とされているのは、請求された情報を公開することの重要性である。そのことはもちろん重要であるが、請求される前に、市民の手に届くところに情報を公開して組織や活動の透明性を高め、説明責任を絶えず果たしていくという意味での情報公開が、どれだけ当然のことと考えられ、実行されているかが問われなければならない。日本では、住宅供給公社が年次総会を開き、それに向けて年次報告書を用意し、経理や年間の活動について詳しく報告し、居住者にわかりやすく説明した印刷物を配り、求められればさらに詳しいパンフレットを渡し、ホームページでもそれを公開して全世界からアクセス可能にしているなどということはない。しかし、イギリスのハウジング・トラストはごく当たり前のこととしてそれを行なっている。その他の非営利市民組織も、基本的にこの方向で動いている。情報公開は、社会的信用を得るための不可欠の条件だということが、インターネットの時代となっていよいよ明確になってきている。

行政機関の情報公開

このような、社会的信用と情報公開とは不可分の関係にあるという認識をふまえて、行政機関の情報公開も盛んに行なわれている。毎年の決算・予算や事業の報告・計画をわかりやすく説明したパンフレットや電子資料を、簡略化したものと詳細なものと2通り用意し、市民の選択に委ねるといったことは、国政レベルでも地方行政レベルでもかなりきめ細かく行なわれている。

国勢調査のデータを地区ごとに精細に示した資料や、区役所の各部署で行なった調査のデータなどまで、図書館に備えて住民の利用を待っており、最新の国勢調査については整理ができ次第ホームページで順次公開される。そのデータを用いて区の担当部署や委員会で分析した資料も、図書館で公開されていく。もちろん、個々人のプライバシーに抵触するものは公開されないが、貧富や学力の格差を示す地域別・学校別のデータなど、日本では隠されてしまいそうな資料まで、見ることができる。隠すより、公開して、問題を解決するための手がかりとして情報を用いるという了解が、この社会には成立している。

コミュニティ改善事業などに関しても、報告書がデータ中心のもの、写真中心のものと、何種類か出されており、福祉サービスについても、計画書や報告書が市民にわかりやすいかたちで刊行される。インターネットの時代に入っても相変わらず、わかりやすいグラフや親しみやすい写真を満載した立派なパンフレットが続々とつくられて、次項で述べる図書館のファースト・ストップやコミュニティ資料のコーナーに持ち帰り自由のかたちで置かれており、紙資源を使いすぎてごみが増えるだろう、と心配になるぐらいであるが、その多くはリサイクルペーパーを使用したと明記してある。

ガイドブックの充実

ガイドブックの充実についてはⅢ章でも取り上げたのでここでは簡単にふれるにとどめるが、区では区民一般用の他、子育て関連、精神保健関連、障害者関連、さらには学習困難者（People with Learning Disabilities）関連などの特定なニーズをもつ人々のためのガイドブックを出しており、それぞれ100ページ前後で内容も豊富である。高齢者向けのものは区の補助を受けてシックスティ・プラスが出している。

とにかくこの国は情報提供公開大国であり、市民の権利に敏感な人々の多いこの町では、各方面からのパンフレットや小冊子やガイドブックが、図書館のファースト・ストップのコーナーなど、人々の目につきやすいところに提供されているのである。

b　図書館

ファースト・ストップ

図書館は、たんに本を並べて貸し出したり、本に関する情報を提供するだけのところではない。図書館は、コミュニティ情報を求める市民が最初にやってくるところ、ファースト・ストップだ、という了解のもとにこの国の図書館は活動している。図書館は、地方行政の重要なサービスの一環である。

写真はこの区の中央図書館の入り口のところのものだが、どの分館にも同様のかたちで、壁面を利用したファースト・ストップ機能のためのコーナーが設けられ、数多くのパンフレットが並べられている。中央政府や区の各セクションから出された刊行物がわかりやすく整理され、絶えず最新版に取り替えられて、自由にとることができるように置かれている。とくに、所得補助や住宅給付などの項目ごとに、数多くの社会保障・福祉関係の権利に関する政府発行のブックレットがつくられ置かれていることは、市民の権利の基盤としての情報を提供することこそ、社会の

図書館の入口近くにあるファースト・ストップのコーナー

責任であり、とりわけ図書館の使命であるというこの国の認識を物語っている。これらのブックレットは政府のホームページにも載せられており、ソーシャル・サービスの窓口に行けば手に入るのだが、一般の人々が日頃出入りする図書館のようなところにも置かれていることの効用は大きい。自立した情報行動の主体として市民を位置づけて、日頃から情報を蓄え、必要に応じて情報探しのプロの援助を得ながら自分で調べられるようにしておいたうえで、先述のように相談機関が豊富に用意されれば、人々はいたずらに専門家に依存するのではなく、主体的に調べたり考えたりしたうえで、相談にのってくれる専門家の力を活用していくことができるのである。

情報全般についてのサービス

　図書館のファースト・ストップ機能は、資料の取り揃えだけではなく、市民の相談に応じて情報を探し出して提供することも含んでいる。本館・分館ともに、レファレンス・サービス担当者が、情報全般について問い合わせに応じ、どんなパンフレットを見ればよいか、どこに行って相談すればよいかなど、具体的に答える責務を負っており、さらに必要な情報そのものを探して提供してくれるサービスも行なわれている（Library association 1980）。

この区の図書館は、区役所のそばにある中央図書館の他に分館が5つあり、ノースケンジントンにはそのうち2館が配置されていて、ノッティングヒルの分館も近くにある。移動図書館もあり、さらに、図書館に来ることが困難な人のためには個別のリクエストにより本、CD、テープなどを自宅に届けるアウトリーチ・サービスが行なわれている。こうしたサービスについては先にふれた区役所の市民用ハンドブックにも明示されている。

ノースケンジントン図書館の事例

ウェストウェイ情報センターから3分ほどのところにあるノースケンジントン図書館は、決して大きくないが、区や国が出した調査報告書についてはかなり古いものまで数多く取り揃えており、相談サービスもしっかりしている。1891年の開館時につくられて以来建て替えられたことのない区内の図書館中最古の古典的な建物であるが、地階から3階までエレベーターで結ばれ、バリアフリーで、機能は現代化されている。車椅子や乳母車で出入りできる地階は、子ども図書館と新聞・雑誌の閲覧室で、週3日ほど「宿題ヘルプデスク」も開設される。多様な家庭環境の子どもたちがハンディキャップを乗り越えて学習を進めるためには、日本のように月謝を払って学習塾に行かなくても、公共的な場で相談できることが大切であり、資料を備えた図書館はそのような相談にふさわしい。新聞は、中央図書館ほどではないものの、各種置かれており、入り口に山積みされているローカル・ペーパーを持ち帰ることもできる。

1階は、図書やテープなどが置かれ、職員の後ろには問い合わせに応えるための資料が並ぶ。カウンターにはノート・パソコンがあって、椅子に座って細かな問い合わせをする市民に対応して、たちどころにインターネットで検索して情報を探し出し、相手に見せたうえで求めに応じて無料でプリントアウトまでしてくれるという、情報のプロフェッショナル・サービスが常時行なわれている。

この分館は、中央図書館のローカルスタディーズ・ライブラリーほどではないが、かなり古いところまでこのコミュニティに関するデータや刊行物を揃えている。市民の苦闘の跡を物語る聞き書きや自伝などの個人史や、社会史なども、小さなパンフレットにいたるまで数多く揃えられている。ホームレスの人のためにはホステルや住宅申し込みに関する資料が並び、NPOを立ち上げて補助金を得たいという人のための詳細情報がおかれているなど、現在の市民のニーズに応える資料も豊富である。

蔵書の言語についていえば、マイノリティの言語に対する配慮は一応行なわれており、アラビア語の本なども見受けられるが、基本的には英語が中心である。いくらサービスしようにも、区内で話されているという90ヶ国語の文献を揃えるというわけにもいかない。教育のところでふれるように、多文化共生を打ち出しつつも、この社会に生きようとする人々に対して、母語の通じる世界に蛸壺化して閉じこもることなく、共通言語としての英語を習得して共同の広場ともいうべき社会で生きることを求めているこの社会のあり方を物語っていると思われる。

コンピューターの提供

ノースケンジントン図書館の2階には、就職のための情報センターがあり、ノート・パソコンが10台ほど置かれていて、時間決めの予約制で、就職情報に限らずインターネットを使うことができる。インターネットも含めたコンピューターについては、コミュニティ・センターなどでも使い方を習得したり利用したりすることが容易で、日本に比べはるかに市民の利用に対して配慮されている。子ども用のノート・パソコンは、1階の司書のいるカウンターの前にあって、性的残虐情報などを受信できないようなソフトを入れたうえで、大人の目の届くところで使うように配慮している。

日本では、貧富の格差がないかのように隠そうとするところから行政サービスがスタートするのに対して、イギリスでは格差の存在を認めてそのギャップを埋め、機会の公平化をはかるために行政サービスを充実させる。その一環として図書館が位置づけられていることをコンピューター利用のあり方一つからもうかがうことができる。企業から型式が古くなったコンピューターを公共的な利用のために寄付してもらい、オーバーオールして希望する機関に配布する活動を行なうNPOも、イギリスでは機能している。多くの公共機関やNPOが最初はそうした中古のコンピューターの導入からスタートして、予算が獲得できると新しいものを購入してサービスのレベルを上げていくのである。

身近な社会のなかで情報公開の原則が貫かれ、図書館が市民の情報活用の権利を支え、コミュニケーション・パワーの出発点となるというような日常的な基礎がないまま、いきなりマクロな話として情報公開が語られ、知る権利をめぐる議論が飛び交いがちな日本とはかなり違った市民社会のありようが、見えてくるといえるのではないだろうか。

c　学校教育とコミュニティ・カレッジ教育

多文化社会の学校教育

教育機関は、コミュニティのなかで情報を人々に伝え、市民社会の成員のコミュニケーション・パワーを育成する重要な場である。とりわけ義務教育は、多文化社会のメンバーに一つの社会を構成するうえで不可欠な情報の共有をはかるための重要な働きをしている。

この区では、区全体で約90の言語が話されており、1991年の国勢調査によると区の住民の44％が海外から自分がやってきたか、所帯主が海外からやってきた家族のメンバーであり、青少年がこの社会で生きていくための教育に大きなエネルギーが注がれている(注1)。

はじめから遠くの私立に通う子どもを除いて、多くの場合子どもたちは、4歳からの保育(Nursery School)を併設した地元の小学校にまず通う。地元の小学校は公立・私立が相半ばしているが、私立といっても税金が多く投入されていて必ずしも豊かな階層の人々が行くところというわけではない。ノースケンジントンの場合、英語を母語としない生徒が4割を超える。区の北部の移民は来英してからの年数が長いためこの国で生まれたイギリス国籍の生徒が多くなっている(注2)。これに対して、近年、区の南部のアールスコート周辺に移民が増えているため、英語を母語としない生徒の割合自体はむしろ南のほうが高くなっている。しかし、貧困の問題は学校統計で見ても依然としてノースケンジントンに多い。家庭の貧困状態を示す指標である給食の無料受給者（所得補助または失業手当を受けている家庭の子ども）の比率は、区の南部が3割であるのに対して、区の北部では5割となっている。

生徒の流動性も高いなかで、この区では教師1人当たりの生徒数は20人弱と、全国や近隣の区よりも少なく抑えて教育に力を入れている。そのかいあって、正当な理由によらない欠席というのは1％前後で、全国テストの成績もかなりの水準にある。イギリスは、小学校段階から全国テストの成績で選別が行なわれていく社会で、とくにブレア内閣は各学校の学力レベルを上げることに力を入れており、この区は熱心に成果を追求している（Royal Borough of Kensington and

Chelsea 2001a, 2001b)。

ホランドパーク・スクールの統合教育実践

中学校は区内に4つあり、そのうち3つが私立で、ノースケンジントンにはカトリック系の女子校がある。しかし、バスで10分ほど南に行ったところにある公立のホランドパーク・スクールは、学歴・階級・人種などさまざまな差別をなくすためにこの国が取り組んでいるコンプリヘンシブ・スクールという統合教育の全国的に有名なモデル校であり、定員も多いので、ノースケンジントンの多くの少年少女は、小学校を終えると5年制のこの学校に入って、きわめて多文化的な状況のなかで共生のための人権教育を受けて中学・高校時代を送ることになる。そこでの教育は英語で行なわれるが、母語やそれぞれの宗教を尊重する教育も行なわれている。1500人ほどの全校生徒を集めて毎週1度行なわれる全学集会では、校長がコーランにもとづく話をしたり、南アフリカのマンデラ大統領が訪問したときには彼の話を聴いたり、といったことが行なわれてきたという。言語のハンディキャップが学校での成績格差に直結しがちであるため、Ⅲ章でふれたように、学校教育の遅れを取り戻すための補習教育が放課後や週末にユース・センターやコミュニティ・センターなどで行なわれており、イスラム系などの大きなエスニック・グループの場合は自国の言語・宗教・文化に関する補習教育も盛んである。それでも、問題は多いが、校内暴力や学級破壊などを率先して行なう青少年には停学・退学処分もあり、心理相談や各種のケアを重視した特別の学校も、停学中の青少年のためにとくに設けられている、といった具合で、とくに学校教育全体が成り立たなくなるといった状況は現在では見られない。

こうした事情を話してくれたのは南アフリカ出身の祖母をもつ白人の少女とパキスタン出身の少女の親友2人組で、文化を超えて深い交友が生まれていることからも、ホランドパーク・スクールの教育の成果がうかがわれる。入学を考慮中の人々のためのオープン・スクールに私自身が参加して観察した状況からも、この学校の熱心な取り組みがこの地域のコミュニケーションを増進する効果をもっていることがうかがわれた。なおこの学校は、夜間は次に述べるコミュニティ・カレッジの校舎の一つとして、成人に解放され、フル回転で機能している。

社会人のためのコミュニティ・カレッジ

社会人教育については、16歳以上の人々のための教育とトレーニングに資金を出している国の学習技能評議会（Learning and Skills Council＝ＬＳＣ）と区とが資金を出しあってコミュニティ・カレッジを運営しており、Ｖ章で取り上げるオープン・エイジ・プロジェクトやコミュニティ・センターなど、ＮＰＯも関わって、多彩なプログラムが提供されている（注3）。

階級格差が大きいため高等教育への進学を経済的事情からあきらめる人の多いこの国で、コミュニティ・カレッジはきわめて重要で、ロンドンの各区、とりわけ労働者階級の多い区では、積極的に設置に取り組んでいる。

ケンジントン・アンド・チェルシー・カレッジと総称されているこの区のコミュニティ・カレッジの場合、他の区のものと違って、最初から20歳以上の成人を対象に開かれたこの国で最初の成人教育用のカレッジであることが特徴的である。現在では16歳以上の若者も受け入れ、その層を主要なターゲットとしたコースもあるが、国からの補助金の対象であるこの年齢層の若者の職業教育・失業対策を主軸にすえた他区のカレッジとは違って、成人が重視されているため、学習内容も多様で落ち着いて勉強できるのである。午前から夜間まで授業の行なわれる専用校舎が南と北に2つあり、夜間だけ利用できる併用校舎が、先にふれたホランドパークのコンプリヘンシブ・スクールの校舎を含めて4つあって、合計6ヶ所で各種のコースが開かれている。

「イギリスで最初の成人教育カレッジ」と書かれたウォーニントン・カレッジのプレート

万人のための教育

次ページの写真に示した壮大なキャンパスを若者が闊歩するハックニー区（金融の中心地であるシティのすぐ北にあるカリビアンやイスラム系の多く住む区）のコミュニティ・カレッジのような立派な校舎ではないが、ノースケンジントンの北部のゴルボーン地区にあるささやかな専用キャンパスのウォーニントン・センター（通称ウォーニントン・カレッジ）の前に立ってその歴史を記したプレートを見上げると、万人のための教育という言葉が実感として胸に迫ってくる。ここでは、１９５０年代の開設当初には男性向けの教育が行なわれており、現在の老若男女が集う状況にいたるまで、歴史とともに進化を遂げてきたのである。

中学校や小学校の校舎を使っているところでは授業は夜間のみであるが、専用キャンパスでは朝9時から夜9時過ぎまでカリキュラムが展開されており、区内6ヶ所のキャンパスで毎週合計７００コマ余りのコースが開講されているのは壮観である。

豊富なカリキュラム

カリキュラムは豊富で、コースごとに払う授業料は、科目によって違うが、12週間分で一般区民が1万円弱といったものが多く、18歳以下や60歳以上、失業保険その他社会

若者向けのカリキュラムを誇るハックニー区のコミュニティ・カレッジの豪華なキャンパス

保障の受給者の場合は割引料金で、3000円程度である。大学進学の際に単位を使えるものもあり、職業上の資格に生かせるものもあり、教養的なもの、人権や社会に関する市民意識を高めるものなど、多彩な情報が提供されている。

　カテゴリー別のくくりとしては、アート、ビジネス・経営、育児・健康・社会福祉、カウンセリング、手芸・デザイン、文化・コミュニティ・個人の発達、ダンス、ドラマ、英語と数学、他言語スピーカーのための英語、ファッション、食物・ワイン、マルチメディア・写真、ヘアドレッシング、情報テクノロジー・コンピューター、外国語、音楽、スポーツ・健康・フィットネス、などが並び、それぞれにさまざまな科目が繰り広げられ、ニーズの多い科目に関しては違った時間帯にいくつも同じ科目のクラスがちりばめられていたりもするのである。およそ日本で行政が行なう社会教育などとは桁違いの情報が、市民に安価で提供されているのであり、若干高い授業料を払えば、近隣の区のコミュニティ・カレッジの授業に参加することもできるから、ロンドンの住民はじつに幅広い情報の選択肢をもつことになる。

カッレジで学ぶアレクシーとその孫娘

カレッジ受講者の事例

私の場合を例にとると、１９９８年度の前半の研究休暇の際には、夏休みにスウェーデンでの調査を行なうために「スウェーデン語」の授業をとり、フェミニズムの現況を知るために「自己主張トレーニング」に参加し、カリブ諸島から来た黒人の生活にふれるために「カリビアン・クッキング」の夜間の授業をとり、イスラムの生活を理解するために「イスラム文化」の授業をとり、アイルランドの高齢者たちとともに「アイルランドの絵画史」をとり、ノースケンジントンの町に生きてきた高齢者の歴史を理解するために「思い出（Reminiscence）」というディスカッションに参加し、さらに高齢者の市民意識の啓発状況を体験するために政治討論のコースに出る、といった具合に活用し、多くの市民と知り合いになってインタビューなどを行なった。そのなかから3人の受講者の例を述べて、コミュニティ・カレッジで情報が市民の権利としてどのように獲得され、用いられているかを見ておくことにしよう。

知り合いの講師に頼まれてカリビアン・クッキングのコースの助手役をつとめていたアレクシーは、ウォーニントンの校舎の授業を活用していた。彼女は、ジャマイカで貧しい少女時代を過ごして学校に満足に行けなかったために調理師の資格がとれず、実質的な腕前がありながら安い給料で苦労を続けてきた。60歳を過ぎてレストランの調理場を辞めてから一念発起して自宅近くのこのカレッジで数学やケーキ・デコレーションを学び、今度こそ調理師資格に挑戦する、とがんばって、カレッジの新聞に「学ぶに遅すぎることはない」と写真入りで記事が載るといった活躍ぶりで、孫娘と勉強の話をするのが嬉しい様子だった。

また、この町で生まれ育ち、看護婦として働き続けて定年退職した、インタビュー当時72歳のソフィーは、若い学生と一緒にヘミングウェイの大作を読み、カレッジの食堂で議論を続けるのが本当に楽しい、と語っていた。ウォーニントン・カレッジで若者たちと一緒に学ぶとともに、自分の住むシェルタード・ハウジングのコモンルームで行なわれる「思い出」グループのディスカッションにも出席して、より高齢の人々の多いそのクラスの世話役をつとめている。同グループの出版した『私たちの骨に刻んだ歴史（History in Our Bones）』の表紙絵は、ポートベロー道路に生きる人々を描いたものだが、ソフィーはそのモデルにもなった女性である。この町の歴史とともに生き、さらにその歴史を刻み続けている人であり、カレッジは彼女のアイデンティティを支えるうえで大きな意味をもっている。白内障のために本を読むとくたびれるといいながらも、若々しい声で「カレッジ」という言葉を口にするときの彼女からは、長い間憧れてきた場所で学ぶ喜びが伝わってくる。

また、自己主張トレーニングの授業にイスラム圏の若い女性などとともに参加していた60代のパットは、後に私が共通の知人から地域の病院の緩和ケア病棟（ホスピス）に末期癌で入院中との知らせを受けて見舞いに行ったところ、病院のなかでも、しっかり言うべきことは言って彼女らしい生活を送っていた。死を見つめながら、たくましく生きている姿に自己主張トレーニングの訓練を生かしている様子が見受けられた。まさに、死に至るまで、市民はさまざまなかたちで情報を獲得し活用して自我形成を続け、みずからの尊厳を守って生きる権利をもち、社会、とりわけ行政は、市民の必要とする情報を提供して、一人一人がみずから納得のいくように自己実現しつつ、その生を全うする機会を保障する責任を負っているのである。

ここにあげたのは60歳以上の例ばかりであるが、先にもふれたようにコミュニティ・カレッジは若者の転職や、失業からの再出発のための職業教育の場としておおいに利用されており、中年にさしかかって、ひどい落ち込みを経験し、自信を取り戻すために、これまであきらめてきた大学入学資格にあたるAレベル試験を得意科目で受験しようと、若者とともに夜間コースで懸命に取り組んだ、という経験を語ってくれた知人もいる。まさに、本人が望む限り、万人のために情報獲得の権利を保障しているのが、ロンドンでの社会人教育である。

3 対話

セミナー・スタイル

コミュニティ・カレッジでは、ほとんどのクラスが少人数のセミナー・スタイルで行なわれている。専用校舎には大教室はなく、小教室ばかりだといってもよいくらいである。そこに、市民社会のコミュニケーション・パワーを養う場としてのコミュニティ・カレッジの秘訣があると思われる。

イギリスでは、学校教育でもディスカッションが日本よりはるかに重視されているが、テストに向けての知育としての側面も強いため、市民としてのコミュニケーション力を養うという機能には限界がある。それに対して、社会教育の場合には、ゆったりと対話しながら進めていくことができる。そのように対話のなかで行なわれる教育は、個々の知識情報の獲得の場であると同時に、発信・受信の能力そのものを鍛え、質問すれば答えてもらえるし意見を出せば真剣に受け止められるという意味での相互コミュニケーションに関する信頼感を養う場でもある。このような場で学ぶことにより、コミュニケーションへの不信感に陥ることなく、情報を選択して使いこなし、社会に働きかけていく力を発揮することができる市民が育っていくと考えられる。日本の社会教育は、講義中心で若干の質疑応答がつくというかたちが主流で、「承り学習」などと揶揄されることもあるが、それとは基本的に異なる形態がイギリスの社会教育では主流なのである。

コミュニティ・カレッジの講師たち

コミュニティ・カレッジの講師のなかには、とくに地域に根ざしたというわけではなくあちこちで教えている人もいるが、わが町の名物講師といった人々も存在し、一人一人との対話とグループの交流を大切に育てながら何年も続けて常連中心のコースを運営していく場合もある。

なかでも、高齢者のための思い出コース、さらに時事問題のディスカッションのコースの講師でもあるエディ・アダムスは、クリスマスには思い出コースの受講者を自宅に招いてパーティを開いてくれるなど、とりわけて対話の姿勢を強く打ち出している。この思い出セミナーは、グループの最長老とその妹の住む高齢者用のシェルタード・ハウジングの広間で行なわれており、老姉妹のさらに下の妹が、セミナーのある日にあわせてかなり遠くから列車に乗って通ってきて

エディの家で開かれたクリスマス・パーティ

姉たちに会い、先述のソフィーとともにグループの世話役をもつとめる。アットホームな場所で、コミュニティ・カレッジとオープン・エイジ・プロジェクトとの共同のコースとして開設されていることを生かして、お茶とビスケットの時間がゆったりとられ、高齢者たちはコミュニケートし合いながらリラックスした時間を過ごすのである。

そうしたなかで、先にあげた『私たちの骨に刻んだ歴史』に続く2番目の本『富と労働と福祉に見るウェストボーン・グローブ』ができあがり、刊行の運びとなった。この本のタイトルには、コミュニストとしてこの町で若いときからさまざまな社会運動に携わってきたエディのバックボーンがちらりと顔をのぞかせている。ノッティングヒルやホランドパークに住む富裕層向けのショッピング街だったウェストボーン・グローブの通り（注4）やその周辺の町々で店員などとして働いていたワーキングクラスのセミナー・メンバーが、福祉の発達に助けられながら生きてきたこの町に、コミュニケーションの輪を結びながらゆったりと老いていく。エディもその一人として、会場のすぐ近くの、ノッティングヒル事件で殺された黒人の葬儀の行なわれた聖マイケル教会の裏の自宅をベースに、この町とこの町を築き上げてきた人々――自分自身と他者――の尊厳を大切にすることを教え続けている。彼の教育活動は、講壇の上から説教するのではなく、人々が問いを投げかけ、わかりやすい情報を提供して、対話し、語り合うなかでみずから発見することをうながすというスタイルで行なわれている。

同じくエディが講師をつとめる時事問題のセミナーは、もう少し若い高齢者を中心に同じ場所で朝の10時から行なわれるのだが、ある青い目の白人女性が頭ではわかっていても外国人を差別する気持ちが抜けないとしみじみ述懐し、どうしたらよいだろうと問いかけたことがあった。するとエディは、イギリス人も昔からあちこちに出かけて行って稼ぎ、今もそこに多く住みついており、現在でもかなり外国に移住する人がいるのだから、ここに移住してくる人がいてもお互い様だ、とあっさり返事をしたので、「差別はいけない」と決めつけられてもついていけなかった心の奥底がふと動いた様子で、発言者の顔がほころんだ。ノッティングヒル暴動のときにはまだあまり深く考えるほうでもなく若者どうしで物見高く連れ立って歩いていたというエディが、その後数々の住民運動に参加し、ゴルボーンの法律事務所で働くなど、この町のなかで経験を重ねて得た認識をかみくだいて語ることで、コミュニティと世界とのつながりが実感として理解されていく様子がうかがえた。

もう一人、アイルランド出身のバーナード・キャナバンも名物講師だった。画家でもありアイルランド現代史の専門家でもある彼は、オープン・エイジ・プロジェクトとカレッジの共同の、アイルランド生まれの高齢者たちの多く出席しているセミナーで、アイルランドの絵画のスライドを使って話をしたり、故郷の歴史や風土の話をしたりしていた。ジーパン姿で自転車に乗ってやってきては息子のように迎えられ、前述のエディ同様、受講者からファースト・ネームで気軽に呼びかけられて、そのセミナーの行なわれていた高齢者センターのパーティに出席して会話を楽しんでいた。

この2人に限らず、セミナーの講師たちはファースト・ネームで自己紹介し、受講者たちもそのようにして、お互いにアットホームな雰囲気を保ちながら対話しつつ情報をやりとりし、交流する。そしてほとんどすべてのクラスが少人数で行なわれるというのは、なんとも「効率」の悪いスタイルである。しかし、そのかたちがとられ続けているところに、労働者階級がかちとってきた教育の権利保障のシステムとしてのこのカレッジのバックボーンが感じられる。

行政の対話姿勢と市民憲章

対話重視の姿勢は、行政にも顕著である。フィードバックを大切にして、質問や苦情を歓迎する姿勢を示しているのである。図書館に置いてあるビラのなかには、街頭で何か問題点を見つけたらこれでどうぞ教えてください、という区役所宛の切手不要の封緘《ふうかん》はがきも混じっているし、「区役所に対する苦情」というパンフレットには「苦情用紙」という、地方行政担当のオンブツマンに区役所に関する苦情を書いて送るための用紙が挟んである。「環境情報案内版」という区役所発行の印刷物には、担当の項目ごとに担当者名と電話番号が書いてある。「あなたの知る権利」と書いてあるパンフレットがあるので何かと思うと、警察のホームページの案内で、相談・問い合わせの窓口の電話の番号なども紹介されていたりする。苦情も含めて率直な意見を言ってもらえば改善もしやすくなるので大変ありがたいとわざわざ説明している行政機関も少なくない。

市民からの相談や苦情を重視する取り組みは、ノースケンジントンだけで行なわれているわけではない。1991年には、サッチャー政権とブレア政権の間をつないだ保守党のメージャー政権の目玉政策として、市民憲章（The Citizen's Charter）が制定され、「パブリック・サービスの6原理」が確立された（梅川 1999, 田端他編 1999, 竹下・横田・稲沢・松井 2002)。以来、全国的に相互的なコミュニケーションを重視する姿勢が行きわたったのであるが、ノースケンジントンのように市民の力が強いところでは、とくにその実行ぶりが目立っているのである。

パブリック・サービスの6原理

なお、この6原理とは、（1）サービス基準の確立と公開、（2）サービスに関する情報の公開、（3）サービスに関する市民の相談・選択の機会の保障、（4）礼儀正しく援助的なサービス、（5）誤りが起こった場合の簡易で効果的な苦情申し立て手続きとそれにもとづく十分で迅速な謝罪・説明・修正、（6）費用に十分相当するサービス、である。官僚的な姿勢に対する市民の苦情が前向きに受け止められて、このような憲章がつくられていることは、情報の発信・受信を含む相互的なコミュニケーションの保障が、安心して住める社会の重要な基盤であることへの社会的認識の深まりを示している。

苦情を解決するとともに後のサービスに生かしていくためには、（1）に示されているようにサービスの目標・基準が明確なほうがよい、というわけで、サービス基準を記したパンフレットが社会サービスや病院の受付窓口などに置いてあるのを見かけることもある。ばらばらな思い込みで苦情を言われてもなかなか対応できないが、組織がみずから掲げた目標に照らしてのお叱りであれば、個人への対応とともに、今後の改善につなげやすいし、その目標そのものをときおり見直していけば、さらなるサービス改善も行ないやすいからである。

ベター・ガバメントと対話改善PR競争

中央政府も、国民の意見を直接聴いて改善をはかりたい、というわけで、ブレア政権になってから「ベター・ガバメント」というプロジェクトを国内20ヶ所ほどの地点で実施し、ケンジントン・アンド・チェルシー区は高齢者の意見を聴く重点地域に選ばれたとのことで、交通など具体的なトピックをあげてミーティングを開き、委員を委嘱するなどして対話に励んでいる。そのミーティングも参与観察したのだが、担当の公務員はファースト・ネームで自己紹介し、率直な意見を引き出すことを心がけていた。このとき取り上げられていた市内のバスの不規則性の問題については、改善へ向けて努力が続けられており、中央政府とは対立関係にあるロンドン市長も、市民の声を聴いた自分の努力でこんなに改善されている、という写真入りのビラを出したりしている。対話を通して問題を解決する姿勢を打ち出すことは、政治や行政のPRの目玉なのである。

カーニバル後の集会と問題解決

多数の住民に関わる大きなイベントなどを開く場合にも、参加自由のミーティングを開いて話し合いが行なわれる。ノッティングヒル・カーニバルは、大騒音や臨時トイレの臭気、食物を街頭で調理した後の油のにおいなどで、住民にとっての大問題を抱えている。そこで、カーニバルの後には来年度に向けて入念に苦情や意見を聴く会が開かれる。夕食後の時間帯に開かれた会合には、カーニバル・トラストや警察・行政の責任者の他、区会議員たちも普段着で出席し、市民の意見を聴いていた。夜7時に行列が街をねり歩くのをやめるという規定に反していつまでも終わらず夜中まで騒がしかったという苦情の出された翌年のカーニバルでは、時間がしっかり守られ、また、夜間から翌朝にかけての街頭掃除のスケジュールが見直されて朝早くから清々しい町のたたずまいが見られるなど、対話の努力はたんなるジェスチャーにとどまってはいない。デモクラシーの歴史の長いこの国で、葛藤を乗り越えてきたこの町の対話追求の姿勢は、不断の社会改良のための営みとして現われているのである。

4　情報と対話の渦巻く公共圏

コミュニケーション・ニーズに応えるコミュニティ

コミュニケーションという言葉は、「情報」と「対話」という2つの側面をもって、現代人の心をひきつける。コミュニティは、その両側面に対する人々のニーズに応えることを通して、現代社会の合理化やボーダレス化が人々にもたらす不安や疎外感を和らげ、共存、さらには共生感覚を回復させ、創り出していかなければならない。日常的な関係性のなかにそうしたコミュニケーションのニーズをくみ上げ、満たしていくプロセスが組み込まれていくことによって、変化する社会に関する情報不足からくる不安や疎外感に悩む人々の心をファシズムがさらった、苦い歴史を繰り返さなくてすみ、民族主義や宗教対立による流血の悲惨をも免れることができるのである。いかに「情報」が盛んに伝達されたとしても、一人一人の人間をまるごと受け止め、発言に耳を傾け、互いの人生がふれあい、アイデンティティを確かめ合うプロセスとしての「対話」の側面が同時に大切にされていかなければ、人々の心の漂流はやまず、いつどのような巧妙な煽動者が現われて、とんでもない暴虐の渦のなかへ社会全体が押し流されていかないとも限らない（加藤 1986）。ナチの空爆にさらされた歴史をもち、北アイルランドの対立の根深さを身近に経験しているイギリスの人々、とりわけて人種差別暴動のただなかにあったこのノースケンジントンの人々は、個人と社会を支えるコミュニケーションの大切さを熟知し、人々の求めるコミュニケーションとは何かということについても、経験的に知恵を育んできているように思われる。

V章で取り上げるオープン・エイジ・プロジェクトの生みの親ともいうべきコミュニティ・ワーカーのモリーンの次の言葉は、コミュニケーションが人間と社会にとっていかに重要であるか、そして、情報と対話というコミュニケーションの2つの側面が、どれほど不可分の関係にあるかということを示すものとして興味深い。「私たちのオフィスにも高齢者の生活に関するビラやパンフレットがたくさんおいてあるのだが、セルフサービスで自由にお茶を飲んで話し込めるようになっているこのオフィスのゆったりした雰囲気のなかで、受付の人に相談したり仲間どうしで対話したりすると、書かれた内容がよくわかってくる。自分の必要としていることが明確になり、困難を乗り越えてきた仲間の話に励まされて、市民相談室CABに行ってさらに詳しい情報を得てアクションを起こすということにも発展する。情報は、ゆったりした雰囲気のなかで話し合ってこそよくわかり、活用できるようになるものであり、ふだん情報に接触し慣れていない高齢者などはとくにそうなのだ」と、このNPOが週5日ほとんど年中無休でドロップイン、つまりふらっと立ち寄って受付の人や来合わせた仲間と話し合える体制をとっていることの意味を、彼女は解き明かしてくれたのである。

「情報を知る権利」は「対話する権利」「相談する権利」と結びついて、「問題を解決する権利」につながっていく。情報は、対話のなかでこそ効果的に伝わり、活用されるのであり、コミュニケーションのこの2側面をあわせて提供できる場を町中に設けることによって、市民が自立して安心な生活を営むための基盤をつくることができるのである。

このような、情報と対話のなかで情報が伝えられ交換される場は、世論の巻き起こる土壌ないし現場ともなる。対話のなかで年金に関する情報を個人的な問題として理解し解決に向けて行動を起こした人々は、当面の個人的な問題の解決にとどまらないで、年金に関する政党のマニフェストについての情報を交換し、政党の選択、あるいは政治家に手紙を書くといった働きかけに向けて、行動を起こすという方向に進むこともあるだろう。ロンドンでは、このように対話のなかで生活から政治につながる情報が交換される場が、町のあちこちにセットされているように思われる。

コミュニケーション・スペースとしてのパブ

言論の自由の概念が成立した当時のロンドンでは、コーヒーハウスと呼ばれた喫茶店に集まって新聞を読み議論するのが流行であったのだが、今は、喫茶店は少なく、議論の場として機能してはいない。それに代わって、多くの街角にあって、ぶらりと立ち寄って人と話すことのできるパブは、日本にはないコミュニケーション空間である。パブでは、立ったまま飲むことも座って飲むこともできるので、日本の居酒屋のように話が蛸壺化することが少ない。住宅街のなかにもけっこうあって、昼の12時に開くのが一般的で、食事やコーヒーや紅茶もあるから、情報交換と対話交流の場としてまさにうってつけである。

休日などゆっくり街角まで新聞を買いに出て、パブで広げて知り合いがくるのを待っている人を見かけることもある。平日の夕食後や、休日の昼食時、夕食時、夕食後には、評判のよいパブには大勢の人が誘い合わせてやってきて店の内外にたむろし、さらに知人の輪が広がる。

しかし、なんといってもパブはアルコール飲料が主流であり、支出もかさむから、その雰囲気になじまない人々や、切り詰めて暮らしている年金生活の人々などは、パブ以外のドロップイン・スペースを必要とすることになる。先にあげたオープン・エイジ・プロジェクトやコミュニ

友人を待つ人の多い休日の午後のパブ

ティ・センターは、そのようなスペースを用意しているのである。もちろん、こうした場所で人々が政治の話ばかりしているわけではないが、トピックがあれば情報交換も議論もできるオープンな場所がたくさんあるということは、コミュニティを、そして国全体を活性化させると考えられる。

市場のコミュニケーション機能

ノースケンジントンで人々が出会って互いの存在を確かめ、情報交換をしてときには話し込む場といえば、市場を忘れるわけにはいかない。ラドブロック・グローブの大通りと平行して走っているポートベロー通りは、両側に店が並んでいるにもかかわらず、週に3日ほど路上に市が立っており、その通りを突き抜けたところにあるゴルボーンの通りにもささやかながら市が立つ。店の前に露店が並び、野菜・果物その他日用品の店が並ぶのである。土曜日は観光客や他の地域からやってくる人々をあてこんだ骨董市であるが、それ以外の日は地元の人のためのマーケットである。この通りにはスーパーマーケットもあるし、その他各種食物の専門店もあるのだから、なにもわざわざ市を立てなくてもよさそうなものなのだが、露店を冷やかすのは心

ポートベロー通りに立つ市場

「コモン」なコミュニケーション・スペース

楽しく、よいものをいかに安く買うかという楽しみもあると同時に、スーパーよりものんびりして、ばったり人に出くわして立ち話をする機会も多いし、知人から知人への紹介の輪も広がりやすい。ゆっくり話そうということになれば、街角にベンチもある。これもまた公共的なコミュニケーション・スペースとして、人々の出会いの場、心のふれあいの場、情報交換の場、世論の形成される場として機能していると考えられる。

Ⅲ章でシェルタード・ハウジングのコモンルームについてふれたが、その延長線上に、「コモン」という言葉にこだわって出会いの場として用いることのできるスペースをあげていくと、コミュナル・ガーデンやコモンと呼ばれる街角の広場が注目される。前者は、近隣のフラットに住む何十戸あるいは何百戸かの成員が使用権をもち、各戸にある鍵で、張りめぐらされた金網の一隅にある扉を開閉して出入りする共同の庭である。木陰で一人で静かに過ごすこともできるし、子どもを遊ばせることもできるし、近隣の人々の出会いの場として用いることもできるスペースである。後者は、便利なところにあってフェンスもなく不特定多数に開かれており、公園と呼ばれるところよりはシンプルにできている。芝生の広場だったり見通しのきく空間にベンチがあちこちにおいてあったりして、休日など近隣の人が集まって大きなスクリーンでクリケットの国際試合を見てランチを食べているのを見かけたこともあるし、夏の週日の夕方に三々五々涼んでいる姿を見ることもある。もちろん、さらに大きな共同スペースとして公園があちこちにあり、市の中心部のハイドパークにはスピーカーズ・コーナーも設けられていることは、I章の2節で述べたとおりである。こうしたかたちで、限定された人々のための、あるいは不特定多数の人々のための共同スペースをあちこちに用意して、情報交換と対話交流に用いることのできる公共の場を備えているのが、この国の都市のありようである。

世論の渦巻きとしての公共圏

日頃はのどかな余暇に用いられているスペースも、世論が激しく渦巻くようになれば、そこはデモの出発点となり、各コミュニティからハイドパークに集結したデモは、国政の中心であるウェストミンスターへと向かうのである。

ハーバマスのいう公共圏とは、マスコミュニケーションに関連した概念であるだけでなく、市民社会のこのような公共的なコミュニケーション空間で人々のコミュニケーション・パワーが表出されて巻き起こされる世論（public opinion）の渦をイメージしたものといえるだろう。

人々は、街角の情報交換や対話のなかで自足するわけではなく、社会に向かって発言し、政治を論評し、政治家に手紙を書き、少なくとも次回の投票機会には確実に自分のコメントを政党に伝える一票を行使する。ときには、デモに参加して意思表示を行なう。インテリばかりではなく、いわゆる「学歴」をもたない人々がそのように行動するからこそ、政治は人々の生活のために機能し続け、社会は失いかけたバランスを回復しては新たに形成されていくのである。少なくともイギリスでは、そのようにして政治が機能し、政権が交代し続けてきたから、今もかなり多くの人々にとって政治は身近でスリリングなものであり続けており、政治に対する不信感は、日本よりはるかに少ない。イラク攻撃をめぐって行なわれた史上最大といわれるデモンストレーションも、政治に失望していないからこそ、それだけ参加者が膨らんだのだといえる。世論とは、調査に表わされる数字である以前に、社会のあちこちで交わされ、響き合う市民の意見の総和であり、ダイナミックなコミュニケーションの過程であり、公共圏の渦巻きそのものなのである。

そう考えてみると、この町のコミュニティ・カレッジや図書館の果たしている機能は、きわめて大きいと思われる。そして、コミュニケーションが双方向に流れ、渦が巻き起こる場所として、パブやネットワークのたまり場や街頭空間などの働きも、また、大きいと考えられる。

公共圏の一環としてのメディア

このようなコミュニケーションの場としてのコミュニティのなかに、毎日、新聞やテレビの情報がやってくる。周知のように新聞の宅配というのは多くの国ではあまりポピュラーではなく、イギリスでもないわけではないが利用している人は少ないから、大多数の人々は、新聞を買いに町へ出かける。通勤の途中で新聞を買うだけでなく、わざわざ休日にも好みの新聞を買いに街角の店まで出かけて行き、買わないでじっくり読もうという人は日曜の休館日を避けて土曜日に図書館に出かけて行くのである。

地下鉄の駅には、広告料で成り立っている、無料のわりにはしっかりした内容の新聞が置かれているので、これを電車のなかで読んで間に合わせる人もあるし、夕刊紙は安くて読みやすいので、『イブニング・スタンダード』あたりを買ってすませる人もあるが、政治的関心の高い人々は、週日には１００円ほどを投じて、『ガーディアン』『ザ・タイムズ』『インデペンデント』などの朝刊紙を買い、休日には200円ぐらいもする分厚い『オブザーバー』や『サンデー・タイムズ』などを購入してゆっくり読む。センセーショナルな見出しを掲げる大衆紙の愛好者ももちろんいて、パブの格好の話題となることも少なくない。テレビはチャンネルが少なく公共放送のBBCが大半といった状況であるが、それでも報道番組には甘口辛口さまざまなバリエーションがあり、政党の党大会の中継放送などは、政策および政治家の人間性に関する情報を伝達し、さらには町かどの公共空間で話題となって、世論の展開に役立てられ、次の総理や大臣の人選にまで影響を及ぼしていく。新聞は、そうした人々の世論をくみ上げて、「さすが」と思わせるだけの報道を展開しなければ、わざわざ買いにきてくれる人がいなくなってしまう。そこで、ジャーナリストたちはプロの真髄を見せるべくしのぎを削るというわけである。

もちろん、センセーショナリズムの働く余地も多いが、政治家の人格の奥底まで見せようとするかのように、『ガーディアン』や『ザ・タイムズ』の一面は、大きなカラー写真と、その大臣が発表した政策に関する詳細を組み合わせて掲載している。それを見ると、日本の新聞の政治面にはまったくないような、情報と人間としての出会いの感覚を総合して政治を伝えようとする映像時代の新聞ジャーナリズムの気迫が伝わってくる。それだけに、政府や政党はメディア操作に力を入れており、メディアはまたその操作ぶりや操作の担当者についての報道を盛んに行なう。ブレア内閣に関しては、スタート当初のマンデルソンに続いて、イラク戦争に関してはキャンベルが、メディアを通して世論という糸車を操ろうとする「スピン・ドクター」として注目され、いずれも批判を浴びて辞任している。

このようにして、マスメディアは、市民たちとともに、公共圏の一環として、コミュニケーション過程の一部を構成し、市民社会のコミュニケーション・パワーの一翼を担っているのである。市民が社会の主体として、みずからを育てていく場も語り合う空間も時間もなければ、マスコミは厳しくその報道の質を問われることもなく、世論を代表したようなふりをして、政治や行政に携わる人々と町に生きる人々との間をつなぐどころか隔てる役割を果たすことにもなりかねない。コミュニティが、世論を形成する「場」としての生きた市民社会のダイナミズムを失うことがない限り、ジャーナリズムは人々の厳しいチェックに耐えて時代のニーズに応えつつ多様なかたちで成長し、人々とともに公共圏の渦を巻き起こすことができるのである。

注

1　2001年の国勢調査に関しては同種のデータが未公開なので1991年のデータを用いる。なお、先にもふれたようにケンジントン・アンド・チェルシー区では、人種差別暴動の苦い経験をふまえて多文化社会であることを強調しているが、周辺の区もマルチエスニックである。教育関係の比較データが入手できる範囲でいえば、ケンジントン・アンド・チェルシー区と、近隣のウェストミンスター区、カムデン区、ハマースミス・アンド・フラム区の、小学校で英語を母語としない児童の比率は2000年段階でそれぞれ44・9%、59・1%、45・8%、35・4%となっている（Royal Borough of Kensington and Chelsea Education and Library Research and Information Unit 1999/2000）。それぞれ、教育やコミュニティ・ワークには多大なエネルギーをさいていると思われる。

2　生地主義のイギリスでは、この国で生まれた子どもは出自がどこであろうとイギリス国籍をもつ。グローバルに人々が移動し、エスニシティを超えた結婚や非婚関係のなかで生まれる子どもも多い時代にこの生地主義（ダブル・パスポートと呼ばれる二重国籍も認められる）はきわめて合理的である。

3　オープン・エイジ・プロジェクトやコミュニティ・センターによるプログラムには、コミュニティ・カレッジと共催のかたちをとっているものと、独自のものがある。

4　現在は、ウェストボーン・グローブのあたりにあった富裕層向けの商店街は消えて住宅街となり、高級洋装店が立ち並んでいたという面影はない。ノッティングヒル方面でのショッピングの目玉は、もっぱら骨董品になっている。

V

オープン・エイジ・プロジェクトに見る福祉市民社会

ノースケンジントンの都市公共空間のなかに展開される福祉市民社会の活動のなかでも、とりわけユニークなものの一つとして、すでに何度かふれてきたオープン・エイジ・プロジェクトがある。この章では、1998年9月から翌年2月にかけて私自身がメンバーとして参加して参与観察を行ない、その後もメンバーシップをもち続けて、夏休みごとに訪れて続けてきた参与観察にもとづいて、このネットワークの活動の具体像を報告・考察する。さらに次章では、その担い手である会員とワーカーへのインタビューを取り上げる。

情報と対話という2側面のバランスのとれたコミュニケーションが日々どのようにして生み出されていくのか、ユーザーとワーカーの双方の自己実現がどのように結びあわされていくのか、ニーズをかたちにしていくための資金調達とりわけ市民資金の仕組みはどのようになっているのか、を明らかにすることを通して、21世紀の福祉市民社会を開こうとしている日本の市民に参考となる手がかりを得たいと思う。

事例研究の場として高齢者のネットワークを選んだ第1の理由は、参与観察という方法をとりたかったという点にある。訪問して話を聴いただけでわかること、数量的データによって知りうることの限界を超えて福祉市民社会のエッセンスに迫っていくためには、長期にわたる参与観察を通じて信頼関係を築き、そのなかでインタビューを行なうことが必要であり、そのためには私自身がメンバーとして参加できない場を選ぶわけにはいかない。日本での青少年の状況から見てユース・クラブなどにもおおいに興味はあったのだが、高齢者ネットワークを事例研究の場として選んだのは、私自身の属性を考慮してのことである。

第2の理由は、21世紀の日本に福祉市民社会を築くうえで重要な領域の一つとして高齢社会の問題をあげざるをえないからである。日本では、とりあえず公的な介護システムは整えられたものの、本人の望まないかたちで被介護状態になってしまうことを防ぎ、自立した生活をできる限り長く送ることができるよう、それに役立つコミュニティ・ワークを創り出そうという努力は、まだ不十分である。このような状況を乗り越えるための手がかりを得るには、公的な介護の仕組みや自立を支える住宅福祉が整備されたうえで、公的予算の制約にも直面し、市民自身の取り組みが活発になっているイギリス、とりわけノースケンジントンでの取り組みを知る必要があるのではないかと考えたのである。そんなわけで、スウェーデンでのささやかなフィールドワークを終えて同国への憧れだけでは21世紀の日本の高齢社会を快適なものにしていくうえで十分な智恵は得られないという苦い現実を噛みしめた1998年の初秋から、私のOAPとの関わりが始まったのである。

1　オープン・エイジ・プロジェクト（ＯＡＰ）とは何か

a　50歳以上の余暇活動のためのＮＰＯ

成長するネットワーク

オープン・エイジ・プロジェクト（Open Age Project. 以下略称ＯＡＰ《オー・エー・ピー》と記述する）は、ノースケンジントンで１９９３年に創始され、現在はケンジントン・アンド・チェルシー区全域および隣接したウェストミンスター区の一部の50歳以上の人々の「活動的な余暇（Active Leisure）」のために活動している非営利市民組織である。高齢者にとってケアのシステムが整っているのは安心なことだが、大半の高齢者は、できるなら心身の健康を保ちあるいは回復して、コミュニティのなかで最後の段階まで生き続けたいと願っている。ＯＡＰはその願いを満たすために役立つ活動と人間関係を提供するコミュニティ・ワークである。その活動は、個人に幸福感をもたらすとともに、ケアや医療の予算削減に役立つという社会的機能を担っている。

専属ワーカー１人のみという状態から出発したＯＡＰは、チャリティ委員会の登録団体として、市民活動を援助する各種のトラストや行政などから資金を受け、10年足らずの間に、フルタイムの専属ワーカー４人と週28時間勤務の常勤ワーカー１人に加えて、コンピューター教室専属の学生インターン（研修生）１人の給料を払うだけの財政規模をもつ団体に成長し、月に５人から10

人程度の新しいメンバーが加入するという、成長し続けるネットワークである。会員数は、現在約600名余に達している。年会費6ポンド（約1100円）を払って総会や月例ミーティングに出席して発言したり役員を選んだりする権利をもつ会員の他に、活動のたびごとに参加費を払って出ている非会員の常連参加者がかなりいる。講師を招いて行なう活動の場合、会員でも1ポンドの参加費を払うのだが、地域の内外から会員外割増料金1・5ポンドを払って毎回特定のコースに参加していながら会員にはならないという人々もいるという、ある程度の緩やかさをもって動いている。

「50歳以上」の効用

この地域の高齢者(注1)に関する他の活動の対象年齢が、いずれも60歳以上となっているのに対して、OAPの50歳以上——「フィフティ・プラス」と呼ばれる——の活動というのは、異例であり、厳密な意味で高齢者の活動とはいえない。しかし、2000年9月の時点で集計されたメンバーの年齢構成比を見ると、50代が12・1%、60代が28・7%、70代が42・4%、80代が15・7%、90代が1・1%となっており、実質的にはまさに高齢者のネットワークである。イギリスの定年は女性60歳・男性65歳(注2)であるが、人によっては早めに退職して年金生活に入り、多くの「余暇」をもつペンショナー（年金受給者）になる。50代でパートナーと離死別して子どもの家の近くなどに引っ越してきて、新たな人間関係と余暇の過ごし方を切り開くという課題に直面する人もいる。このような状況を考えて、OAPでは、50歳以上をメンバーとしているのである。このことは、メンバー自身のなかからボランティアを募るうえでも好都合である。70歳、あるいは80歳を越えてボランティアとして重要な仕事をこなしているメンバーも少なくないが、若くてエネルギーのあるメンバーの力は見逃せない。特別の役割をもたなくても、外出のときに足腰の弱っているメンバーに元気な若手が気配りするなど、幅広い年齢を集めた緩やかな高齢者とその予備軍の集団のメリットは大きいのである。

なお、会員に関する住居形態別のデータを見ると、市営区営を含めた公営住宅13・4％、ハウジング・トラストによる非営利賃貸住宅48・7％、営利賃貸住宅13・4％、自己所有23・1％、老人ホーム1・4％となっている。先にもふれたようにこのあたりは公的住宅の多いところではあるが、そのなかでもハウジング・トラストによる非営利賃貸住宅に住む人々が目立つのは、シェルタード・ハウジング居住者の大半がこのカテゴリーに属するからである。統計はないが、参与観察体験から見て会員の90％以上は女性であり、話を聴いた限りでは、女性会員の大半は子育て期を除いて働き続けてきたワーキングクラスの人々である。

OAPとPAC

b 創造的なネーミング

OAPは、中心的なメンバーとともにこのネットワークを創始したコミュニティ・ワーカーのモリーンが名づけたものである。オー・エー・ピーという言い方は、通例イギリスでは年金受給者（Old Age Pensioner）の略称として用いられており、無味乾燥なこの言葉を、モリーンは、高齢化社会とみずからの高齢期の扉を開く企画集団といった、きわめて前向きなイメージで彩り、フレッシュなキャッチフレーズとして創造したのである（注3）。

OAPは専用の活動スペースとして、事務所からバスで20分ほどのところに、Ⅲ章でふれたポジティブ・エイジ・センター（Positive Age Centre. 以下略称PAC《パック》を用いる）を開いているが、この名づけ親もモリーンである。積極的な高齢期のイメージがあり、略称「パック」は、有名なシェイクスピアの『真夏の夜の夢』に登場する妖精パックを連想させて、老いを忘れさせる軽やかさがある。この地域のコミュニティ・ワーカーにはアート系の仕事をしていたという人が少なくないのだが、モリーンもその一人であり、感性を生かしてコミュニティに創造の翼を広げていく仕事ぶりが特徴的である。このネットワークの成功の秘訣の一つは、ネーミングにもあるように思われる。

なお、名前の話が出たついでにお断りしておきたいのは、以下における名前の書き方についてである。このネットワークでは、イギリスでの社会的な関係における最近の傾向と同様、というかそれ以上にファースト・ネームで呼び合い、仲間内の印刷物に新しいディレクターの紹介が行なわれるとか、公務員がミーティングに招かれてやってくるといったようなときにもファースト・ネームで呼びかけ、ミス・ミセス・ミスター誰それなどという厄介な呼び方はいっさい行なわれないので、ここでも、そのかたちで記述を進めていくことにする。また、プライバシー保護のために仮名にすると、それぞれの人々の文化的背景などのニュアンスがずれてくる可能性があるので、プライバシーにふれる部分については基本的に当事者の了解を得るとともにできるかぎり内容に留意して、ＯＡＰのなかで用いられているファースト・ネームをそのまま用いることにする。

c　ボランティア・メンバーとコミュニティ・ワーカーの協働

これまでモリーンの独創性を強調してきたが、コミュニティ・ワーカーだけがこのネットワークをつくっているわけではなく、数人のメンバーが、創立の過程から一貫して現在も中心的なボランティアとして活躍し、モリーンとの対等な協力関係を通して、お互いにとって「ほしいもの」を創り出してきたことが特徴的である。

１９９０年代のはじめに、後にインタビューで詳しく紹介する現在70代半ばから80代にさしかかっているフェリー、レズリー、カイらが、仕事を辞めたばかりのほやほやのペンショナーとして、シックスティ・プラスが活動の一環として運営していた高齢者向けの教養講座に参加していたところ、区が講座部分の補助予算を打ち切り、そのコーディネーターであったモリーンも職を失ってしまった。そこで参加者とコーディネーターらが、ぜひ自分たちにとって必要なものを自分たちの力で獲得しようと立ち上がった。当時、ノースケンジントン・アメニティ・トラスト（現在のウェストウェイ・デベロップメント・トラスト）が、この地域のコミュニティ・デベロップメントの一環として高齢者のための活動を視野に入れていたので、協力を得て、その事務所に間借りし、やがて高齢者の出入りしやすいオフィスを同トラストから安価で借り受けて、オープン・エイジ・プロジェクトを立ち上げたのである。

当時の保守党の中央政府およびケンジントン・アンド・チェルシー区の当局は、高齢者のためのサポートについては、身体的に最も弱った人々のためのケアに限定し、他方、講座提供については、コミュニティ・カレッジもその他の講座も、若年層の失業防止のための技術講座を中心に絞っていくという傾向を強めて、予算を削減しようとしていた。日本よりはるかに早く始まっていた高齢人口の増加傾向はすでに落ち着きを見せており、時代背景としては、後期高齢者のための在宅ケアの強化が課題となっていた。高齢者を、ソーシャル・サービスの対象として限定してとらえ、教育サービスの対象外とし、生涯教育は区の施策から外そうという流れがあり、そのなかで上記の高齢者向け講座が打ち切られたのである。それに対して、人々は、怒るだけでなく、それなら自分たちの手でやろうと立ち上がった。このようにしてイギリスには類例がなく、北欧からの専門家も見学に訪れるという、高齢者とその予備軍の心身の健康維持・増進のためのユニークな余暇活動組織を立ち上げたのが、この地域の高齢者市民自身とみずからの仕事を愛してやまないコミュニティ・ワーカーだったのである。

コミュニティ・カレッジとの協働

このネットワークは、やがてコミュニティ・カレッジとも協力関係を結ぶ。前節で述べたように、区当局はこの区のカレッジがもつ成人教育機関としての伝統を軽視して、若年失業者の吸収や職業訓練校としての機能に集中させていこうとする方針であったが、カレッジにはそれに抵抗する教職員層が存在した。あらゆる区民のニーズに応えたホーリスティック（全人的）で多面的な教育を行ないたいという理念をもっていたこれらの教職員層とOAPは、協働して、カレッジとオープン・エイジ・プロジェクトとのジョイント・プログラムをもつにいたったのである。

このネットワーク立ち上げの前身であり母体ともなったコースは、今、「月曜フォーラム」として、月曜日の朝、ウォーニントン・キャンパスの居心地のよい1階の教室で、カレッジのプログラムの一環として朝の陽差しのなかで開かれる（本書カバーの下部の写真を参照）。その教室では、午後にはメンバーの一人であるアーティストのカイの指導で、水彩画のコースが開かれ、高齢者たちはみずからの手でかちとったホーリスティック・エデュケーションの場を豊かに用いている。フォーラムの後、教室で語り合いながら、持参のサンドイッチや同じ廊下のならびにあるカフェでおなじみの黒人のコックさんから買い求めてきたパスタなどを食べた後、そこに残って絵を描くことも、近くのコミュニティ・センターで開かれるヨガのコースや、中央図書館で同時に開かれている音楽鑑賞のコースに、無料の高齢者パス――この区のそれは高齢者の自由の保障としてフリーダムパスと名づけられ、所得・財産にかかわりなく無料でロンドン中の交通機関を使える――を用いてバスで出かけることもできる、という豊かな選択肢が開かれている。

年中無休の活動

ＯＡＰの提供する豊かな老後の余暇の選択肢は、月曜日から金曜日まで、若干のクリスマス休暇はあるものの、カレッジのように、長い夏休みの間バカンスに行けない人々に無聊と孤独をかこたせるといったこともなく、ほぼ一年中ゆったりとしたペースで開かれている。コミュニティ・カレッジには一般の学校や大学と同様に2ヶ月の夏休みがあり、その間カレッジ提携プログラムだけは休むのだが、ＯＡＰの独自プログラムは、ワーカーやボランティアがバカンスの時期をずらしあって続けられ、オフィスも開かれている。バカンスに行けない、あるいは行ってもすぐに帰ってきてしまうつましい年金生活の高齢者にとって、いつものとおりやることがあり、会える仲間がいて、立ち寄るところがあるということは、健康保持におおいに役立つ。ロンドンの夏は２００３年夏のような異常気象のときを除けばクーラーのいらない快適さで、冬は日照時間が短いものの雪が降ることはめったにない程度の海洋性気象であるから、年間を通じて外出向きの町であり、ＯＡＰは思い切ってそのチャンスを提供しているのである。

d　ジェンダー・階級・エスニシティ

このネットワークは、ジェンダーと階級とエスニシティの観点から見て興味深い特徴をもっている。

「ワーキングクラス・バックグラウンド」の女性たち

ジェンダーと階級の観点からいえば、ワーカーは、2003年の秋からコンピューター担当となった学生のインターンであるモハメッド以外は、すべて女性であり、会員のボランティアのなかでも中心的に企画や運営に関わっている委員会のメンバーは、ほとんど女性である。

会員の大半は、義務教育や高校を終えてこの地域で若いときから働いて定年を迎えた人、苦労して旧植民地からイギリスに渡りこの地域で働いて年金年齢に達した人、など、基本的に「ワーキングクラス・バックグラウンド」の人がほとんどである。この社会では、よくこういう言い方による自己規定が行なわれるのであるが、誇り高くみずからの出自と人生を振り返って「ワーキングクラス・バックグラウンド」と名乗り、ワーキングクラスの当時の自明性にしたがって子育て期を除いて働き続けてきて、その間失うことのなかった学習と自己実現への意欲を定年後に思い切り満たそうという女性が、OAPの主力なのである。

フェミニズムの影響

したがって、1970年頃からなんらかのかたちでフェミニズムの空気を呼吸した女たちが、フェミニズムをとりたてて強調することなくおのずと創り上げた「女性のほしい場所」としての特徴をオープン・エイジ・プロジェクトがもつことは否めない。モロッコ女性センターのところでもふれたように、日本のように行政によって女性センターがつくられることのなかったこの国では、70～80年代に自発的に設けられていた女性センターのほとんどが現在は姿を消しているが、OAPのように、社会に溶け込んでフェミニズムが生きているところも少なくないのである。OAPの場合、女性が職業をもつことや女性のリーダーシップが自然なこととして受け止められ、シスターフッドが生かされ、情報伝達と同時に対話交流が進行し、平場の関係が好まれるなど、後に述べるようなコミュニケーションのあり方すべてのなかに、当時のフェミニズムやオルタナティブな市民運動の開いてきた新しい関係性の組み方が生きている（加藤 1984, 1986）。

Ⅵ章で取り上げる創立以来のメンバーのフェリーとカイはおしどりカップルであるが、カイは決して主導権をとろうとはせず、美術の専門家として貢献し、運営のリーダーシップのほうはフェリーがとり続けている。カイの存在がモデルとなって、他の男性も家父長的な振る舞いは見せず、それぞれの特技を生かして、少数派としての立場を楽しみつつ参加している。この年齢の男性にありがちな、いたずらに仕切りたがるとか、座ってお茶が出てくるのを待っているとか、必要もないのに女性を保護したがるといったことをする男性は、ここでは見られないし、参加当初はそんなふうであっても、浮いてしまうからおのずと態度を改めていくのである。

コスモポリタンな組織

エスニシティに関していえば、統計的データは得られないのだが、すぐそれとわかる黒人の参加は少なく、数百人のなかに2～3%、といった印象である。しかし、後にインタビューで紹介するグローリアのように、存在感のある人もいるし、とくに委員になりたいのに排除されているといった疎外感をかこつ人があるとは思われない。メンバーから選ばれて数年間再任を続けている運営委員の構成は白人女性5名、アジア系の男性1名であるが、白人女性といっても黒人との混血の人も含まれ、国籍も、南アフリカ・スペイン・ベルギーなど多様である。黒一点の男性は

Ⅵ章のインタビューに登場するスリランカからの難民のガネシュで、弱視であることから障害者を代表する存在でもある。ワーカーは、1人を除けば白人女性である（白人女性のうち1人はニュージーランド出身）。その1人とは、インド系の女性からアラブ系の男性へと交代した、コンピューター指導の補佐役のインターン学生である。組織を全体的に見ると、白人女性がたしかに大半であるが、しかしよく聴いてみるとかなりマルチカルチュラルなバックグラウンドをもっていたり、グローバルな経験をもったりしている人々が多く、この国生まれの白人女性が、数の上では主力だとしても支配的というわけではない。ノースケンジントンにふさわしいコスモポリタンな人員構成である。

コスモポリタンという、私が久々に聞いた言葉を用いてこの組織を説明してくれたのは、スペインからの政治難民のフェリーである。後にⅥ章のインタビューで紹介するように、子どもの頃フランコの支配を逃れ親許を離れて「バスク・チルドレン」の一員としてイギリスに迎えられ、以来ここに住みつづけているという経験をふまえて、このことばを使ったのである。この言葉は、第2次大戦後の社会科学の言葉のすべてが失っている重要な意味をもつように思われる。国や文化や地球は見えても個人が見えにくいインターナショナル、マルチカルチュラル、エスニシティ、グローバル等々の言葉の欠落部分がそこには感じられる。その欠落部分とは、国境や文化というバリアを超えて世界市民として共生しようとする個人の意志と行動である。改めて cosmopolitan という言葉を辞書で調べると、「全世界的な、多くの国の人々から成る（国家の立場にとらわれない）世界主義的な」といった説明が書かれている。国家や文化に規定されないで歴史の重圧に押し流されることなく人間として共に生きようとする個人が出会い、対話する場として、ノースケンジントン、そしてOAPは在る。
21世紀の、日本も含めた多くの国々の地域社会の特徴をとらえるのにふさわしい言葉として、この古い言葉をよみがえらせる必要があるのではないだろうか。

2　OAPの活動内容

a　活動地域

ノースケンジントンからの拡大

OAPの2002年春のプログラムを例にとって見ると、36のコースあるいは定例の集まりが開かれている。筆者が1998年の9月に参加して以来、活動地域が広がり、活動内容も大幅にふくらんできている。

地域的には、ノースケンジントンおよびその北東に隣接しているウェストミンスター区の南西部で24、サウスケンジントンで12のコースや定期会合が開かれている。先述のように、ノースケンジントンで始まったこのネットワークは、ぜひ南の地域でも始めたいという高齢者自身のニーズや、資金を出す団体の希望もあって、ケンジントン・アンド・チェルシー区の全域に広がり、さらに区の境にとらわれないで往来している住民の希望で、隣接のウェストミンスター区にも広がっている。無料の高齢者乗車証「フリーダム・パス」を使ってバスで自由に往来することができる人が会員の大半であるが、身体が弱くて通えない人もおり、元気な人にも、住まいの近くに友人がほしいというニーズがある。というわけで、ノースケンジントンのオフィスを中心にさまざまな場所を使って開かれていただけであった段階から、変化を重ねてきたのである。ワーカーのいる拠点も、オフィスと、オフィスからバスと徒歩で20分ほどのノースケンジントン西北部にあるPACと、デスクを借りている南のコミュニティ・センターと、3ヶ所に広がって、アメーバ状に活動が広がりつつある様子がうかがわれる。

類似の活動は他の区にはあまりなく、ニーズは潜在的に見ればロンドン全域に、ひいては全国、とりわけ都市化した地域に広がっているものと思われる。もちろん、いたずらに拡大を追求することはないであろうが、先にふれたノッティングヒル・ハウジング・トラストやウェストウェイ・デベロップメント・トラスト、さらにはエピックスなどのことを考えると、「ノースケンジントン発」の発想あるいは活動のコンセプトが区域を越えて発展した例は少なくなく、OAPの創造的活動のゆくえも注目される。

b　プログラム

高齢者の余暇活動といってもさまざまであり、後に見るように参加者の要望を聴いてプログラムを立ち上げていくので、さまざまな領域にわたっており、これからも拡大していくものと思われる。目下行なわれている活動を分類してみると、次のように分けることができるだろう。

(1)「フォーラム系」　社会の仕組みや文化的なトピックなど、メンバーから「これについて知りたい」という要望が出て賛同者の多かったテーマについて、さまざまな講師を招いて話を聴いたりスライドを見たりして質疑応答をする自主的・持続的なプログラムや、時事問題に絞ったディスカッションのコースなど。

(2)「身体系」 ウォーキング、ヨガ、太極拳、フィットネス、ラインダンスなど。

(3)「アート系」 実技による表現と鑑賞とを含めた、美術・音楽・文芸など。

(4)「アウティング系」 高齢者用無料交通パスを利用してあちこち遠出し見学したり自然を楽しんだりする活動。

(5)「学習系」 哲学・コンピューターなどのコース。

(6)「マルチカルチュラル系」 多様な文化・社会のあり方や歴史などをライフ・ヒストリー(個人史)の紹介も交えて学び合うもの。

(7)「親睦系」 プランづくりのための話し合いを含めて、メンバーの親睦を深めるための会合。

(8)「ゲーム系」 チェスなど。

先述の2002年春のプログラムに載っているものを数えてみると、「フォーラム系」6、「身体系」8、「アート系」9、「アウティング系」1、「学習系」7、「マルチカルチュラル系」1、「親睦系」3、「ゲーム系」1、といったところである。

全人的な自己実現

いくつかのプログラムを併用すると、人間の多面的な能力を保ち知見を広げ、多様な人間関係を結ぶこともでき、地域に知人が増えて、老化が防止されることはもちろん、市民としての意識も高められるようになっている。人々のほしいものを集め、かたちにしていったら、期せずしてエピックスの掲げるホーリスティック(全人的)という言葉を思わせるプログラムになったのである。みずからこれらの活動を求めて立ち上げてきた中心的なメンバーは、いくつかの違った系統のプログラムに毎日のように参加して、メンバーに気配りしながら自分自身の健康を保持し、新しい可能性への挑戦を通して自己実現を続けている。べつにそうしたやり方が推奨されたり押し付けられるわけではないから、部分的な利用にとどまっている人もある。

しかし、コミュニティ・カレッジの数十ページもあるプロラムのなかからわざわざ組み合わせて学ぼうとは思わないようなコースに、仲間に誘われたり、同じ場所で引き続き行なわれていることに気づいたり、OAPのささやかなプログラムをじっくりと見るうちにやりたくなったりして参加し、思わず未知の領域にチャレンジしてしまい、自分の新しい可能性を発見するといったことが起こりやすいことも確かである。

c　活動場所

場の広がりと情報の集約

このネットワークのユニークなところの一つは、都市公共空間を使い尽くすと言いたいほど、さまざまな場所で活動していながら、しかもそれがすべてオフィスで把握されており、まとまったプログラムとしてメンバーに送られ、何か始めたいのだがと新しく相談にくる人々にていねいに説明されることである。日本のコミュニティ・センターや社会教育会館の活動のように、決まった場所でいろいろなことが行なわれていて、ときどき区や市の広報に出たりはするものの、全体像がつかみにくい、といった状態とは対照的なのである。

先述のプログラムをもとに活動場所をカテゴリー別に数えてみると、「専用スペース（PAC

ター」6、「博物館」1、「デイケア・センター」1、「クラブルーム」1、「市内各所」1、となっている。

2001年から、資金獲得に深い経験をもつディレクターを公募で雇い入れ、予算面を強化して、フルタイム・ワーカーを増やすことができるようになり、専用スペースを毎日稼動させることができるようになったので、PACで行なわれるプログラムが増え、オフィスの別室でのコンピューター・クラスも増えているが、それでも、プログラムの過半数は相変わらずさまざまなスペースで行なわれている。

シェルタード・ハウジングでのプログラムを開発するパートタイム・ワーカーを雇うために、その資金を、住宅トラストの元締めであるハウジング・コーポレーションから獲得していた時期があるのだが、そのときに南の地域で開発されたシェルタード・ハウジングでのプログラムの発展がとくに目立つ。

もちろん、これらの場所は一定の曜日の一定の時間だけ使用を許されているのであるが、後に改めて述べるように、そうした場所をさっとアットホームな自分たちの空間に変え、講座を開いてお茶を飲み、話し合って、2時間ほど経つと風のようにさっと片付けて去っていく、巧みなスペース使いの達人たちの集団として、OAPは発展してきた。きわめて高齢のメンバーが参加者の大半を占めるケースでも、プロのワーカーやボランティア意識をもった比較的若いメンバーが関わることによって、そうした芸当が可能になるのである。日本の公民館やコミュニティ・センターなどでは、お決まりの白い壁の集会室にスチールパイプの椅子といった感じで、アットホームな雰囲気にしようと思うとエネルギーがいるのだが、シェルタード・ハウジングのコモンルームは、それぞれに味わい深く、地域に生きてきた人々の人生の足跡を残し、しかも清潔に保たれているため、なじみやすい。さらに、そこに住んでいる車椅子の高齢者にとっては、プログラムそのものが自分の住まいに来てくれるのはありがたいし、自分の望みによってできたクラスを出前してくれるとなればなおさら嬉しく、隣人を誘いやすくもなるというわけである。日本の有料老人ホームなどは、まだまだ閉鎖的であるが、発想を切り替えれば、コミュニティに開かれてしかもメンバーシップを尊重する新しい世界が開けてくるのではないだろうか。

ロンドンを使い尽くす

なお、スペースを使い尽くすという点で注目されるのは「アウティング系」の木曜日のプログラムである。これに関しては、次項で詳しく見ていくことにするが、ロンドン中を巧みに活用するプロの「業」が注目される。この他、区内にあるヴィクトリア・アンド・アルバート博物館を生かして毎週見学会を開いているコースもあって、共有の文化遺産を活用した安全で楽しい講座となっている。よほど好きな人ならともかく、一人で毎週巨大な博物館に行くというのは気が重いし、同趣味の友人を誘い出すのも億劫で、年齢不問の文化ツアーに参加すればくたびれてしまうという高齢者にとって、よそよそしくそそりたっていた建物が突然仲間と気軽に活用できる場所になるというのは、楽しい経験だろう。

d　プログラム内容の参与観察

先に行なった活動内容の分類ごとに、参与観察したプログラムについて述べたいと思う。

（1）フォーラム系

広場のコミュニケーション

「月曜フォーラム」をはじめ、メンバーから要望の出たさまざまなテーマについて、外部から講師を頼み、あるいは内部の適当な人に話してもらって視野を広げ、質疑応答をして話し合いをするというスタイルの集まりは、このネットワークの基本をなすものといえる。このネットワークの発足のきっかけとなった教養講座のやり方を受けつぐもので、各地で行なわれている。講師の話や、メンバーの発言のなかで、偏見を打ち砕くような新しい発見をすることも多く、まさに自分たちで創り続ける生涯教育なのである。個人にとっては生涯終わることのない自我形成の機会となり、OAP、ひいては社会にとっては、マルチカルチュラルな社会の形成・維持・発展の機会となる「広場のコミュニケーション」（加藤 1986）である。

ウォーニントン・カレッジで開かれていた月曜フォーラムには私も毎週参加していたのだが、参加者のなかに、アイリーンという、メンバーの尊敬を集めていた80代の強度の弱視の女性がいて、わからないことがあると何でも率直に質問し、講師が視覚障害者に対しての配慮を欠くことがあるとすぐに発言して注意をうながし、参加者一同、改めて多様な社会成員の存在に目を開かされるのだった。彼女は、南アフリカ出身の混血で、一人暮らしを続けており、彼女がやってくるとフォーラムの責任者のフェリーをはじめ、他のメンバーも、私もがんばろう、という気になった。私はときおりバスのなかで一緒になり、10分足らずの道をカレッジまで一緒に歩いていったのだが、目が悪いだけでなく心臓にペースメーカーをつけている身体で、白い杖を持って

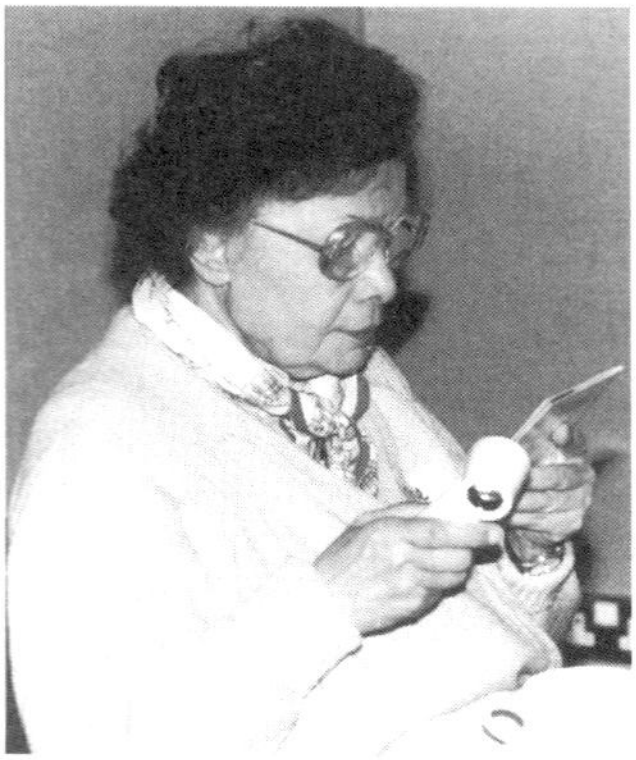

弱視の立場から、政府のベター・ガバメントの企画に対し、よりよいパンフレットづくりに向けて提言する委員会メンバーとして参加したときのアイリーン

しっかりと道をたどっていく足取りには、自立・自尊の生き方が現われており、深い感銘を受けた。発足当初からの積極的なメンバーである彼女がこの世を去ったのは、彼女が最後に出席した1999年春のフォーラムの10日ほど後のことで、まさに最後まで学び続けた生涯であり、そのあらゆる言動を通して、講師以上といってもよいほどにメンバーをエンパワーし続けた。人権や自立や人間の尊厳についての百万語よりも、彼女の存在そのものの発するメッセージは大きく、彼女の死に際しては上に載せた大きな写真入の追悼文が機関誌に掲げられた（Green 1999）。

このように、講師の話もさることながら、メンバーが互いに影響を与え合うことができるのは、フォーラムが、参加者15～20人程度の人数で行なわれるからである。べつに人数制限をするわけではないのだが、すべてのコースが、これぐらいの人数で、決して大教室が必要になるようなことはない。これがOAPの特徴であり、Ⅳ章3節で述べたように、この区のコミュニティ・カレッジのやり方でもある。イギリスでも、有名講師を大会場に招いたりして開く講演スタイルの社会教育がないわけではない。しかし、O

対話のなかの学習

APはそんなことは露ほども狙わず、低料金あるいは無料で話してくれる無名の講師から、聴きたい話をじっくり聴き、メンバーが、互いに人間として向き合い、互いの存在そのものから学びあっていくことを重視する。講師による情報伝達は、講師とメンバーを含めた参加者全員の対話交流の雰囲気のなかで、効果を発揮するのである。

フォーラムの事例

印象に残っている月曜フォーラムの事例を3つほどあげておこう。社会的なテーマに関しては、オープン・エイジ・プロジェクトの運営委員長でもあるノースケンジントン・アメニティ・トラスト（現ウェストウェイ・デベロップメント・トラスト）のディレクター代理のジョニー・ベバリーが講師となったときのフォーラムが印象に残っている。彼がⅢ章で取り上げたトラストの歴史を話すと、あのとき私はあそこに住んでいてこんなふうに運動に参加した、といったメンバーの話も出て、さながらコミュニティ・ヒストリーの会のようになった。そこでの話から、私も改めてオープン・エイジ・プロジェクトの周辺に目を開かれ、市民運動や、コミュニティ・デベロップメントや、トラストというものの意義に目覚めるようになったのである。

他方、私が日頃接することの少ない演劇や文学といったテーマでは、メンバーの一人である引退した俳優が、彼の演劇人としての生活を語るとともに、私が昔英文学の授業で習ったことのあるウイリアム・ブレイクの「タイガー」という詩を、午前の陽差しの明るいセミナー室で朗読してくれたときのことが心に残っている。おそらく、参加者の多くは義務教育のなかで習ったことのある、誰でも知っている詩が、プロの俳優であった人の口から、生命ある言葉として語られ、その人が同じネットワークのなかの仲間だ、というのは贅沢な経験である。おそらく、あまり成功した俳優とはいえないであろう鶴のようにやせた高齢の美男の講師にとっても、仲間の前で特技を披露するのは、至福の体験であったのではないだろうか。

仲間が講師になった体験としてもう一つ記しておきたいのは、有力なメンバーで委員でもあるスリランカ出身のヒンズー教徒のガネシュが、南のブロンプトン図書館でのフォーラムに招かれてミレニアムの話をしたときのことである。ノースケンジントンに比べるとサウスケンジントンは白人世界である。参加者の大半は、アジア系の人々に接する機会の少ない人々だったのだが、彼の話は、キリスト教徒にとっては意味があっても他の宗教の人々にはそうではないのに「ミレニアム」を国家的に取り上げて多額の税金をイベントホールに投入したりしていた当時のイギリスのありようを相対化したもので、多文化国家とは何かを考える機会となった。

といっても、彼は押し付けがましく異議を唱えたのではなく、イスラムの暦とはどのようなものか、という話をすることにより、人々の視野を広げる手助けをしたのである。彼は以前にノースケンジントンの月曜フォーラムでも同じ話をしたことがあり、その話を伝え聞いたブロンプトンのフォーラムの中心メンバーが、ぜひ仲間にその話を聴かせたいと彼を招いたのである。このように、有名無名に関わりなく、人と人との関わりのなかで、言葉が交わされ、存在そのものから発せられるメッセージが受け止められて、やがては人々の行動を変え、社会に影響を及ぼしていく、というのが、ＯＡＰにおけるフォーラムの機能なのである。

仲間との信頼関係のなかで開かれる視野

ノースケンジントンの月曜フォーラムの創立以来のメンバーの多くは、すでにカレッジのところでふれたエディ・アダムスを講師とする時事問題のコースにも参加し続けてきた。隔週金曜日に朝の10時から、前の晩のＢＢＣの時事問題番組のトピックについて話し合うのである。

移民問題が話し合われたときに、青い目の女性が、率直に頭ではわかっても実感として移民が来るのは困ると思ってしまうと述べたときのことは、Ⅳ章3節で述べたのだが、彼女の発言に対してエディが、貧しいイギリス人が世界各地に溢れ出して植民した当時のことを考えれば経済難民が今あちこちからやってくるのはお互い様だ、とわかりやすく説明したとき、同席していたスペインからの難民のフェリーやカイ、そしてスリランカからの難民のガネシュも言葉や眼差しでなんとかわかってほしいと温かなメッセージを送ったのである。仲間のなかに偏見をさらして意見を求めるのも信頼関係があるからであり、切り捨てではなくその人に届くメッセージが送られるのも信頼関係があるからである。そうした信頼関係を多様な経験をもつ人々との間に築き上げ、人と人との関係のなかでの学習を可能にするのが、OAPのフォーラムのやり方であり、エディをはじめとするこの地域に根づいたコミュニティ・カレッジの教師たちのやり方でもある。

そうしたやり方が気に入って、朝の陽差しのなかを集まり、決して多いとはいえないそれぞれの年金のなかから毎回1ポンドを払って学び続けるまじめな市民が楽しみながら支えるネットワークとして、OAPは存在している。委員を引き受けている創立以来のメンバーも、もう人権問題などわかりきっているし、大抵の話は聴き尽くしたから自分は幹部として運営に専念しようなどとは考えないで、初心を忘れず参加して学びつつ相互に影響を与え合い続けている。あちこちに新しくOAPの拠点が開かれるときにも、まずこうした市民意識の旺盛な人々がフォーラムを開き、そのうえでさまざまなコースがつくられていく、というかたちがこれまでほぼ保たれている。このことによって、OAPは今のところ巨大化のひずみを免れていると考えられる。たんに余暇を埋める「レジャー活動」に堕してしまわないように歯止めとなる仕組みが、月曜フォーラムをはじめとする各地域のフォーラムだということができるであろう。

（2）身体系

身体系では、ＰＡＣで行なわれたアロマセラピーと、ケンジントン・ガーデンズ、ホランドパーク、ハムステッド・ヒースなどで行なわれたウォーキングに参加した。アロマセラピーのコースでは、ニューヨークから来たというカリビアンの若い女性が、ハーブオイルを持ってきてこちらの症状を聴いて調合してくれたり、テニスボールを使ったマッサージやリラクゼーションを教えてくれたりした。参加者は、私と元看護婦のクリスと2人だけで、贅沢すぎるコースだったため、閉鎖に追い込まれて長続きはしなかったのだが、ゆったりした時間だった。

クリスは、カムデン区からバスで1時間ほどかけて通ってきており、このコースの後は太極拳のクラスに出て、1日を身体のケアにあてていた。アイルランド人と結婚して、死別し、郷里のジャマイカに帰りたいと思いながらもこちらの福祉は捨て難いというわけで、ロンドンにとどまって一人暮らしを続けているとのことだった。彼女は、ＯＡＰの会員にはならないままそのつど参加費を払って身体系のコースに何年も出続けているが、運営には関心がなく、ＯＡＰの開くコースそのものに関心があるタイプである。私に対しては、同じ膝の痛みがあるということで気を使ってくれて、その後も交流がある。こうした同病相憐れみ励まし合う関係が身体系のコースでは数多く生まれるのである。

このセンターで行なわれている身体系のコースには、他にも、カリビアンの仲よし2人組がいて、彼女たちはノースケンジントンに住んでおり、子育てに協力し合いながら共に働き続けてき

ウォーキングする70代のＯＡＰメンバー

ウォーキング

て、現在は一緒に余暇を楽しんでいるとのことだった。同じカリビアンといっても、ごく小さな、しかもそれぞれに違う島の出身の2人が、ロンドンで出会い、友情を育んで共に老いに立ち向かっているのである。

もう一つ参与観察した身体系のプログラムは、ウォーキングである。こちらは、ＯＡＰを支える中心的なメンバーの多くが参加している。ときおりコーチを招いて数週間のコースが開かれ、それ以外の時期は自主的にトレーニングを行なっている。正規のプログラムの際には、コーチの中年女性が助手を連れて現われ、本格的に歩き方を指導し、リハビリ的な状態の人には助手がつきっきりで、その人に合わせた指導をしてくれる。ケンジントンを代表する2つの美しい公園を結び、ホランドパークから出発して、石畳の街を通り、ケンジントン・パレスの横を通ってケンジントン・ガーデンズに入るといったコースで何回か指導した後、最後は、秋晴れの郊外のハムステッド・ヒースを歩いて、丘の頂上のレストランで紅茶とスコーンを参加者にご馳走し、来年の講習の契約勧誘をかねて挨拶をするという、まさにレジャー指導のプロフェッショナルぶりであった。

ウォーキングの後、公園のなかの水辺でのティータイムにくつろぐメンバー

このようなコーチ業は、第3次産業の比重がますます大きくなっていく現代社会では、いよいよ重要性を増していくものと思われる。

自主トレーニングは、10人ほどで冬も休むことなく一年中行なわれている。常連とときおり参加するメンバーが入り混じっている。毎週火曜の1時にケンジントン・ガーデンズの北側の入り口に集まり、途中にある大きな馬の彫像の土台石を利用して、コーチに教わったとおりのストレッチを行なってから30分ほど歩き、公園内のカフェでお茶を飲んでゆっくり語り合い、もとのゲートまで歩いて戻ってくる。その後、仲良しの数人はノッティングヒルの地下鉄の駅前にある昔懐かしい建物の映画館で、高齢者割引で映画を楽しむ。70代の元気なメンバーの体力維持と友情維持の楽しい集いが、もう何年も続いている。打ち明け話を通して人生の喜びや苦しみを分かち合い、健康を気遣いあって、顔が見えなければ電話をし、病院に行くときには付き添うなど、いざというときには助け合う親友の輪を維持している。OAP、あるいはその前身のフォーラムに参加するまでは、近くにいながら一面識もなかった人々が、毎週

Tシャツやジャンパー姿にスニーカーで集まり、歩き続け、コミュニケーションを重ねている。不思議なことに、かなり雨の多いロンドンなのに、火曜日の午後は朝のうち降っていても必ずやんでしまい、何年にもわたってほとんど休んだことのない集いだという。

なお、ウォーキング・コース開設の要望はＯＡＰのあちこちの拠点から寄せられ、現在は類似のコースが複数の違う公園を拠点として開かれるようになっている。美しい公園の多いロンドンをフルに活用したこのようなコースに、自主グループを組み合わせて友情を育てることは、一生を忙しく働き続けた人々にとって、夢のような贅沢、というべきであろう。最初から仲良しグループだけで出発すれば、都合で人数が減ったりして寂しくなることもあるだろうが、フォーマルなコースとオープンな自主練習とインフォーマルな友情とを組み合わせれば、長く続けることができるし、人間関係の苦手な人もそれなりに参加することができる。プロのレジャー指導者を頼むことができる、というのも、安心感を与えるとともに、自尊心をくすぐり、若々しい気分にさせて健康維持効果を増すように思われる。かなりコーチ代がかかって、ＯＡＰとしては、健康関係の補助金をもった組織にあちこち掛け合って予算を獲得しなければならず、手間のかかるプログラムではあるのだが、このプログラムはさまざまな要因が組み合わさって、夢があり、効用も多いコースである。最近では、ベテランの参加者に対するリーダー研修も行なわれて、ウォーキングはいよいよ盛んになっていく気配である。

自立と連帯のニーズ

健康を保ちたいというのは高齢者共通の願いであり、それに応えるコースが都市空間を使い尽くして多様に展開されて、コミュニケーションのチャンスを増やす役割をも果たしていることは、ＯＡＰの魅力といえる。ラインダンスやヨガといったプログラムもあって、それぞれに愛好者がおり、身体系の新しいコースの要望は毎年次々に出されている。「高齢者も参加できる」コースはあちこちにあるが、「高齢者自身が企画して自分たちのためにやる」コースは、一味違って楽しく心身を若返らせてくれるのである。

なお、健康を保つためのプログラムは要望が多くさまざまな時間帯にニーズがあるため、OAPではオフィスの隣のフィットネス・センターと提携して、同センター主催の高齢向けのフィットネス・クラスに割引値段で参加できる取り計らいもしている。イギリスのNHSによる医療は、無料であり、近所に一通りの病気は見てくれる主治医がいて、必要なときには病院と連絡をとって予約してくれるという安心感がある。しかし、いざ専門医にかかるとなると、医師の数が少なく、待たされる期間が長いため、異常を感じたときにすぐに病院に出かけて専門医の診断を受けられる日本とは違う不安がある。そのため、高齢者が身体系のプログラムによって成人病などを予防し、みずからの健康を保持しようとする意欲は日本以上に強い。とくに、OAPの中心的なメンバーは、自分のためだけではなく他人のための活動をもできるだけ長く続けたいと願い、身体的な自立の保持には強い熱意をもっており、その熱意と仲間とともにお茶のひと時を楽しむ喜びとが重なって寒い冬もウォーキングを続けている。

まさに、自立と連帯のニーズを同時に満たすのが身体系のプログラムとその延長線上にある自主トレーニングなのである。

水彩画クラスのようす（左の男性がカイ）

水彩画クラス

(3) アート系

美術や音楽は、人々を活性化させ、和ませるので人気があり、OAPでは多様なプログラムが用意されている。午前の月曜フォーラムが終わった後、午後からは水彩画のコースが開かれ、商業美術の工房勤めを引退して心いくまでアートを楽しめるようになったメンバーのカイが、ボランティア講師としてじっくり教えてくれる。10人ほどの参加メンバーのなかには、もともと絵が得意で、美術館などにも通い続けていたといった人も来るし、小学校のとき以来忘れていた楽しさをここで再発見したという人もある。教室の隅に専用のロッカーがあって、道具を預かったり貸し出したりしてくれるので、かなり高齢の人も杖をついてやってくる。面倒見のよいカイは、故郷のスペイン風ビスケットをご馳走してくれるなど、サービス精神旺盛である。どんなに高齢の人でも、ファースト・ネームで呼ばれるので、学校の教室に戻ったようで一同若返る。一人一人の腕前に応じて的確な指導が行なわれ、私はここで初めて水彩

自宅でくつろぐ
オードリー

オードリーの場合

画の何たるかを会得した。日本で習ったのとは水を使う分量が違い、「水で彩る」のが本場のイギリス流、日本の学校で子どもの頃習ったのは、「水彩絵の具で塗る絵」にすぎなかったということがわかったのである。

カリビアンで、ケンジントン・ハイストリートの洋装店で働き続けていたという60代前半のオードリーは、年金生活に入ったばかりで、じつに楽しそうに絵を描く。彼女の家を訪れてインタビューしたところ、このコースの他、フィットネスのクラスにも通っていて、持病の腰をいたわりながら、リハビリを欠かさず、長年やりたくてやれなかったことをして、楽しい老後を過ごしていると話してくれた。ノッティングヒルの恋人たちを描いたハリウッド映画のロケが彼女の家の前で行なわれたという、街のど真ん中のハウジング・トラストの賃貸住宅の1階の住まいは美しく飾られ、中庭にはバラが咲いている。

すぐ近くの医療センターにお気に入りのかかりつけの医師がいて、何一つ心配はないと、幸せな老後を楽しんでいる。離婚後洋装店に勤めながら苦労して育ててきた子どもが市内に住んでおり、この週末には小学生の孫にパソコンを買ってやるのだと嬉しそうだった。身体が弱ればシェルタード・ハウジングに移ればよいのだし、ソーシャル・サービスも医療もしっかりしているし、ＯＡＰでレジャーも安く楽しめて友達も増えるしと、苦労が報いられる安心な社会に生きる喜びが伝わってくる暮らしぶりであった。

「残りの人生こそ人生の最善のときだ（The rest of life is the best of life）とできるだけ多くのメンバーが言うことができるように、エイジングのポジティブな側面に向けて働き続けたい」と、ＯＡＰのワーカーのモリーンは機関誌の創刊号に書いているが、ＯＡＰは多くのメンバーにとって、その言葉どおりの機能を果たしているといえるであろう（Whyberd 1994）。

（4）アウティング系

月3回年中無休の外出日

日常の生活圏を離れて電車やバスに乗って非日常空間へ出かける遠出または遠足（outing）は、多くの高齢者にとって楽しみなことであり、不安なことでもある。仲間が見つからなかったり、一緒に行っていた家族や仲間が弱ったり死んだりして、一人では寂しいという人もいる。一人歩きが好きでもいざ転んだときのことを考えると心細くなってきたという人や、地図を調べるのが億劫になってきたという人もいる。

このような思いに応えて、ＯＡＰでは、案内役といざというときの対処のために、ベテランのワーカーのモリーン自身が同行する遠出のプログラムを、木曜日に月3回用意している。冬も、博物館など屋内に目的地を絞るだけで休まない。長いこと続く人気プログラムで、毎回15〜25人ほどが12時半にオフィスに集まって、高齢者用のフリーダムパスを使って出かけるのである。

企画担当は80代半ばのドロシーとモリーで、半年ほど前に長期プランを立てて、出かける先が料金をとるところであれば安くなるよう電話で交渉し、館内ガイドが必要なところはその予約をする。交通についても安全なコースを調べ、お茶を飲む場所からトイレのありかまでチェックして、3ヶ月ごとに印刷されて会員の手元に届くニューズレターに載せ、ガイド依頼の都合などで人数制限の必要なときにはオフィスに電話するように指定して予約をとり、自由参加のときにはその日にやってくる人数をそのまま案内するよう段取りをつけるのである。かなり足の悪い人が行く場合もあるので、アクセスの難易度なども記されている。ドロシーは、一見大金持ちの奥様風ながら定年まで近くの自動車の町工場で事務員をしていたという有能な女性で、その明晰な頭脳はメンバーの尊敬の的である。

行き先は、郊外の美術館や庭園、タイから来た僧侶のいる仏教寺院、ビジネスの中心地であるシティにある14世紀に創立されたという古い企業のお宝を拝見してビスケットとおいしいお茶をご馳走になる、等々さまざまであるが、さっそうとしたモリーンに引率された一行は、小学生に帰ったように若やいで見える。団体はまっぴらという人もあるが、乗り物のなかでは少し離れたところに座ってつかず離れずで行ったり、行き先に先着して待っていることもできるし、仲間とお喋りを楽しむこともできるし、親友としんみりという人もある、という具合でそれぞれがそれぞれの参加の仕方を楽しむことができる。モリーンは、話したそうなのにぽつんとしている新入りの人などに話しかけたり、一行が途中で一休みしている間にリクエストを聴いてミネラル・ウォーターを買いにいってくれたり、という具合に気配りを絶やさず、しかも彼女自身がゆったりと楽しんでいる気配を示してメンバーをリラックスさせる。運営委員や若手の会員も、みずか

「ランドルフと行くドッグヤード」ツアー（一番右がランドルフ）

人材の活用

ら楽しみながら何くれとなく気を配って、安全で楽しい小旅行を可能にしている。

とりわけ人気の高いプログラムとして、個人名をあげて「誰それさんとどこそこを歩く」というかたちのものがある。私は、「ランドルフと行くドックヤード」というのに参加したのだが、ランドルフは南米のガイアナ出身の黒人で、長いことテームズ河畔のドックで働いていたため、そのあたりに詳しく、年に何回かテームズ河畔を、コースを工夫しては案内してくれるのである。歌のうまい彼は、クリスマスなどにもよく歌ってくれて、ＯＡＰの魅力ある男性メンバーの一人として誰一人知らぬ者のない存在である。目立ちたがりの性格でもあるので、それを生かしたこのようなプログラムは、本人にとっても仲間にとってもハッピーなのである。この他、自然に詳しい女性メンバーの案内で、郊外の魅力的な田園に行くプログラムなどもある。山歩きのベテランであるディレクターのオリーブが都心からかなり離れた谷間の彼女自身少女時代に駆けめぐった野山をときおり案内してくれる、といったプログラムもあるが、これは健脚者用であるのでごく一部の人しか参加できないため、定例のプログラムとは切り離して番外編として行なわれている。

多面的な機能

この遠足プログラムは参加費自体は無料で、高齢者パスを使えばよほど遠出をしない限り交通費は無料であり、行き先の大半は入場無料であったり高齢者割引があったりするので気軽に参加でき、知的好奇心を刺激して老化防止に役立ち、友人を増やすのにも役立つ。バスのなかで話し込んですでに知っている人の思いがけない一面にふれて交流が深まったりすることもあり、個人にとっての機能はじつに多面的である。OAP全体にとっても、仲間意識を強め、ワーカーの配慮を実感して、参加してよかったと満足感が高められたり、ワーカーやボランティアの運営委員が行き帰りの車中などで、会の活動に関する会員の意見や苦情を聴いて改善に役立てたりする機会にもなる。

たまにアウティングを実施するという団体はあっても、毎月3回、夏も冬も含めてこうしたプログラムを実施するというのはめったになく、OAPのもつパワーを実感させるプログラムである。助けてくれる人があるからといって、何かが起こった場合にやたらに団体の責任にしたりはしない人々——自立心が強く、自分の可能性を客観視することができて、自己責任ということがはっきりしている人々であるからこそ実現可能なプログラムでもある。バスを多用して、めったに地下鉄は使わないのだが、たまに地下鉄の階段を下りるときなど、こんな元気な人が、とびっくりするようなメンバーまで、日頃から高齢者に与えられ続けている足元注意の警告を生かして、手すりにつかまりつつゆっくり下りていくのを見ると、そうした心構えの確かさを感じる。

ハンディキャップ

なお、交通についてふれたところで、関連してバリアフリーについて述べると、OAPのパンフレットにはバリアフリーが明示されてあり、あらかじめオフィスに連絡しておけば室内で行なわれる各種コースの場所へは、区やボランティアなどが用意しているハンディキャップをもつ人々のための車を頼んでくれる。しかし、実際には、ほとんどの場合参加者は、自己責任でそろそろとやってくることのできる程度までの高齢者であり、車椅子での参加は、私が見聞した限りでは本人が住むシェルタード・ハウジングでのプログラムに限られている。門を閉ざしているわけではないが、自己責任で参加できるときは参加し、できないときにはしない、全体の行動を妨げずに、助けてもらえば参加できるという範囲のことであれば、はっきり希望を述べて相談する、というセルフ・コントロールや的確な自己主張も、高齢者の生活技術の一つなのである。なお、団体行動以外で右に述べたような車を利用して外出することは日本より容易で、ハイドパークなどではゆっくり走るオープンカーで公園全体をまわってくれるサービスも行なわれている。

(5) 学習系

哲学

専門の講師を招いて一つのテーマについてじっくり学習しようというタイプのコースは、OAPでは少ない。Ⅳ章で述べたようなコミュニティ・カレッジの豊富なプログラムによって、大方のニーズは満たされるからである。

しかし、哲学とコンピューターは、ニーズが大きく、それぞれ南北で開講されている。最初に「哲学」が開講された南のほうのシェルタード・ハウジングのクラスに参加してみたところ、午前10時から、若い哲学の研究者を招いて、サルトルとボーヴォワールの話をしてもらい、ビデオを見て、紅茶とビスケットを楽しみながらディスカッションするというもので、ゆったりした時

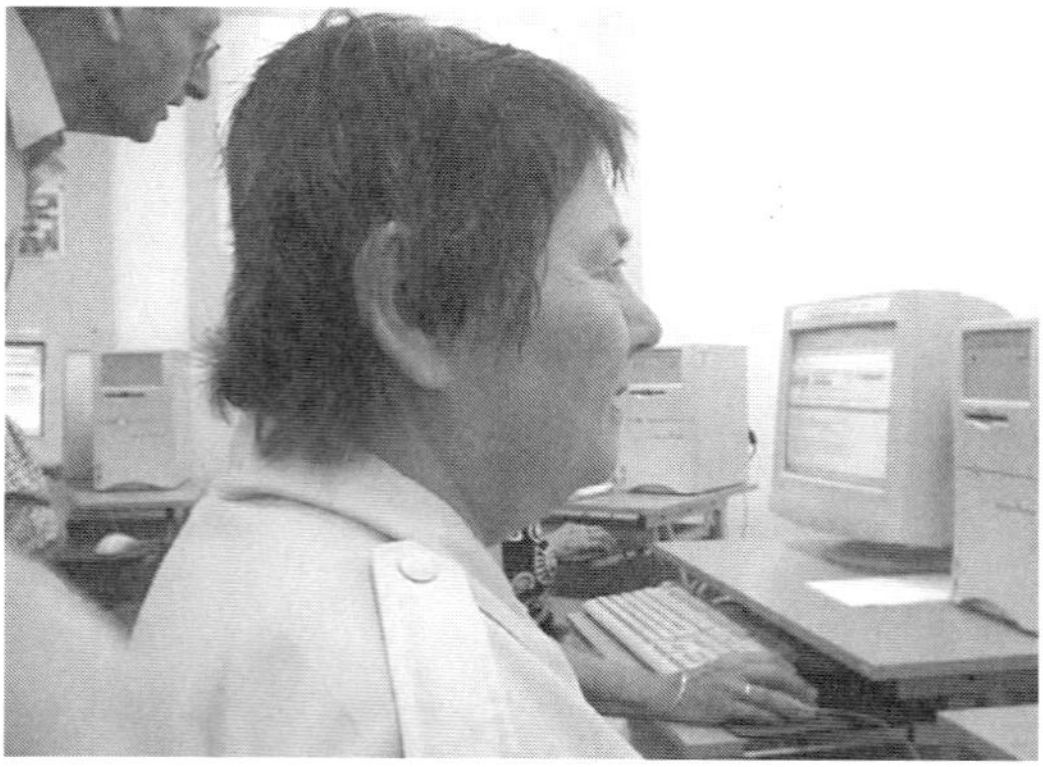

真剣にコンピューターに取り組む70代半ばのクレア（ＯＡＰの創設以来のメンバーの一人）

間が流れていた。そのコースは、そのシェルタード・ハウジングに住むきわめて高齢で足の不自由な男性から強い要望があったのをきっかけに開かれ、10人ほどが参加していた。その後この場所でのコースは続けられており、ノースケンジントンのポジティブ・エイジ・センターでも哲学コースが始められている。哲学といっても、宗教、倫理、科学論なども扱い、事前の準備は不要と記されている。コミュニティ・カレッジは、大学と違って入学前に試験がなく資格も問わないとはいうものの、若い人と一緒の哲学のクラスともなればかなり高度の知的緊張を求めて集まる人々が多く、事前にテキストを読んでいくことが求められたりもする。ＯＡＰの哲学クラスはそれとは異なり、より緩やかな知的経験として開かれており、成人教育の層の厚さを感じさせる。

コンピューター

コンピューターに関しては、カレッジ、図書館、コミュニティ・センターなどあちこちで学習のチャンスがあるが、高齢者のなかには、ゆっくりと教えてもらいたいという人が多いため、ＯＡＰの講座は人気がある。オフィスに隣接する教室を獲得し、企業が廃棄した型式のやや古いコンピューターの寄付を受けて10台ほど並べ、講師によるコースを週に2回と、インターンとしてコンピューター学部からやってくる大学生のサポートによるドロップイン・セッション（自由に参加してやりたいことをサポートを受けながらできる時間帯）を開いている。クラスは順番待ちの人が多く、ようやく参加できて真剣に取り組む高齢者の表情からは、時代とともに歩もうという強い意欲がうかがわれる。

ドロップイン・セッションでは、参加費100円ほどを払えばコーチしてもらいながらカラーコピーもできる。通いつめて写真入りの自伝をつくって孫に配り、次には詩集を作成中という80を過ぎた女性ケイトにも出会った。自分を年寄りだと決め込まない強さと知的好奇心をもった人々のニーズに、若い学生のサポートで応えるコンピューター室は、朝から活気に満ちている。

（6）マルチカルチュラル系

ノースケンジントンは、多文化共生社会の先頭を走る地域である。OAPでもその点を生かしたプログラムが試みられ、2002年春のプログラムには、英会話を学びながらモザイクをつくろう、という、英語の苦手なモロッコの人々と北アフリカなどの文化に関心をもつ他の人々との交流を狙ったプログラムが組まれている。

私が参与観察したのは、スペインやカリブ諸島などあちこちから来た人々が交代で料理をつくってきてそれを食べながらその国の話を聴く、という催しで、1998年にPACで不定期に行なわれていた。日頃、仲間内で固まりがちで、「白人」対「黒人」というふうに大雑把な認識しかもちあわない人々が、互いの文化や、ふるさとでの経験、英国に来た頃の苦労などを共有し合うというのは、興味深い試みであった。出身国、あるいは文化圏ごとにオーラル・ヒストリー（個人史の語り）をまとめる作業を推進しているグループが各地にあり、ノースケンジントンでも盛んに出版物が出されているので、そうした試みをさらに交流へと進めようというプロジェクトである。

ＰＡＣでは、Ⅲ章でふれたアイルランドの絵画のスライドを用いて歴史や文化を学ぶコースが、カレッジとの共催で講師を招いて開かれていたので、それにも参加した。アイルランドのことなら何でも聞きたいという望郷の念の熱い高齢者のグループが中心で、それ以外の人の参加が少なく、アイルランド系の人々はだんだんからだが弱って同センターまで来られる人々が少なくなり、ＰＡＣ担当だったアイルランド出身のワーカーが退職したのを機会に、そのコースは、ロンドン全体のアイルランド系の人々のよりどころであるアイリッシュ・センターに場所を移して、ＯＡＰのプログラムからは姿を消してしまった。このあたりはアイルランド系の移民がかなり多いが、年月が経ってもなおアイルランドにこだわりたい、という人はさほど多くはなくなっている様子だった。

（7）親睦系

アンのランチクラブ

親睦はＯＡＰのあらゆる活動で大切にされているが、なかでもとくにこの点を重視したプログラムもある。そのうち、月例の会合については別項で扱うこととして、ここでは、月1回の開催が予告され、オフィスに申し込めば先着順で参加できる、番外編ともいうべき「アンのランチクラブ」についてふれておきたい。オフィスから徒歩10分ほどのところにあるグローチェスター・コートというシェルタード・ハウジングのコモンルームが、月に1回楽しいランチクラブに生まれ変わるのである。アンという料理上手のメンバーが献立まで含めて3ヶ月分をニューズレターに予告して、500円ほどの原価すれすれのところでワインとデザートつきのランチを提供し、ボランティアのメンバーがさっと家具を動かしてテーブル掛けで雰囲気を出し、2時間ほど経つと手早く片付けて部屋を住人向けのくつろぎの間に戻して散会する。もちろん前後にはボランティアが語り合いながらキッチンに立ってアンを手伝う。

レストランに行くのは費用がかかるし、高齢者センターのエピックスのランチには飽きたし、家に招き合うのは人数に限りがあり、招き返せないと気にやむメンバーもいる、といった状況のなかで、ちょっとした遊び心で生み出されたつかの間の社交空間である。経済的に苦しく、それでも食事を中心にした気分転換がほしい会員がいることも織り込まれている。ランドルフを主人公にすえた遠足と同様、アンの自尊心をもくすぐって、彼女の老化防止に役立っていたことは言うまでもない。長患いもせずあの世に旅立ったアンの死によって中断し、後継ぎが生まれていないが、規模が大きくなり、知らない顔も多くなっていく組織のなかで、アットホームな関係を演出していくスキルは、高齢化社会のコミュニティにとってとくに必要とされていると考えられる。

(8) ゲーム系

この種のプログラムについては、リクエストは出されるものの、他にやるところがあるためか、

ＯＡＰではほとんど定着しない。チェスやトランプでは満足できなくなった人々が多様な可能性を求めて参加するところとして、ＯＡＰの存在意義があるのであろう。しかし、何かやりたいことがあれば、といわれたときに提案してみるプログラムとしては定番なので、絶えず新しくできては消えていくプログラムである。

自分の住んでいるシェルタード・ハウジングなどでとりあえず何かやってみたい、という人があれば、頭から否定せずにワーカーが出向いてプログラムを立ち上げてみて、やがてよりＯＡＰらしい特徴のあるプログラムへと、提案してくれた人やちらほらと顔を出した人たちの関心を広げていく、といったことが行なわれているのである。将棋や囲碁やカラオケといった定番が中心になりがちな日本の老人クラブ同様、イギリスにも高齢者の定番があって、それがゲームだとすれば、それらを入り口に「もっと多様でおもしろいこと」を探し、さらにはみずから提案して創り出していくことができるのである。

e　オフィスの広間と月例ミーティングの参与観察

以上、具体的なプログラム内容の参与観察について述べてきたが、ＯＡＰの特徴は、プログラムだけでなく、その運営にメンバーが参加して、双方向のコミュニケーションを通して、自我形成、集団形成を続け、互いを活性化しあっていくところにある。運営委員会など一般の会員に開かれていない部分については参与観察の機会を得られなかったので、観察可能な部分と参加者から確実な情報を得られた部分についてのみ述べることにする。

目的に合わせた空間設計

(1) オフィスの活動

オープン・エイジ・プロジェクトを創造した主力は女性たちである。その創意が、活動の場の設計にも現われている。イギリスでは、日本と違って、建て直しはめったにせず何百年も建物を使い内部の改装は思い切って行なう。だから、OAPも、スペースを獲得するとともに改装資金の獲得に奔走して、自分たちの目的にふさわしい空間を創り出したのである。もう一つの専用活動スペースのポジティブ・エイジ・センターのほうは小さなキッチンを真ん中にして各部屋を配置しているのだが、オフィスの場合、キッチンはいくつかの組織で共用しているものが別にあるため、OAPのドアを開けて入ったすぐのところに広間を設け、その周りに会計担当、活動担当のワーカーたちの部屋と作業室を置いている。広間の正面奥のデスクが受付で、そこにボランティアのメンバーが10時から5時まで必ず一人座っている。広間には、ノッティングヒル・ハウジング・トラストの建物の地下にある家具のリサイクルコーナーで見つけてきてメンバーがペンキを塗ったという、丸いテーブルとカジュアルな椅子がいくつかあり、ドア以外の部分には本棚や、ポットや茶碗類などが置いてある。オフィスというよりは、誰かの家の居間に入ったような雰囲気である。先述のように、この国の各種センターでは「立ち寄り(dropin)」ということを明記して、予約なしで来る人を歓迎するのだが、受付が後ろに引っ込んだこのしつらえはとびきりドロップイン歓迎のセッティングである。写真は、先にコンピューター愛用者として紹介した80代のケイトが詩集作成作業の合間に一息入れてお茶を飲んでいるところで、受付の人は恥ず

入口から見たオフィスの中央広間（左手奥が受付のデスク）

かしがって下を向いてしまったが、情報と対話に溢れたアットホームな空間のイメージは出ているのではないかと思う。

人間的な受付

退職ほやほやの人、新しくこのあたりに引っ越してきた人などが、ガイドブックを見たりどこかでビラを見つけたりしてやってくると、お茶を勧められて、プログラムの載ったニューズレターや、催しごとのビラなどをもらい、どんなことに興味があるか、どんなことがしたいのかゆっくり聴かれて、活動の説明を受ける。ひょんなことから共通の知人や経験などの話が出ると、いきなり個人的な会話に花が咲いてしまうこともある。目的合理的な情報伝達ばかりでなく、人間どうしの対話交流そのものを大切にする、70年前後のフェミニズム以来のやり方である。初めての人はそれで安心して、すぐに年会費を払ってメンバーになったり、興味があるプログラムを見つけてそれに参加し、試してみてから、ゆっくりとメンバーになったりする。入会金を払いながら、余分のミシンがあるので寄付しようかと切り出した人がいて、教えることができるならセッションをもってみては、と古参のメンバーが応じると、新人が顔を輝かせるなど、相互作用のプロセスのなかで活動が創られていくのである。

ドロップイン

ドロップインするのは新人ばかりではなく、メンバーもとくに用事がなくてもちょっと立ち寄って挨拶したり、他の組織からもたくさん来ているビラの入った回転式のシェルフをまわして情報を探ったり、貸し出し用の本を手にとったりする。無料でお茶を飲んでビスケットを食べ、受付とおしゃべりしていくこともできる。受付の仕事は、コミュニケーションすること自体にあるのだから、外から電話がかかったり新人の応対でもしていない限りは、かまわないのである。退職して一人暮らしで行き場所がないとか、パートナーに死に別れて気がめいるといった人が、ここは自分の居場所だ、と思える場所をもてることは幸いであり、精神的健康を支えるのである。

なお、こうした居間のような空間を中心にすえながら、「センター」などと呼ばずにこの広間も含めてあくまでも「オフィス」と呼び続けていることには意味があると思われる。人生の大半を職場で働き続けていた人々にとって、定年退職後も立ち寄れる自分たちの「オフィス」がわが町の真ん中にあるということは魅力的で、今日はボランティアでオフィスに、とか、ちょっとオフィスに寄ってくる、などと言うときの高齢者たちは心なしか若返って見える。

老い込むのを防いで若いときの感覚を保つ妙薬として、「オフィス」という言葉は機能している。先に述べた「カレッジ」という言葉と同様、「シルバー・センター」とか「高齢者教育センター」などと名づけたのでは味わえない効用が感じられるのである。

ワーカーの居場所と仕事

広間の周辺に個室をもつワーカーとその仕事についていえば、経理運営担当のディレクターと活動担当のベテランワーカーとそれぞれの補佐のスタッフが一人ずつこのオフィスで働いている。それぞれの部屋のドアはほとんど開けっ放しである。さらに、隣のコンピューター教室にはインターンのコンピューター専攻の大学生が控えている。他に、PACにワーカーが1人、南にも1人のワーカーがコミュニティ・センターにデスクを借りて常駐している。ベテラン以外の職員は、いずれも、はじめはパートタイマーだったが、予算を獲得してフルタイマーに切り替えられ、人数も増えてきている。

組織改革とディレクターの中途採用

参与観察を始めた1998年の段階には活動担当と経理担当の2人は共同代表であった。しかし、最初からこの活動を切り開いてきた活動担当のモリーンがどうしても前面に出てしまい、経理とそれに付随した対外活動やマネージメントの面の重要性が会員に認識されず、モリーンが会員の世話に忙しいため意思決定が滞りがちになるという悩みがあった。そのため、若い経理担当が辞任したのを機に運営委員会で相談して、経理担当をディレクターに格上げし、補助のスタッフを強化して管理部門はそちらに任せ、モリーンは代表の位置を降りて活動担当のワーカーとしてプログラムの充実や会員の世話を担当することにしたのである。

かくして新たに採用されたディレクターのオリーブは資金の獲得のために各トラストとの連絡に専念しつつ全体の予算配分などをチェックし、モリーンは活動プログラムの運営に専念し、メンバーや新人からコース参加についての電話があればその相談を受けたり、そのついでに口をついて出る心配事の訴えなどにも応じて、心おきなく長電話などもすることができるようになった。人間が好きで、人の役に立ちつつ自分の創造的なアイディアを生かしたいというのが彼女の願いであり適性であるので、組織が大きくなって予算関係の業務が増えていわゆる「管理職」になってしまうことは、彼女の長所や柔軟性を殺すことになり、ひいてはOAP全体の独創性をそぐことになってしまう。というわけで、彼女はみずから創り上げてきた組織の管理職を、新聞広告を出して募集し、運営委員会メンバーとともに面接して、新たに雇い入れることにふみきったのである。生涯現役のコミュニティ・ワーカーというべきであろう。

運営委員会メンバーは、会員から5人、それに、外部の非営利市民組織からも何人か参加して構成されているのだが、この提案を受けたとき、自他ともに創始者だと認めているモリーンがトップから降りて平ワーカーになるなんて、とはじめはびっくりした。しかし、NPOといえども目的を十分に果たすためには初期の手づくり段階の構造を脱して、適材適所を生かした組織運営を心がけていく必要があることを納得して賛成し、一般会員の理解をも得て、この組織改革が定着した。平場の関係を志向した多くの草の根のグループが活動の拡大とともに経験してきた一つの節目を、OAPも通過したのである。

OAPのメディア

ここでOAPのメディアについて述べておこう。3ヶ月ごとに出されて会員に郵送されるシンプルなニューズレターは、人事往来やプログラムなど内容豊富で、もちろん字は大きくて難しい言葉はいっさい使われておらず、話しかけるような文体で書かれている。ユーモラスなイラストやパソコンに取り込んだ写真が入っていることもあるが、白黒のコピーであるから、写真はご愛嬌といった程度である。会合のビラなども、あっさりした情報中心のコピーで、色紙を用いていることが目立つ程度である。

発足当初から数年にわたり、カラフルなグラビアの多い印刷の機関紙が年1回出されていたが、原稿が集まりにくく費用もかかることから現在は刊行されていない。総会に向けた年次報告(Annual Report)は、カレンダー兼用の大きな紙に会計報告が載せられる程度だったのだが、組織の組み換えとともに現在では詳しい会計・活動報告が質素な冊子として出されている。

ホームページに関しては、コンピューター専門のスタッフがいることを生かして、読みやすく親しみやすい字体で、内容も豊富でほのぼのとした色合いのものがつくられている。ミニコミや対面的なコミュニケーションの比重の多い組織であるが、新しいメディアものびのびと使いこなしているということができる。

（2）月例ミーティング

親睦

遠出のない月末の木曜日に行なわれる月1度のメンバーズ・ミーティングは、オフィスからの情報を伝えてプログラムその他の要望を聴き話し合う、という実用的なコミュニケーションの場であるとともに、紅茶とビスケットで親睦を深める場でもある。20～30名の出席があるので、広いコモンルームをもつトマス・ダービー・コートというシェルタード・ハウジングで行なわれる（写真は105ページ）。車椅子のかなり高齢の人などが出席することもあり、賑やかである。この種の会合では、持ち寄りの賞品でラッフルという100円足らずの有料のくじ引きが行なわれ、当たった順に選んだちょっとした品物を持ち帰るのも楽しみの一つである。ラッフルのたびに、家のなかからいらない物が消えて、好きなものが増えるのである。

出会い

あるときこの席で、Ⅳ章でふれたパットという知人が台所からお茶を運んでいるのに出会ってびっくりしたことがある。2年ほど前に自己主張トレーニングというカレッジのコースで一緒だったときには癌で足腰の具合が悪く、歩くのがやっとだったからだ。体調のよくなった自分を皆のなかで確かめ、月曜フォーラムにも出席していた彼女は、その翌年の夏には地域の病院の緩和ケア病棟（ホスピス）で亡くなった。再発により具合が悪くなってから、まずこの病院のデイケアに通い、それから入院して、最後まで彼女らしく生きぬいたのである。命ある限り人の間で生きる、人間存在の尊厳をＯＡＰの仲間に教えて、彼女は去っていった。そんな出会いの数々がＯＡＰにはあり、その出会いを求めて、人々はミーティングを重ねるのである。

提案

次節でも述べるように、ＯＡＰのミーティングは、親睦をはかるだけでなく、会員からの提案を求めてプログラムづくりに生かすための大切な場である。プログラムが区の南部でも盛んに行なわれるようになってからは、南での月例ミーティングもソーンダイク・ハウスというシェルタード・ハウジングの広間で行なわれるようになっている。この他、フォーラム系のプログラムでは、夏・冬の短い休みに入る前にそれぞれオープン参加のミーティングを行なって、親睦をはかるとともに来期のプログラムづくりに向けた提案を求める機会としている。ＰＡＣでも、半年に1回ここで行なわれているすべてのプログラムの参加者の合同ミーティングを開いて、メンバーの意見を求めており、先述のお国ぶりの軽食つきで故国の話を聞く多文化交歓の集いは、その席でカリビアンの女性から出された提案で実現したのである。

（3）年次総会

晴れの場での情報公開

オープン・エイジ・プロジェクトは、チャリティ委員会に登録して、あちこちから資金援助を受け、会費も集めている団体であるので、しっかり決算をし、監査を受けて、予算も立て、活動報告とともに総会で承認を受けなければならない。私が出席した1998年度の総会は、１９９

9年1月に区役所のホールで開かれたのだが、どっしりした区役所の立派な玄関ホールを通って講堂に入ると、美術担当のカイが描いた楽しげなイラストを飾った演壇で、ノースケンジントン・アメニティ・トラストを代表してOAPの運営委員会に入り、運営委員長を続けているおなじみのジョニー・ベバリーが司会役をつとめていた。会計報告を見ると、全員を足し合わせた総額ではあるが給与額も出ているので、ワーカーの人たちが、企業人に比べれば決して高いとはいえない賃金で働いていることがわかる。それでもやりがいのあることをして自分も楽しみ人も楽しませたい、というのがコミュニティ・ワークの世界なのである。

メンバー選出の運営委員の承認もこの席で行なわれるので、日頃はラフな格好をしている顔なじみの主力メンバーも、ちょっとしたおしゃれをしている。自薦他薦の申し出で定員ちょうどになり選挙の必要もなく、委員の承認が行なわれたあと、とくに目立った議論もないまま、議事が終わると隣の部屋に移ってテーブルに席をとり、リキュールを飲み、おつまみを食べ、もとの会場に戻ってアイリッシュとカリビアンのジャズ演奏を聴いて散会した。会員の多くにとってはなかなか出る機会のない晴れやかな場所でのパーティであり、非営利のNPO組織であるOAPが情報公開の責務を果たして地域社会での信用を得ていく機会でもあるのである。

3　ＯＡＰの活動から見えてくるもの

以上、ノースケンジントンの福祉市民社会の活動の一つで、この地域に発して10年の間に区全体、さらには隣の区までアメーバ状に発展しているＯＡＰの活動を見てきた。その特徴をあげれば、次の6点となろう。

1　参加者のニーズから出発し続ける活動であること
2　ホーリステック・コミュニケーションを基軸にすえていること
3　アソシエーションでありながら、コミュニティとしての側面を強くもち、情報と対話のバランスが保たれていること
4　自発性・選択性・全人性がいずれも確保されていること
5　柔軟で創造的な資源（資金・経験・時空間）利用が行なわれていること
6　高齢者の主体性を保ち育てる場であること

また、ＯＡＰ自体の特徴というわけではないが、次の2点もＯＡＰの参与観察を通して見えてくる。

7　この町の高齢者の生活のなかでの公的福祉とＮＰＯ福祉との関係

8　市民資金をめぐるイギリス社会の仕組み

以下、順次これらについて考察してみたい。

a　ニーズから出発し続ける活動

自助活動からの出発

このネットワークは、他者のための活動として出発したのではなく、自分たちのための自助（self help）活動が同時に他者のためにもなるという活動としてスタートした。既述のように、ボランティアとして発足当初から活動している中心的なメンバーとワーカーが、自分たちがやりたくて始めた活動が行政の都合によってできなくなったことから出発し、その戸惑いや怒りを、前向きのエネルギーに変換した。自分たちのやりたいことをもっと本格的に実現する道を福祉市民社会の資源を活用して創り出そうとする努力を通して、当事者とより広い高齢者層のニーズを満たす活動を実現し、コミュニティ・ワーカーの職場づくりにも成功したのである。

「やりたいこと」の言語化

その後も、こうした活動がやりたいというボランティア・メンバーとコミュニティ・ワーカーとが、ユーザーとして参加する一般メンバーのニーズを発言によってくみ上げ、確かめ合いながら活動を展開している。ボランティア・メンバーは、決してワーカーがサービスしてくれるのを待っている存在ではなく、他人にサービスすることだけを生きがいにしている存在でもない。常に、自分たちのニーズを確かめ、ミーティングや日頃のボランティア活動のなかで発言し続ける。そして、ユーザーとして参加するメンバーも自分たちと同様「やりたいこと」をもっていると信じて、ニーズを言葉で表現する場を毎月1回用意し、ボランティア・メンバー自身もその機会にやってみたいことを述べるのである。

あるとき、月例ミーティングでボランティアのフェリーが、「トランポリンがやりたい」と発言したことがあった。私はすぐそんな危険なこと、と思ったのであるが、司会していたモリーンは、高齢者の健康によいという話も聴いたことがあるので調べてみる、といったのである。結局これはやはり骨折の危険があるということで沙汰やみになったが、高齢者だからとか予算がかかるからとかいって頭から切り捨てないで、受け止めて検討したうえでフィードバックを返せば、参加者は夢やイメージを言葉にしてみる勇気が出るし、なかには実現に導かれることもあるので、やる気が増していくのである。

「やりたいこと」に忠実なワーカーたち

他方、ワーカーのほうも絶えず自分のやりたい仕事を自分はここで今やっているだろうか、と確かめる作業を怠らない。せっかくポジションを得たのだから、と惰性で働くことはせず、やりたいことが実現できないとか、もっとやりたいことができる場があるという結論に達すると、配置を換えたり転職していったりするのである。管理職業務が多くなってきて悩んでいたモリーンがトップの座を捨てて、自分を管理するディレクターを公募して、彼女自身は前線のワーカーとしての位置をとることを再確認したことについてはすでに述べたが、その前に経理担当のジャネットやポジティブ・エイジ・センター担当のジーンも、それぞれもっとやりたいことのできる場を求めて退職している。ヘレンは、パートタイムから始めてフルタイムとなり、ポジティブ・

自己実現を求め続ける人々

エイジ・センター担当となったが辞めている。4年ほどの間に、揉めごとでもあったのかとかんぐりたくなるところであるが、それぞれに自己実現を求めて希望の仕事を獲得したうえでの転職であることはメンバーが承知している。ニューズレターには、次の職場の紹介も含めた感謝のメッセージと後任者の紹介・歓迎のメッセージが写真入りで掲載されて、会員に異動が公示され、しっかりと引き継ぎをしているので、支障なく組織は回転しているのである。

日本では、公務員にならないと市民のためのサービスはできないと思い込み、挑戦してダメだと決まると、まったく違う職種の企業に入ってフルタイムであることを理由に働き続け、コミュニティのためにボランティアをするゆとりもない多忙な日を過ごす人がいる一方で、公務員試験に受かりはしたものの希望したポジションにつけぬまま鬱々としている人もいるといったケースが多い。しかし、ノースケンジントンでは、日本とは違って、自分のニーズを自分で確かめながらやりたい仕事を創造し、発見し、互いのこだわりを大切にしていくからこそ、コミュニティ・ワークが発展し、新しい市民サービスが職場として創出されて花開いていくのである。

このようにして、コミュニティ・ワークとしてのOAPは、ボランティア・メンバー、一般参加メンバー、ワーカーのそれぞれにとって、自分自身のためになくてはならない活動であり続けているのである。OAPだけでなく、多くの非営利市民組織で、人々は自己実現を求めて働いている。このような人々が身近にいることによって、公務員も刺激を受け、市民からも両者は比べられて批判や期待を受けるので、官僚制の弊害は比較的現われにくい。日本の自治体にありがちな、専門や志望を軽視して組織のなかを配置換えされるのが当たり前で、ソーシャル・ワーカーを希望したこともない人が気の進まないまま福祉の部署に来て市民のケアにあたっているなどという状態は起こりにくい。「やりたいこと」を大切にする福祉市民社会のあり方には、コミュニティの住民のために働く人々と、サービスを受けるコミュニティの住民の双方にとって、メリットが多く含まれているように思われる。

b　ホーリスティック（全人的）・コミュニケーション

「この私」を受け止め合う

現代社会に生きる人々は、目的合理的なコミュニケーションに疲れ、脱線や感情表現も含めて「この私」をまるごと受け止め合い、人間として全人的に交流できる場がほしいという願いを大なり小なり抱いている。家族に大きな期待をかけながらも、離死別や、グローバル化した状況下での遠距離離居住などに耐えて、充たされぬ思いを抱えている人々も少なくない。大都市、しかも異邦人の多い大都市での老年の暮らしは、とりわけ疎外感にとらえられることが多く、人間的な対話交流へのニーズは高い。

ＯＡＰの活動のじつに多くの部分が、こうした求めに応えて行なわれている。大人数になることを避けて、10～20人程度の少人数または中人数で一つのプログラムを行ない、肩書きのある人を頼もうなどとはまったく考えないで身近なコミュニティのなかから講師を見つけ、講師やワーカーも含めて全参加者を互いにファースト・ネームで呼び合う。ワーカーやボランティアが参加者を温かく迎え、その人の参加しているプログラムは何と何かということを頭に入れておいて、帰りがけに、次はいつ会いましょうと声をかける。活動の合間には中休みを設けて、隣人とお茶を飲みながら言葉を交わし合えるように配慮する。親睦と伝達と要望の聴き取りを兼ねたミーティングを毎月地域ごとに行ない、オフィスについてもドロップイン・サービスを重視し、年間を通じてベテランのワーカーが同行する遠出のプログラムを実施し続けている。これらは、すべて、人間として交流できる場がほしいという高齢者たちのニーズに応えての工夫である。一つ一つをとってみればなんでもないことのようであるが、日本の社会教育・生涯教育は、これらとはまったく違ったかたちで行なわれることが多い。そのことを考えると、OAPの活動のきめ細かさが改めて浮き彫りにされてくるのである。

女性たちのコミュニケーション感覚

この地域の各種の相談所の案内に、ドロップイン・サービスを強調した、さらにいえばアウトリーチ・サービスを明記したところが多いのは、人間がさまざまな状況のなかで、たとえ電話で明確に相談の予約をとるほどまでに自分自身のニーズを言語化できていなくても、とにもかくにも話を聴いてほしいとか、誰かに会いたいという気持ちになる場合があることをくみ上げてのことである。コミュニケーション好きの女性たちが築いてきたOAPは、とくにこの点を重視しており、そのことが発展の大きな原因であろうと思われる。

ファースト・ネームの呼び合いを徹底することも、現代のイギリスでは多くのところで行なわれているのだが、とくに女性たちにとっては重要である。姓を呼べばミスかミセスかを判別するというプライバシーに踏み込んだ余計なことをしなければならないし、離婚などに際しても厄介である。一生ついてまわる子どものときからの名前、それも長くて呼びにくい場合は愛称として短くしたものこそが、ふれあいと対等な関係を重んじる組織にふさわしいのである。

現代に生きるミード／ブーバー理論

コミュニケーションは、血流のように社会と個人のなかを循環し、血のめぐりのよい身体が健康であるように、コミュニケーションの流れのよい社会、そして個人は、健康を保ち、変化を前向きに受け止め、ときには必要な変化を積極的に創り出して、社会と個人の形成・維持・発展を可能にする。個人は死に至るまで、相互作用のなかで成長を続け、社会もまた偏見や対立のよどみを克服して、進化する。そのように言えば、なんとオプティミスティックな考え方であろうとひんしゅくを買いそうな現代ではあるのだが、ノースケンジントンの社会、とりわけこのオープン・エイジ・プロジェクトに関わる高齢者たちの幸福（well-being）感と連帯感――いい人生を共に生きているという実感――に接すると、やはり、かつて学んだ理論は本当だったという気がしてくる。コミュニケーションの力が、ホーリスティックに人間の存在全体に生命力を与え、人間を人間たらしめ、自我をより確かなものとして形成させ続けていくこと、そのような個人のありようが、同時に集団、社会をも生成・発展させ続けていくことを実感せずにはいられない。G・H・ミードが、人種の坩堝《るつぼ》といわれた20世紀初頭の移民の町シカゴで、ボランティアとして当時セツルメント活動と呼ばれたコミュニティづくりに参加しながらシカゴ大学で講義し、『精神・自我・社会』のなかに遺した一字一句が、生きた言葉として意味をなしてくるのを経験するのである（Mead 1934, 加藤 1985）。

ＯＡＰは、M・ブーバーのコミュニケーションに関する卓見をも思い出させてくれる。現代社会においてその存在を引き裂かれて、ばらばらなかたちであちこちで「対象」として扱われたり、「番号」として扱われたり、「員数」として扱われたり「役割」として扱われることに疲れて、一人のトータルな人間存在として認められ、自分も他者をそのような存在として受け止める場を求めてやまない人々の姿が、そこに浮かび上がってくる。M・ブーバーの「我‐それ」と「我‐汝」の理論が思い起こされ、異邦人が数多く住むグローバル状況下の現代都市社会のなかに、「我‐

汝」の関係を求め、創造してやまない人々の行動力と、それをバックアップするコミュニティ・ワーカーの熱意や市民資金の仕組みに驚かされるのである（Buber 1923, 加藤 1985）。

c　アソシエーションとコミュニティの二面性

利害関心の追求とコミュニティ感情

ミードと同じ時代のアメリカで、社会学者R・M・マッキーバーは、地域において営まれる共同生活として「コミュニティ」をとらえ、特定の利害関心を追求するための組織体としての「アソシエーション」と対置させた。そして、コミュニティの要件として、地域性とコミュニティ感情をあげ、コミュニティ感情は「われわれ感情」「役割意識」「依存意識」の3つの要素を含むとした（MacIver 1917, MacIver and Page 1950, 倉田 1985）。

地域を基盤に多面的な余暇活動のプログラムを展開するOAPは、地域に根ざしたユース・クラブなどと同様、アソシエーションとコミュニティの両側面をあわせもっている。なかには、特定のプログラムへの参加だけを目的とするために、OAP全体への愛着はもとうとせず、1回ごとの参加費だけを払って年会費は納めないままにとどまる人もある。しかし、大半は、メンバーとしての感情やアイデンティティをもち、両面を合わせてOAPを活用する。とくに、中心的なメンバーは、3要素のすべてを含めたコミュニティ感情を強くもっている。「依存意識」についてはこの言い方では語弊があるが、遠くに住む子どもの近くに引っ越すといった選択肢が生じたときにためらう大きな要因が、OAPでの役割とそこで育んできた人間関係によってみずからのアイデンティティが支えられていることの自覚にあることは否めないだろう。

情報性と対話性のバランス

高齢者の余暇活動を盛んにして、健康を増進し心身の弱体化を防止するという目的を効果的に果たすアソシエーションとして、社会的に認められることで資金を集め、ユーザーの利害関心に沿ったプログラムを展開する以上、情報の公開と発言機会の保障を通して説明責任を十分に果たし、プログラムの質の維持・向上もはからなければならない。同時に、コミュニティ感情に応えて親睦をはかり、ふれあいの機会を多くして、メンバーの誇りともなるような活動を繰り広げていかなければならないのである。印刷物やミーティングでのコミュニケーションは、これら両側面を満たすようにバランスよく行なわれている。講座を開いてそれっきり、というようなパターンとは異なるかたちが追求されている。2項対立のようにとらえられてきたコミュニティとアソシエーションの両面をあわせもった組織として、OAPは発展しているのである。

d　自発性・選択性・全人性の共存

「押し付け」の排除

全人的なコミュニケーションを志向し、コミュニティとしての側面を重視しすぎると、押し付けがましくなり、負担感も生じがちである。OAPでは、人間の性格はさまざまであり、そのときの状況や気分によって求めるコミュニケーションのあり方も違うことを考慮して、親密性を押し付けたり、ボランティアなどの役割を引き受けざるをえなくしたりすることは避け、本人の自発性にしたがってやりたいことを選択できるようにしている。だから、行きたくもないのに義理でプログラムにやってくるという人もいないし、気が向かないのにやむをえず受付に座っているという人もいない。600人程度のメンバーをもっていることによって、ゆとりが生まれ、ニーズがなくなればプログラムは変えていけばよいのだし、現在のボランティアが高齢化して動きにくくなる頃には強力な次の世代を育てれば十分であり、ボランティアの手が足りなくて、しかも会員のニーズは増すばかりという状態がもし恒常的に続いたとすれば、その点を訴えて資金を獲得して有給のワーカーを増やせばよいのだから、押し付けや暗黙の強制や一部のメンバーの背負い込みといったことは起こらないのである。

あくまでも自発性、選択性を確保し、あっさりした関わり方もできるように留意する一方で、全人的な関わりもできるようにしておくことにより、ＯＡＰは、多面的余暇活動のためのアソシエーションでありながら、地域に生きる人間存在のよりどころとなるコミュニティでもあり続ける、という両面性を保つことができるのである。性格の違いや、身体や心の状態、多忙の度合いなどによって、さまざまな関わり方ができるということは、50歳以上で、しかも家族との関係で余暇として使える時間の長さが変わりやすい女性たちにとって、参加しやすいかたちである。1000円余りの年会費で年に4回のニューズレターを受け取り、ワーカーや会員の動向やおもなプログラムを把握し続けることができるというやり方は、自分には帰っていく場所があり仲間がいるということを励みにして療養や異郷での生活を送る際にも役立つのである。

多様性と変化の尊重

自発性・選択性・全人性の共存は、現代人の求める新しいコミュニティの要件であると考えられる。

e 柔軟な資源活用——資金・経験・時空間

資金源への柔軟な対応

会計報告を見ると、毎年補助金を受けているトラストがいくつかあるとはいえ、それらに関しても決して来年も必ずもらえるといった安易なものではない。小規模な補助金財源しかもたないなじみ深い地元のトラストが、他の新しいNPO活動を育てるために、それまで補助金を出していたすでに成長が著しい組織に対して、より競争の激しい他の資金源に挑戦するだけの実力がついただろうと期待して、補助団体からの「卒業」を求める場合もありうる。また、頼りにしているトラストの財政が、資金運営の失敗から悪化するといったこともある。決して安心して既存の財源にのみ依存し続けるわけにはいかず、柔軟な発想で知恵を絞ってさまざまなところに補助金を求めて応募し続けていかなければならない。資金源の援助目的にあわせて活動そのものを新しく切り開いていった例としては、住宅NPOの元締めであるハウジング・コーポレーションから資金を得て、シェルタード・ハウジングを用いたプログラムを促進するためのパートタイムのワーカーを雇い、会員を増やして南のほうの活動を豊かにしたことがあげられる。この補助金を受けたことを契機に、南部の活動は大きく発展し、OAPの活動が北部にとどまらず区全域をカバーする活動として改めて認知され、区の健康関係や教育関係の補助金を受けられるようになってきた、という具合に、次々に展開していくのである。

人材・経験の活用

人材についても柔軟な発想で、会員の多様な個性や経験を活用している。先にふれたランドルフやアンというメンバーの才能を発見してその名前をつけたプログラムを設け、本人に生きがいを提供するとともにプログラムを豊かにしたのはその例である。ランドルフをただの「黒人労働者だった人」としか見ないような固定観念に陥ることなく、かけがえのない経験をもった一人の人間として受け止め、彼が人生の大半を過ごしてきたテームズ河畔のドック周辺――都市開発により整備され、散歩スポットとして近年注目を増している――を案内してもらったら楽しいだろうな、と思いつくような柔軟さが、ＯＡＰの持ち味である。Ⅵ章でふれるように、近くに住みながら他の区で難民受け入れの自助市民組織のトップを長年つとめていたアジア系のガネシュが仕事を引退したのを知って、メンバーとしての年数はさほど長くないにもかかわらず委員に推薦して強力な働き手を得たことなど、会員の動向をつかんでネットワークに新風を吹き込む工夫もしている。この他、高齢者の組織の宝は、会員の多様な経験であり、次章に述べるようなメンバーの人生の苦労のすべてが、有形無形の資源として、ＯＡＰには生かされているのである。

ワーカーが、福祉のキャリアというよりもアートなど多様な経験をもつ、個性的な人々であることも、活動をおもしろくしている。スタッフの多様な経験もまた福祉市民社会を活性化していく力となるのである。固定観念にとらわれない発想で活動を展開するということは、あらゆる福祉市民活動にとって重要であるが、とくに、ＯＡＰのような活動にとっては重要といえるであろう。ＯＡＰは、高齢者が、自分の人生が限定され狭められていくと感じがちになるのを励まして、眠っている力を呼び覚まし、いつの日か訪れる死に向かって前向きに自分のもつ可能性を生かし発見し育てつつ歩んでいくことを助けている。

時・空間の柔軟な利用

高齢者グループの強みは、メンバーの余暇時間が豊富なことである。このことは、会員自体のなかからボランティアを豊かに得られるということを意味する。しかし、あまりに高齢の人たちばかりを集めたり、社会に対して受身的で何かをやってもらうことばかりを期待して生きてきた人を集めたのでは、たとえその人々がボランティアをすると言ってくれたとしても、かえって世話や後始末に大変といった事態も起こりがちになる。ＯＡＰが50歳以上を入会条件として若手のメンバーを歓迎し、創設当初からの月曜フォーラムをモデルにフォーラム系のプログラムを各地域に設けて、社会的な参加意識が高く、よりよい社会を求める姿勢をもった人々を中核にすえていることは、メンバーのもつ「時間」資源の有効活用に役立っている。けっこう忙しく過ごしながらてきぱきと目配りして社会のための活動を進める生活習慣をもち、さらに社会性を養い続けていこうという人々は、運営委員やボランティアを積極的に引き受けるだけでなく、よき役割モデルとして、経験や社会性の豊富とはいえない会員にも好影響を及ぼし、会員のもつ時間資源をＯＡＰのために役立てる働きをしているといえる。

空間の利用については、専用スペースの設計の斬新さ、シェルタード・ハウジングのコモンルームの活用促進、ロンドン中を用い尽くすといってもよいアウティングやウォーキングのプログラムなど、すでに述べてきたようにじつに巧みである。週1度のカレッジの教室の利用も、こうした多様なスペースに混じって行なわれると、高齢者たちを学校時代に帰ったような新鮮な気分にしてくれて、バリエーションの一つとなり新鮮さを増すのである。

f　高齢者の主体性を保ち育てる場

高齢者は、社会に依存してばかりいる存在ではない。ワーカーと協働してみずからの力で自助努力し、自分たちのための活動を生み出し、サポートグループをつくり、互いに働きかけあって成長を続け、社会に対してもメッセージを発信し、社会を活性化させていく市民であり続けることができる。このネットワークは、そのことを示している。

高齢者といえば身体の介護が語られ、痴呆になってしまった状態でのケアが注目される。こうした側面はたしかに重要で、人間の尊厳を守るうえでなおざりにされてはならない。しかし、同時に、現代都市社会のなかで自立し連帯して生きる市民としての、高齢者の自助・自尊のありようもまた問われなければならないだろう。日本社会における高齢者は、家族のなかで生きることを至上の幸福としてきたために、家族構造が変化してコミュニケーションの機会が減少するとともに自我の輝きを失いがちである。国や自治体に期待してもかなわない心理面でのケアを、どのようにして自分たちの力で可能にすればよいのだろうか？　高齢化社会の成熟とともに膨らんでくる課題を解くための手がかりが、このネットワークの活動から得られるのではないだろうか。

高齢者たちは、福祉国家のケアの「対象（客体）」としての側面ばかりではなく、福祉市民社会を創り支える「主体」としての側面をもっている。そしてその主体性は、生きがいのある仕事を求めてやまないコミュニティ・ワーカーたちの主体的な生き方と出会い、響き合うとき、福祉市民社会という交響曲を日々創造していくことができる。その一つの事例として、ＯＡＰは実践されてきたのである。

g　公的福祉とＮＰＯ活動の関係

　高齢者たちがオープン・エイジ・プロジェクトを通じて助け合っているからといって、メンバーが他のメンバーに依存し、インフォーマルな関係での相互援助に埋没しているというわけでは決してない。グループにアイデンティティのよりどころを求めているからといって、個人的に依存状態にあるというのではないのである。ワーカーたちが会員の入退院などのケアに奔走して家族代わりに働き、頼りにされている、ということももちろんない。メンバーは、互いに情報を交換し、ときにはどこへ相談に行ったらいいかという知恵をＯＡＰでもらうなどして、公的福祉と上手に付き合っている。この区のガイドブックは、必要に応じていつでも持って行けるように、ＯＡＰのオフィスにも何冊かおいてあるが、そのガイドブックやシックスティ・プラスで出している高齢者専用のガイドブックを見て見当をつけ、オフィスの近くの市民相談室やソーシャル・サービスに相談して、人々は公的福祉を使いこなしていく。そのようにして公的福祉サービスを活用したうえで、健康状態を心に掛け合い、入院の見舞いや通院の付き添いなどを、ときに応じて友人として自発的に行ない合うだけの人間関係がＯＡＰのなかで育てられていることによって、コミュニティでの暮らしの安心度は高まるのである。

　シックスティ・プラスの刊行しているガイドブックは、高齢者自身の意見を大幅に取り入れ、全編ゴチックの読みやすい活字で書かれた、わかりやすいもので、Ｂ５版１７０ページにわたってさまざまな情報を盛り込んでいる。それを見ると、ＮＰＯ活動は、公的福祉を代替したり下請けしたりしているわけではなく、公的福祉の骨組みによって基本的に支えられた人々をさらに多様なかたちでバックアップしているのだ、ということがわかる。

たしかに、イギリスの公的福祉はスウェーデンなどに比べればスリム化されてしまっている。それでも、コミュニティ・ケアのカバーする領域は日本よりはるかに広く、日本では公的サービスの得にくい領域でも専門的なサービスが用意されているので、一人暮らしの人にも安心感があり、家族や隣人が背負い込んでみずからを痛める度合いは少ないと思われる。本書の構成からすれば少々はみ出してしまうのだが、この区の高齢者に周知され活用されている公的な福祉サービスの骨組みを、前記のハンドブックによって紹介しておくことにしよう。

ＮＨＳによる医療と患者憲章

国が直接運営して各地域にサービス網を設けている国民保健サービス（National Health Service＝ＮＨＳ）は、緊急性の低い慢性疾患の場合、専門医による診察の予約がとれるまでの待機リストが長いため診察が半年先になるなどという大きな問題を抱えているとはいえ、日本とは違った意味で人々にかなりの安心をもたらしている。ＧＰ（General Practitioner）制度（かかりつけの医者に登録して利用する制度）が行き届き、医師と看護師が常駐して往診や訪問看護なども行なう健康センターが近くにあり、地域内には緩和ケア病棟（ホスピス）を備えた総合病院があって、退院時には病院に常駐しているソーシャル・ワーカーが退院後の生活環境を整えるための相談にのり、オキュペーショナル・セラピー（Occupational Therapy）と呼ばれる領域の専門職と連繫して、住宅改良や補助器具の貸し出し・リハビリなどの手配も行なったうえで自宅への車も用意してくれる。看護師は、夜間も含めて訪問看護を行ない、終末医療のためにも訪問してくれるので、長く病床にある人でも自宅での死を望めばそれも可能である。精神医療についても、デイケア・センターがあり、入院サービスと並んで訪問看護が行なわれている。歯科と眼科は所得補助受給者を除き有料であるが、その他の医療はすべて税金でまかなわれるため本人の負担はない。さらに、患者憲章（The Patients Charter）は、カルテを見る権利や、登録先の主治医を変える権利、医療に関する苦情を地域の担当機関に申し立てて10日以内の回答を得る権利などを保障しており、この憲章のブックレットが病院の窓口などに置かれているだけでなく、シックスティ・プラスのガイドブックにもかみくだいて説明されている（Sixty Plus 2000, 田端他編 1999）。

国民の医療の大部分を税金でまかない、診療時の自己負担を日本のように上げていくことはしないという仕組みは、予算が十分に投入されればたしかに素晴らしい。しかし、今日の労働党政権のもとでも、現実には、待機リストは日本人から見れば気の遠くなるほど長く、待ちきれなくなって、NHSで待機中のところと同じ病院で私費の診察を受けるために主治医に予約をとってもらったなどという話も聞くし、イギリスの平均寿命が先進工業国のなかではやや低めで、日本より男2年、女4年ほどと短いのはこの仕組みのせいではないかと思われる。しかし、ノースケンジントンでは、ぶつぶつ言いながらも結局のところ、多くの人々がこの制度にかなりの信頼感を寄せている。日本では、人々、とりわけ時間にゆとりのある高齢者が、重症・軽症を問わず大病院に押し寄せて3分間診療といわれる多忙な医師の診療を待っており、薬品メーカーが医師に薦める大量の高価な薬を処方してもらっているうちに自己負担がどんどん上がり、スパゲッティー状態で生き続けていたりする。それに比べてイギリスでは、地域に安心なよりどころをもち、日本では遠い昔の思い出のようになってしまった医師の往診、さらには訪問看護が受けられる一方で、なかなか大病院にたどりつくことができず、専門医の診断を受けても血栓予防のために安価でよく効くアスピリンを1日半錠という処方箋をもらったなどと聞く。日本とイギリスの医療体制は、きわめて対照的であることは間違いがない。

補助と給付

年金に関しては、決して多いとはいえないが、低所得者のための所得補助（Income Support）や、住宅給付（Housing Benefit）、地方税給付（Council Tax Benefit）などが、多くの高齢者に安心をもたらしている。扶助を受ける際にはミーンズ・テストと呼ばれる資力調査がある。これらの扶助を恥辱として受け取らない人もまだ多いとされるが、人権意識が高いこの地域では、まじめに生きてきて資産が少ないことを恥とは考えずに、権利として受け止める人々も多く、市民相談室で用紙をもらって書き方を教えてもらって申請する人々が少なくない。さらに、ミーンズ・テストの基準額がかなり高く（Sixty Plus 2000, 武川・塩野谷編 1999）、手元にある程度の資産を残してこれらを受けられることも、日本のシステムとは異なっている。

ソーシャル・ワーカーとケア・サービス

高齢者の日常生活に関して日本と大きく違うと思われるのは、ソーシャル・ワーカーの役割が周知されていて、正規の時間外に休日も含めて相談に応じる緊急ソーシャル・ワーカーの電話番号まで明示されていることである。日本の介護保険のケア・マネージャーが、短期間の訓練を経て資格を得て民間のサービス提供機関に所属している人々であるのとは違って、イギリスの場合は、自治体のソーシャル・ワーカーが、地域で要介護状態のアセスメントを担当してケア・サービス内容を決め、実施先を決める（生活福祉研究機構 1998, 伊藤淑子 2001）。

地域にソーシャル・サービスの出張所を設け、顔の見える関係で専門的な訓練を受けたソーシャル・ワーカーが相談を行なうことによって、行政が人々にもたらしている安心感は大きく、ソーシャル・ワーカーの専門教育が行政のなかで十分に生かされていない日本とは大きな違いがある。シックスティ・プラスのガイドブックには、ソーシャル・サービスは、コミュニティ・ケア法にもとづいて、「自立と生活の質を維持するためのサポートを必要とする個人のために、適切で心のこもった（sensitive）サービスを用意することを目的としており」、ソーシャル・ワーカーは、「サービスについての情報や助言を提供」し、「デイケアや在宅援助について助言」し「住宅についての情報を用意し」、「保健サービスやボランタリー・グループとの連絡を手助けし」、「あなたのニーズをアセスメントして、ケア・プランをまとめて合意を得る（agree）」とわかりやすく説明している（Sixty Plus 2000）。

消費をうながすゆるやかなミーンズ・テスト

ホーム・ケア・サービスとは、ソーシャル・ワーカーのケア・マネージメントによって、必要な人に対しては年齢のいかんを問わず、家事・介護・金銭管理などが提供されるサービスである。この区の有産者の場合、1週間につき10時間以内なら日本の多くの都市の介護保険の在宅援助の1割負担よりやや高い程度であるが、10時間を超えた分は1時間につきぐんと上がって、かなりの金額になり、ミドルクラスの下のほうの収入階層に位置する人々にとっては苦しいことになってくる。しかし、65歳以上で心身の状態が重い人は、資産のいかんを問わず、また実際に付き添い人を頼んだか否かに関わりなく付添手当（Attend-ance Allowance）が得られるなど、身体的状況が軽度で自己負担が可能な人にはスリム化を求めつつ、必要度の高い人には公的サポートを提供する仕組みになっている。

有産の人とそうでない人との境をこの区の場合は預貯金16万ポンド（約３００万円）に設定しておき、それ以上の資産がある間は満額の支払いを求め、３００万以上の資産がなくなれば、収入や資産額に応じてより少ない負担で公的なサービスを受けられるようになり、所得補助を受ける状態になればればホーム・ケア・サービスは無料となる。なお、ホーム・ケア・サービスに関しては持ち家は資産と認定されないので、家を売る羽目には陥らないし、賃貸住宅に住む人にはそうした心配ははじめからない。このようなかたちで払える人には応分の負担を求めるため、日本の介護保険とは違って、保険料の負担なしに税金と受益者負担とによってケアが提供されているのである（Royal Borough of Kensington and Chelsea 2000, 武川・塩野谷 1999）。

資産額を自治体に知られたくないと思う人は、このような資産や所得のチェックをしないで、すべての人に無料でケアをと願うかもしれないが、それではスウェーデンのように税金が高くなってしまう。それに対してイギリスの制度では、さほどの資産家でもない人がいざというときに備えてやみくもに貯蓄し続けても結局は吐きださせられてしまう。イギリスのやり方は、適度の消費をうながし、コミュニティの活性化に役立っているように思われる。在宅福祉については、総じて人々の信頼感が高く、高齢者や障害者だけではなく出産や病気のときなどにアセスメントを受けたうえでサービスが受けられることも、コミュニティ全体の安心感をもたらしている。

なお、1991年のコミュニティ・ケア法施行以来、ホーム・ケア・サービスを営利または非営利の民間組織に発注している自治体が増えているが、この区の場合、清掃などの直接のケアではない部分以外は区が雇用した人々が行なっており、民間が導入されるとしてもエイジ・コンサーンやシックスティ・プラスなどのNPOが中心になると思われる。

ホームシェア

公的なホーム・ケア・サービスと並んで注目される仕組みとして、NPOによるホームシェア（Homeshare）がある。持ち家層が、ホームシェア協会に申し込み、部屋探しを申し込んでいる人を紹介してもらい、部屋を無料で提供する代わりに、所定の時間、家事などをしてもらう仕組みである。1993年にこの区で創始されたこのNPOサービスは、たちまちロンドン各地に広がり、1999年には国際ホームシェアが設立されて、EU各国やカナダ、アメリカなどにもネットワークが拡大している。

高齢者用の住まい

自宅では住めなくなった場合の住まいについての情報が詳しく周知されていることも、高齢者に安心感をもたらしている。人々は、一般のフラットでは心細くなると、ソーシャル・ワーカーに相談してシェルタード・ハウジングに申し込むことができることをよく知っており、自分や配偶者の健康状態を見定めて頃合をはかっている。さらに、車椅子などの人のためにはより密度の高いケアのついたベリー・シェルタード・ハウジング（Very Sheltered Housing）や、ナーシング・ホームがあることも周知である。区内のシェルタード・ハウジングの名前と住所、ナーシング・ホームの場所などもシックスティ・プラスのガイドブックに明記されており、相談以前に自分でチェックしておくこともできるようになっている。

ノースケンジントンにあるナーシング・ホームは、企業によるものとカトリックのNPOによるものである。当初からでも、入所後に資産が基準を下まわった段階からでも、ソーシャル・ワーカーのケア・マネージメントによる入居者であれば公的支払いがあるので、安心である。

NPOによる多様なサービス

国が医療を受けもち、自治体がソーシャル・サービスを受けもつ公的福祉の仕組みをとりまいてこの区で行なわれている高齢者向けのNPOサービスとしては、既述のホームシェアの他、次のようなものがある。シックスティ・プラスによるボランティアの訪問や電話コミュニケーション、エイジ・コンサーンによる入浴サービス、買い物同行サービス、コミュニティ・トランスポートというNPOがボランティアを組織して行なう車による送迎サービス等々がそれである。

そのなかにあって、ＯＡＰは、コミュニティ・ワーカーに支えられた高齢者の自助グループとして、高齢者の心身の健康を支え、市民としての自立をサポートする役割を果たしているユニークな存在なのである。行政が行なうことのできないサービスをみずから創り出す、地域に根ざした高齢者市民のＮＰＯ活動のオフィスが、全国レベルの大規模なＮＰＯである市民相談室（ＣＡＢ）とともに、自治体のソーシャル・サービスの窓口と軒を並べていることは興味深い。しかもそれらは、ウェストウェイ・デベロップメント・トラストの提供する一つ屋根の下にある。ウェストウェイ・デベロップメント・トラストは、行政と市民との対抗的・相補的関係のなかから生まれ育ち、今日では行政にスペースを貸すとともに、全国レベル・地域レベルの他のＮＰＯに低額で活動スペースを提供して、地域の活性化に貢献するまでに大きく成長したのである。このような状況は、高齢者市民の力を示し、この地域での行政とＮＰＯとの関係を如実に示している。

自治体と市民社会とは、上下の関係ではなく、緊張にみちた対話を続ける対等のパートナーである。高齢者もまた、全国的レベルのＮＰＯや自治体のサービスを使いこなしながら、市民社会の一員としての自立を保ち、さらに心地よい生活を創り出すためのＮＰＯ活動を主体的に担っているのである。

h　市民資金をめぐる仕組み

「市民資金の流れ」の重要性

ＯＡＰが資金獲得の重要性を改めて認識し、その道でキャリアを積んだ経理担当者をディレクターとして公募によって迎えたことはすでに述べたとおりである。このことは、イギリスの福祉社会を成り立たせるものとして、「コミュニケーションの流れ」とともに「市民資金の流れ」がいかに重要であるかを物語っている。コミュニケーションの達人である創始者のコミュニティ・ワーカーや中心的なボランティア・メンバーたちが、自己負担能力の少ない高齢者に対して活動するなかで、心行くまで「思い」や「アイディア」をかたちにして、高まるニーズに応えていくには、資金が必要である。行政の資金を断ち切られた苦い経験から出発した以上、「市民資金」の海に乗り出して魚を釣り上げ、活力あるコミュニティ・ワーカーの給与、その他の活動資金を確保しないわけにはいかないのである。

イギリスの社会サービスに関するNPOでは、ドイツ・日本・フランス・イタリア・アメリカなどに比べて、公的資金に依存する度合いがはるかに少なく、市民資金31％、会費・事業収入・利用料金30％、公的収入39％の比率となっていることを、サラモンらのジョンズ・ホプキンズ大学市民社会センターによるNPOの国際比較調査の1995年のデータは示している（注4）。このデータにはサッチャーによって、市民活動に多くの補助金を提供していたロンドン市が閉じられていたことの影響もあり、公的補助が少ないことがよいというわけでは決してない。しかし、イギリスにおいて公的補助と並んで市民資金が豊かであることには意味があることも確かである(Salamon 1994)。これは、次に見るような豊かな歴史的背景をふまえた市民社会の自立的なメカニズムの発達によるものなのである。

主要な仕組み

すなわち、イギリスの市民社会は、市民資金をめぐって自立的な仕組みを発達させ、必要に応じて政府にその一端を担わせてきた。その仕組みの主要な構成要素として、（1）チャリティ委員会（Charity Commission）、（2）チャリティ援助財団（CAF＝Charities Aid Foundation）、

チャリティ委員会

（3）市民資金情報提供組織、（4）市民資金供給組織（4‐a：個人や企業からの資金集めを担当してNPOの応募を受け審査し補助金として供給する資金収集供給組織、4‐b：信託された資産を長期的に管理運用してNPOの応募を受け補助金を供給する資金管理運用供給組織）、などがあげられる。なお、（4‐a）と（4‐b）は兼ねている場合もあると思われる。（1）と（2）は、宮城孝氏の貴重な研究（宮城 2000）を参考にしてあげたものであり、（3）以下は私自身がフィールドワークのなかから拾い上げてその機能に即して名前をつけた要素である。ここではおもに宮城氏の著書に依拠して、まず先の2つを説明し、次に他の構成要素について述べる。

チャリティ委員会は、チャリティ組織の透明性を高め、信用ある団体であることを市民に対して保証する政府機関である。具体的には、チャリティ法にもとづいて、登録を希望するチャリティ、すなわち公益活動を行なうNPOを審査して登録の可否を決め、登録した団体からは会計報告を含む年次報告書の提出を求め、必要に応じて登録団体に対する質問を行ない、報告書の公開をも義務づけている。

このように言うと、政府が市民の活動を管理しチェックしているようであるが、議会制度や名誉革命などの歴史をひもとけばわかるように、この国では、市民が議会を国内各層の議論と利害調整の場として発達させ、王権を棚上げして、市民による政府を暴力によらずコミュニケーションによって創り上げてきたのである。そうした歴史のなかで、チャリティと呼ばれる自発的な公益活動の歩みも長い。12～13世紀の段階ですでに500余りの民間病院があり、チャリティへの資産信託（Charitable Trusts）の歴史もほぼ500年である。それにまつわる不正をチェックするために、16世紀末に、チャリティ委員会の淵源となるような法的裏づけをもつ組織が設けられている。その後も、一部のチャリティの不正に関する批判が高まったのを機に、議会などが論議を尽くして、古くからあったしくみを強化して、チャリティ委員会を確立し、法改正によって機能を整備して、今日にいたっている。市民社会のニーズを託されて政府によるチェック機能が組み立てられてきているといえるのである。

なお、委員会という訳名は誤解を受けやすいが、チャリティ委員会は、事務組織をともなった大きな組織で、既存のチャリティやこれから活動を始めたい人々に向けてわかりやすいホームページやパンフレットでたくさんの情報を発信している。

チャリティ援助財団

一方、チャリティ援助財団は、銀行機能や税金の還付手続きの代行を行ない、寄付手続きを容易にするとともにＮＰＯ活動のための市民資金の流れをよくしていく機関である。具体的には、チャリティ委員会の登録団体と、寄付をする人や組織との間の契約にもとづく寄付金の仲介者として、上記登録団体に対する給与天引きなども含めた継続的寄付の払込先銀行としての役割を果たすとともに、寄付金額に関する税金の還付手続きを代行して、還付された額を添えた全額を寄付先の登録団体に送るという厄介なプロセスを一手に引き受け、登録団体の委託を受けて当面必要のない資金を預かって運用し、借金をしたい登録団体に貸し出すという意味での銀行機能をも果たしている。

この組織があるので、ごく普通の人々が、次に述べるような情報提供機関のインターネットを用いて選んだ特定のＮＰＯや、信用のおけそうな資金収集供給組織にポンと寄付をしたり、気軽に給与天引きで毎月寄付をしたりして、市民資金が円滑に流れているのである。

市民資金情報提供組織

市民資金情報提供組織は、市民資金供給組織とその供給を受けようとするＮＰＯ、さらには寄付をされる側とする側を各種のメディアでつなぎ、資金の流れを活性化させている。

最もポピュラーなのは、社会変革ディレクトリー（DSC＝Directory of Social Change）という名称のNPOである。ディレクトリーというのは、人名録・案内板・掲示板などを意味する。この世界をよりよいものに変えていくために必要な連絡先についての情報を提供し、NPO活動の道案内をしようという目的をもつ組織である。各NPOの書棚や図書館などに常備されている『主要トラストへのガイド』（電話帳ほどの大きさの毎年刊行の上下2巻本）や地域別のトラストへの資金応募用のガイドなどは、この組織が毎年発行している出版物であり、補助金の応募の際によく使われる。この組織は、前向きに社会変革をめざしている自発的なコミュニティ組織を支える情報源として、出版活動のほか、ロンドン大学近くのオフィスの一角に図書室を設けて、ボランティア、学生、研究者、NPOワーカーなどが関連文献を利用しやすい場を提供するというサービスを行なっている。小さな図書室の机はがたがた動き、コピー機は10枚もとらないうちにオーバーヒートして止まってしまい、しばらくスイッチを切ってからでないと動かないといった倹約ぶりであるが、コピー代金は公営図書館の半額で、働いている人々はサービス精神に溢れている。職員の話では、1975年に出版されたチャリティ案内の書物があまりにも売れたために、その著者がニーズに応えるべく設立したNPOだとのことである。今では、CD‐ROM化されたものも含めて多様な市民資金関連の書物を刊行し、NPOの会合のための部屋の提供や、NPO向けの各種講座の提供も行なっている。

この他、インターネットで探ってみると、チャリティ組織から広告料金をとってデータベースをつくっておき、寄付する側が特定のチャリティについてすばやくチェックできるように、その資料を電話注文があり次第ファックスで送るといったサービスを行なっているチャリティーズ・ダイレクトといったところもあって、情報提供組織の目的・機能はさまざまである。チャリティ援助財団のホームページに載せられている調査によれば、男女を問わず20～30代ではインターネットを駆使して十分に調べたうえで、税金や中間経費をとられないよう効率的に寄付をする新しい動きが盛んになってきており、こうした動きと呼応し合いながら、インターネット時代の情報組織が多様なかたちで発達中である。

市民資金供給組織

これらの情報の中心となるのは、非営利組織のための資金を新たに集めて活動資金を求めている非営利組織に供給する「資金収集供給組織」とでも呼ぶべき組織、および、いったん個人や会社などから託された資金を長期的な視野で大切に管理運用して収益を上げて、活動資金を求めている非営利組織に供給する「資金管理運用供給組織」とでも呼ぶべき組織に関する情報である。応募する側のNPOがそれぞれの資金供給組織の援助傾向などを知るために用いる情報と、寄付する側が信頼して寄付を託すことのできる組織を選別するための情報が求められ、提供されている。それぞれの資金供給組織は、独自のポリシーをもっており、その傾向は年によって微妙に変わることもあるので、その傾向と対策を分析して、応募する側のNPO組織に提供される情報へのニーズは、とくに大きい。

資金収集供給組織の代表的なものは、ロッテリーと呼ばれる宝くじである。イギリスでは以前は、宝くじは射幸心をあおるとして反対が大きかったのだが、議論を煮詰め、公益的な使途を明確化したうえで、1994年にようやく実施に移され、たちまち世界最大規模の宝くじとなった(Douglas 1995)。直接的な運営費以外の使途は、芸術・チャリティ・文化的遺産・スポーツの各領域への補助金で、NPOなどからの応募内容を審査して提供されている。この他、企業や個人（大金持ちから子どもまで）に寄付を呼びかけて資金を収集する一方、活動資金を求めている非営利市民組織の側に応募を呼びかけて、企画書を審査し選別したうえで決定した組織に資金を供給する非営利組織は、数多く存在し、今日ではインターネットで探索すればすぐに見つけることができる。

資金管理運用供給組織とここで呼んでいる組織は数多く存在し、長い歴史をもつものが少なくない。これらの規模やおおよその概略については、先にあげたチャリティーズ・ダイレクトのホームページからすぐに見出すことができる。たとえば、地域に根ざしたものでは、ノースケンジントンの多くのNPOが資金を得ているキャンプデン・チャリティーズがあり、ホームページを開くと創立1629年とあって、創設者と思われる人物の銅像の写真が載せられている。また、OAPのような仕事も含めて地域改善活動に補助金を出しているブリッジ・ハウス・トラストのホームページの歴史に関する部分には、1097年にさかのぼるとあって、この年以来ロンドンのテームズ川の橋の新設や架け替えのための資金がストックされていたのだという。その資金の運用によって得られた利子の一部を、1995年から非営利市民組織の活動資金として供給するようになったというのである。市民社会の発達の歴史とともにあるといってもよいくらい長い歴史をくぐって蓄積されてきた資金なのである。1000年前からの資金を探すというわけにはいかないかもしれないが、日本でも、社会のなかに眠っている資金がないかをチェックし、管理団体に働きかけて有益なNPO活動のための資金供給のシステムを立ち上げることができないか、探ってみる必要があるだろう。

「フィランソロピー」、「民間寄付」、「市民資金」

先述の国際比較調査のなかでサラモンらは、NPOの活動領域を10のカテゴリーに分けて、フィランソロピー、政府、利用料金の3つの収入源の割合を見ている。

ここで取り上げている仕組みはすべて、サラモンらが「フィランソロピー」と呼んでいる資金が、活動資金を求めている非営利民間組織に届くまでの流れのなかで役割を果たしている機関である。フィランソロピーは、「(民間)寄付」と訳されているが、「寄付」といってしまうと、直接、当該市民組織に寄付金が届くような印象があって、市民社会の自発的な底力が生み出す、税金経由とは違う、もう一つの非営利市民活動のための資金の大きな流れと、それをめぐる仕組みや、それに関わる市民の活動が見えてこないきらいがある。福祉市民社会論という枠組みで考えようとしている私としては、「市民資金」と呼んだほうが明確になるのではないかと考えて、その言葉を用いている。なお、「公的収入」とサロモンらが呼んでいるのは公的機関からの補助金であり、「利用料金」としているのは、会費や事業収入を含めて個々の非営利市民組織が集めている直接寄付以外の収入である。

こうした背景をふまえて、OAPの場合を考察してみよう。

オープン・エイジ・プロジェクトの場合

OAPの場合、2001/2002年度の収入の総額は日本円にして約3000万円であるが、事業収入は、会員や非会員が毎回払っている参加費の合計額が150万円ほど、会費は50万円弱、直接の寄付は160万円程度で、90%近くが補助金収入である。このうち公的資金は区や国のNHSや地域改善資金等の各種補助金を合わせても全体の3割程度で、収入の6割程度が市民資金供給組織からの補助金によってまかなわれている。つまり、OAPは市民資金の仕組みを活用して初めて成り立っているのである。

宝くじを含めて、資金源となっている市民資金供給組織は20に及んでおり、400万円弱から

20万円弱まで、各組織から獲得される金額はさまざまである。その一つ一つに、夜遅くまで相談して応募書類を書いたワーカーたち、とりわけ会計担当のオリーブの苦労の跡がにじんでいる。もちろんその背後には、審査で落とされて資金獲得に成功しなかった企画書をさらに何十枚か作成した労苦もあるだろう。そうした努力の甲斐あって、OAPは着々と資金獲得に成功し、高齢者たちに生きがいと健康を提供するとともに職場づくり（Job Making）の成果をあげて、とくに女性たちのためにやりがいのある職場を増やしながら、地域の活性化に寄与しているのである。

市民資金を発展させる市民自身の関心と厳しさ

日本の宝くじのホームページとイギリスのロッテリーのホームページを比べてみると、日本の宝くじの、会計報告とは言い難いようないたって簡略化された情報提供ぶりと、イギリスのロッテリーの、詳細な情報提供ぶりのコントラストが著しく、われわれの社会の資金情報に関する無関心さと、透明性を求めてやまないイギリスの市民社会の資金情報に対する厳しさの違いがわかる。市民資金の充実をはかるためには、市民自身が内外の市民資金の仕組みについて知り、自国のシステムの改善を求めていく努力が必要である。先にも述べたような政府を巻き込んだ市民社会の組織立ったチャリティの長い歴史をもつイギリスと、そうした伝統をもたないままようやくNPO法ができたばかりの日本との蓄積の違いは大きいが、日本にも、自立した市民活動のために市民資金を供給できる仕組みが大幅に発展することが必要とされていることは明らかである。政府自治体の補助金か、さもなければ直接の小口の寄付に依拠しがちな日本のNPOを、NPO法をきっかけにさらに発展させていくためには、イギリスの仕組みを参考にすることが必要であろう。

日々活性化されるNPOセクター

今日のイギリスでは、透明性を保証する機関としてのチャリティ委員会、資金の流れを簡便円滑にするチャリティ援助財団、市民資金をめぐるコミュニケーションの流れを活性化する市民資金情報関連組織、市民資金そのものの流れを活性化する市民資金収集管理供給組織の発達に支えられて、税金とは別のルートで「よいこと（good causes）」のために金を使おうとする市民や企業と、資金を必要とする組織とが結ばれ、ＮＰＯの活動が日々活性化されていく。オープン・エイジ・プロジェクトのような小さなＮＰＯの活動のなかにも、そのプロセスのなかに参加して、活動を発展させていく状況が読みとれる。魅力的なホームページをつくり、後にディレクターのオリーブのインタビューのところで紹介するように、２００４年度の完成に向けて区の南部にニュー・ホライズンと名づけられる予定のスペースを開設するための主役をつとめることが決定するなど、その動きは加速している。

トップランナーとしてのＯＡＰ

ドラッカーやサラモンが、１９９０年前後に、まさに出現しつつあるセクター（emerging sector）としてＮＰＯセクターについて書いていたまさにそのただなかの１９９３年に、ＯＡＰは誕生した（Drucker 1989, Salamon 1994）。２００３年の秋には10周年記念のピクニックを区内のホランドパークで行なっている。21世紀におけるＮＰＯ発展のダイナミックな動きのなかに、ロンドンの高齢者たちのネットワークも、なんだかオフィスが忙しくなって大変だ、と思いつつも相変わらずのマイペースで、日々を楽しみつつ歩み、組織全体としてみれば時代の先頭を切って走っているのである。自分たちにとって心地よい生き方と組織と活動とを求めてひたむきに日々を過ごす間に、知らず知らずのうちに時代の最先端にいた人々がそこにいる。

注

1　2001年の国勢調査によれば、ノースケンジントンの前期高齢者（60〜74歳）の比率は10・3％、後期高齢者（75歳以上）の比率は4・9％である。区全体（それぞれ10・8％、5・8％）とはさほど変わらないが、国全体（それぞれ10・3％、7・5％）と比べると後期高齢者の比率は低い。

2　男女間格差については、2006年までに行なわれる企業の定年制の廃止とともに是正の予定である。

3　オープン・エイジ・プロジェクトという名称は、内部から見れば自分たちの企画をかたちにしていくという意味で、よくわかる。しかし、外部から見るとややわかりにくく、一時的な企画を実施する団体と誤解されて、資金獲得などに不利をこうむることも出てきている。プロジェクトという言葉は、期限を切って行なわれる特別の事業の名称として用いられることが多く、持続性のある組織の名称としてはあまり用いられないからである。そこで、2004年度からは、この言葉を外し、OAPという略称もやめて正式名・略称ともに「オープンエイジ」と改称しているが、本書ではフィールドワーク当時の名称を用いておく。

4　サラモンらが「フィランソロピー」と呼んでいるものをここでは「市民資金」とする。なお、サラモンらのジョンズ・ホプキンズ大学市民社会センターによる国際比較調査は、1990年に初めて行なわれて報告書が出版された後、1995年に対象国数を拡大して再度行なわれ、ホームページで結果が公開されている。

VI

福祉市民社会を創る人々

この章では、オープン・エイジ・プロジェクトのメンバーやワーカーへのインタビューを通して福祉市民社会を創り担う人々の素顔をとらえてみたい。マルチカルチュラルなノースケンジントンの社会にふさわしく、登場する人々の出身地・国籍・肌の色・経験などはさまざまである。共通する点は、これらの人々が、ノースケンジントンの福祉市民社会の形成・発展にそれぞれの立場から誇りと喜びをもって参加し続けているということである。ノースケンジントンには数え切れないほどこのような市民が住み、あるいは通ってきて、多様な活動を展開している。私の参与観察場面が高齢者の活動であり、そのなかで信頼関係を築いたうえでのインタビューであったことから、きわめて限られた層の人々ではあるが、一人一人のライフヒストリーや市民としての活動参加の状況・意見などを取り上げて、21世紀の福祉市民社会の主体形成のための手がかりとしていきたい。

1 「不幸」からの出発

人々は人生のなかで、離死別や生活基盤の喪失など、「不幸」とされるできごとに遭遇し、そこで援助の手を差し伸べるコミュニティと改めて出会い、みずからもそうしたコミュニティを創り支える活動に関わって、「幸福（well-being）」の実感を味わい、家族を超えたより大きなネットワークのなかで支え合い、苦楽を分かち合う日々を送るようになる。ここでは、3人の女性の例を取り上げることにする。

a レズリー

南アフリカからイギリスへ

レズリーは、南アフリカ生まれである。祖父がボーア戦争（注1）の兵士として同地に渡り、そのままとどまって現地の女性と結婚したため、4分の1の混血であるが、「白人」としてアパルトヘイト下の南アフリカ社会の仕組みのなかで育てられ、イギリス人と結婚した。とりわけ豊かというわけではなく、共働きをしていたが、家には黒人のメイドがいて、ヨーロッパに家族で旅行したときには、キャンピングカーを買って楽しむといった暮らしぶりだった。しかし、70年代の半ばに、2人の息子が次々と徴兵年齢に達する年頃となり、そのことはとりもなおさず罪もない

ドックヤードの遠足を楽しむレズリー

カナダでのナニー生活

黒人に銃口を向けて殺さなければならなくなることを意味したので、徴兵される直前に一家でイギリスに来る決心をした。政情不安のため買い手のつかない家を安く売り、イギリスに来て、比較的暖かいサセックスの村の屋敷のなかのコッテージに夫婦で住み、屋敷の老婦人の食事の世話などをして給料をもらって暮らすうちに、3年ほどして夫が病死した。

息子がロンドンにいて、慰めに来てはくれるものの、悲しみのうちに寂しい村の暮らしをしていた彼女は、新天地を求める決心をして、53歳のとき雑誌の広告を見てカナダでのナニー（子育て役）の求人に応募したところ、採用されて、8歳と10歳の息子のいる紳士に雇われてカナダに渡る。30代前半に夫とヨーロッパ旅行をしたときに初めて雪を見たという南アフリカ生まれの女性が、50歳を過ぎて、寒いカナダに職を得たのである。その後、この紳士のアルコール中毒が再発し、レズリーは子どもたちを守って奮闘するが、一家離散といった事態のなかで、高齢の法律家や、癌に耐え抜いた気丈な女性の写真家などの家でハウスキーパーとしてさらに働き、交通事故に遭ったりしながらも教会や寡婦クラブの友人に支えられて合計6年間カナダで過ごした後、イギリスに戻って、ノースケンジントンの近くの豊かな家に住み込んでさらに何年か働いたという。

「ホームレス」としてシェルタード・ハウジングへ

そして、60代の半ばが近づき、家事労働者としての体力の衰えを感じたので、市民相談室CABに行って助言を求めたところ、「ホームレス」として公共的な住宅に優先して入れることを知り、書類の書き方も教わった。フリーのジャーナリストである下の息子は近くの公営住宅に住んでいたのだが、間取りが小さく、この国では、まず子どもが親を引き取って扶養すべきだという考え方がないので、彼女自身もみずからの権利を行使することにしたのである。そして、示された選択肢のなかから、先にシェルタード・ハウジングのところでふれた、一人暮らしの苦労の多かったクリスチャンの女性のために老後の住まいの提供を願ってつくられたシェパード・トラストを選び、入居することができた。

OAPとの出会い

このようにして老後の暮らしの基盤を得た彼女は、それにとどまることなく積極的に社会教育プログラムに参加して、仲間と出会い、オープン・エイジ・プロジェクトの立ち上げに参加し、現在は経理の補助をするボランティアをつとめ、月曜は月曜フォーラム、火曜はウォーキング、水曜はオフィスでのボランティア、木曜はアウティング、金曜は時事問題ディスカッションといった充実した日々を送っている。少々動脈硬化の傾向のある彼女は、医師の指示で9時までゆっくり寝て、バナナとシリアルの朝食を朝日の溢れる見晴らしのよい窓際で食べ、ミルクをたっぷり入れた紅茶を楽しんだ後、アスピリンを半錠水に溶かして飲んでから、元気に一日のスケジュールをこなす。

週末には、静かに読書したり、最愛の孫娘との交流や仲間とのハムステッドやテームズ河畔などへのカントリー・ウォークやピクニックを楽しみ、サマー・バカンスには、先述のハウジング・トラストからの旅行資金のプレゼントを活用して、仲間と国内外に出かけたり、ドイツにいるもう一人の息子一家を訪ねたり、懐かしい南アフリカに帰郷したりする。ネルソン・マンデラが大統領になってアパルトヘイトから黒人が解放されたときのふるさと訪問はとくに嬉しかったという。彼女の住むシェルタード・ハウジングにはワードンがいるので、これといって役員をつとめたりする必要はないが、彼女は周囲の住人にも頼りにされる存在として、交渉ごとなどがあれば隣人たちの助っ人役を買って出る。「人権」ということが身に染みついた人生を送り、あくまでも自立して、しかも連帯を紡ぎだしていく力をもった人なのである。福祉社会のサービスの受益者でありながら、サービスを創り出し提供する存在でもある。福祉市民社会の住人として、グローバルな人生経験を生かしながら自分自身成長を続けつつ、OAPの成長に寄与し続ける、存在感のあるメンバーとして、運営委員に選ばれ続けている。

インタビューから5年を経た2003年の時点でも彼女の生活は変わらないが、ブッククラブと呼ばれる読書会をOAPのプログラムの一環として始めて、世話役になったので、週末にはいっそう読書に身が入っている。ドキュメンタリーや小説などレパートリーはさまざまで、デンマークとロンドンを往復しているメンバーの夫妻に招かれて初めて北欧を訪問するなど、楽しみは広がっている。シェパード・トラストが、政府の在宅福祉推進政策に呼応して、入居のときの条件であった身の回りのことができなくなったときはナーシング・ホームなどへ転居してほしいという方針を改め、終生ここで過ごせるように必要に応じて階段などを改良し、NHSやソーシャル・サービスを活用しながら安心して過ごせるように従来以上に体制を整えるという約束を

月曜フォーラムの
教室でのナンシー

CAB相談室からの出発

記した手紙を、2003年になって改めてシェルタード・ハウジングの居住者に送ったので、彼女の安心感はますます増している。

b　ナンシー

ナンシーもまた市民相談室CABの助言を受けるところから再出発をした人である。ノースケンジントンのなかでは富裕層の多い一角に住む温和な彼女から、5人の子どもを育て上げたうえで、今は上は30代から、下は乳母車に乗っている双生児まで計12人の孫がいて、子どもの出産や病気のたびに駆けつけて頼りにされている、といった話を聴くと、ついミドルクラスの専業主婦として生涯を過ごしてきた人かと思ってしまうのだが、そうではないのである。

彼女は52歳のとき離婚して夫の国オランダから帰ってきて、ロンドンに住んでいた長女の助けを得て、ノースケンジントンの中央を走る、日用品や古物骨董の市の立つ町ポートベロー通りの近くに部屋を借り、末の2人の子どもを育て始めた。マットレス2つしかないがらんとした部屋に、古物市で1000円ほどのじゅうたんを買って肩に担いで帰ってくるところから、彼女のここでの生活が始まった。まずCABに相談に行き、専業主婦として過ごした後離婚して年金もろくに得られない自分の立場を理解して、所得補助・住宅給付・児童給付などを受ける手続きをした。彼女は職を探し、はじめは社会保障を受ける権利を失わない程度の手伝い仕事からスタートして、やがてポートベロー通りの陶器や毛織物などを売る店でフルタイムの仕事を得る。さらに、土曜日ごとに開かれるポートベローの骨董市に出店する権利も手に入れて、子どもたちの学費を稼ぐ。その仕事も子どもに譲り、自分のために時間を使えるようになってからOAPに入ったのだという。今も子どもや孫のために多くの時間を使いながら、それに埋没してしまわないで、OAPには受付のボランティアとして積極的に参加し、ミーティングなどのときもキッチンで甲斐甲斐しく働いている。週末には、レズリーなどを誘ってカントリー・ウォークに出かけ、夏の休暇旅行も仲間と出かけるのを1年も前から約束して楽しみにしており、来年の行き先はビートルズにゆかりの深いリバプールといった具合に早くから相談して決めている。ロンドンとチェコを往来しているOAPのメンバーの招きでプラハに行ったこともあるという。

彼女の話には、他のOAPメンバーより少し難しい単語や言いまわしが混じる。というのは、彼女はミドルクラス・バックグラウンドで、あまり勉強好きとはいえなかったのに進学校のグラマー・スクールに行かされていたからである。父の許しを得てようやくそこを中退し、美術系の学校に入ったときはほっとしたという。そこで知り合った夫と結婚後、父は結核で死に、自分も、初めての子も結核に感染して、子どもは死に、ロンドンの古めかしくひどい状態の病院で死を覚悟したこともあったが、幸運にもサナトリウムに行くことができて、そこでは皆が生き返っていくので、自分も生き続けられるのだ、と生命の喜びを味わったという。こうしてよみがえった彼女は、美しいサリー（ロンドンの南部）の田園地帯に広大な土地のついた大きな古い屋敷をアーティストの友人2家族とともに借り、自然のなかで子育てを楽しみ、コミューン生活をした後、自分たちの家を買って田舎暮らしを続け、夫の国オランダに渡って1年で離婚して、上の2人の子どもを夫のもとに残し、自分は下の3人を連れて帰国、というわけで、改めて新しい人生への旅立ちとなったのである。

ボランティアの楽しみ

「自分は本当にラッキーだった」とこれまでを振り返ってナンシーは繰り返し言う。死の淵をさまよったことは生命の喜びを得られたことにつながったのだし、田舎暮らしは楽しかったし、離婚直前に社会保障に力を入れているオランダに1年住んだことは、リベラルで人権意識の進んだ社会を見る機会になった。そして、ポートベローに住んだことは、ＯＡＰで友人の輪を得ることにつながったのだし、貧しい暮らしのなかでも視覚障害者のための朗読など少しずつやっていたボランティアの楽しみが、自分のための遊びや自己教育という楽しみにもつながった。そして、勉強が不得手で美術学校に移って美的感覚を養った経験は、模写の絵を仕入れてポートベローで売ったり、同じくポートベローでごく安い古道具を限られた予算のなかから買って修理したり布をかけたりして居心地のいい家を整える能力を養う結果になった。あたかも昔からの持ち物をそのまま使っているかのような彼女の部屋の家具は、すべてこの町に来てから日本円にして2、3千円で買った安価な古道具だ、というわけである。

ノースケンジントンで育てた、下の2人の子どもたちのうち、娘は海外で国際援助の仕事をしているが、近く離婚して子どもを連れて帰国する。いったん同居すれば、今のフラットをハウジング・トラストから借りる権利を彼女に渡せるので、その後ナンシーはシェルタード・ハウジングに移るつもりである。ポートベローのストール（出店）を受け継いでいる息子は、ロンドン大学の大学院で哲学を学んだ後、精神障害者のための福祉施設で週3日働き、あと1日は土曜の骨董市で絵を売り、残りの週3日は妻のほうが英語の教師をして、助け合いながら幼い双生児を育てているという。保守的な田園地帯とは違って人権教育の盛んな公立学校であるホランドパーク・スクールで育った2人は、金や物にはこだわらない暮らしだが、ナンシーがこの地で獲得した仕事や住まいの権利をそれなりに受け継ぎ、福祉市民社会を次の時代へと発展させていくのであろう。

獲得した自立

フェミニズムの著名な思想家の一人であるジャーメン・グリアとは近所に住んでいたこともあるというナンシーは、その頃は変だと思っていたフェミニズムの考え方が今はよくわかるという。みずからの生を通して、フェミニズムの掲げた「自立」を伸びやかに実現してきた彼女の顔は、やさしさと強さに溢れている。

みずから人生の危地に立ち、人間としての尊厳を支える福祉市民社会の仕組みを活用し、しかもそれにいたずらに依存することなく自立を獲得し全うしている人々が、他者を支え、みずからを支える自助グループを見出し、その支え手となるとき、苦労のすべてが社会のために生かされることとなる。彼女たちの頼もしい笑顔によって孤独から救われる人々は、少なくない。かといって、彼女たちは滅私奉公で私生活を犠牲にしたり、仲間なら誰とでも年中一緒にくっついているというのではなく、週末には近くにいる家族とじつにまめに交流するし、さらに、ごく気のおけない仲間どうしでゆったりと遠出をしたりする。

「豊かさ」の味わい

天気のいい晩夏の土曜日の11時ごろ、ノッティングヒルで待ち合わせてバスに乗り、頂上に館のあるハムステッド・ヒースの丘の見晴らしのいいところで持参のサンドイッチを食べ、丘の周りの住宅街の古い建物を建築史に詳しいナンシーの解説で楽しみ、行きつけの緑豊かな喫茶店でゆっくりと紅茶を飲み、登ったのとは別の道をバスでリバプール・ストリートまで下り、地下鉄で帰ってくる、といった経験をすると、貧しさや悲しみのどん底を経験したことが真の豊かさの味わいにつながっていることを感じる。そうした喜びをみずから味わい、人々に分かち合いつつ、彼女たちはオープン・エイジ・プロジェクトを創り支えているのである。

c　メアリー

ソーシャル・ワーカーの経験

先の2人がノースケンジントンに人生の後半になってやって来たのに対して、メアリーは若いときからこの町に住み続けている。もともと共働きをしていた彼女は、人生経験のある人を採用するアシスタント・ソーシャル・ワーカーの募集に応じて、地元の公務員になり、高齢者福祉を担当する。仲間には、劇団の衣装係として世界をまわったといった経験の持ち主もいて、それまでの職場とは違う多様な人間関係のなかで過ごしたという。写真は、退職後も交友を続けているその元衣装係の友人を招いたときのメアリーで、イギリス料理はまずいという日本の誤った情報を正そうとジョークを飛ばしているところである。

死別カウンセリングとの出会い

早めに退職して夫の看病をし、地元の病院で夫を天に見送った彼女は、耐え難い悲しみのなかで、死別の悲嘆に沈む人々を助けるカウンセリング（bereavement counseling）のボランティア

友人とくつろぐメアリー（右）

に出会い、支えられる。日本ではあまり聞かないが、イギリスの病院や図書館には必ずといってよいほど関連のパンフレットが置いてある。メアリーは、宗教を問わず人々を支えているこのカウンセリングのトレーニングを受け、他の人々の悲しみを支える役割を数年間果たした後、70代に入ってからは、ボランティアとして、地元の病院の緩和ケア病棟（ホスピス）で、受付をしたりさりげなく病室をまわって花瓶の水を取り替えながら患者の要望に応じていた。その後は、頼まれてあちこちで臨時のボランティアをしたりしてゆったり暮らしている。

フィットネス・センターの活用

ＯＡＰでは、月曜フォーラムに出席する他、提携割引のあるフィットネス・センターでのキープフィットに力を入れ、健康管理に心がけている。年会費30ポンド、1回行くごとに2ポンドつまり350円程度というのは民間の他の健康クラブに比べるとかなり割安で、身体によいので、70代半ばになってからもできるだけ週に2回行くようにしているという。ウェストウェイ下のＯＡＰの事務所の隣にあるドアを入った便利できれいな施設のなかで、多様な文化を背負った高齢者たちを、スカーフをかぶったイスラム系の若い女性の講師が教えていたりして、いかにもこの町らしいクラスである。

一人息子が外国に住む彼女は、友人と頻繁に電話を掛け合い、ワインと食事を用意して自宅へ招き合ったりして、マイペースで、しかも人の輪のなかで自立した生き方を貫いている。彼女の住まいは、ポートベローの通りのパブの角を曲がってすぐの洒落た食料品店の横のドアが玄関口で、階段を上がると2階にキッチンとリビングがあり、3階には寝室、浴室、客室がある。金曜・土曜は夜中まで続く町の喧騒をよそに、教会の尖塔の見えるダイニング・キッチンで食事をし、広いリビングに移ってゆっくりニュースやドキュメンタリー、読書やパソコンなどを楽しんでマイペースの時間を送る。レズリーや後に見るフェリーのようなメンバーほどOAP関連の活動の比重が高い生活を送っているというわけではないが、そのすぐ外側の頼りになる常連として彼女のような存在が多数いることで、OAPの厚みは増している。

ここに紹介した3人に限らず、人生の「不幸」と呼ばれる経験を前向きに受け止めて真に「幸福だ」といえる気持ちのよい生活を築いている高齢者は少なくない。そうした経験者たちに支えられて、心細い思いでOAPにだとりついた新来者たちは、第2、第3の人生への扉を自分らしい老いと死に向かって前向きに開いていくことができるのである。

南国の植物の飾られたリビング・キッチンで語るグローリア

2　多文化共生社会の力

先に述べたように、ノースケンジントンはマルチカルチュラルな社会である。とくに、カリブ諸島の旧植民地から来た黒人は激しい差別の対象となり、白人との間に共生関係が創り出されるまでは激動の時代だった。ここでは、そうした時代を切り開いてきた2人の女性に注目したい。

a　グローリア

ジャマイカからロンドンへ

グローリアは70代半ばのジャマイカ出身の女性で、祖父がフランスから来たユダヤ系の白人だったことから、レズリーとは逆の4分の1の混血だが、カリビアンとしてのアイデンティティをもって自分自身のキャリアおよび人格の形成に努力し、カリビアン・コミュニティおよびノースケンジントンのマルチカルチュラル・コミュニティの形成発展に貢献してきた。

彼女がロンドンに到着したのは1958年。第2次大戦中に当時英領であったジャマイカからの徴兵で何年かを過ごして親近感をもっていたイギリスに行って働こうという夫の提案に賛成してのことだった。1958年といえば、ノッティングヒル・ライオットと呼ばれたカリビアン差別の暴動が吹き荒れていたときであったが、彼女たちは最初隣のハマースミス・アンド・フラム区に住んだので、直接被害にあうことはなく、暴動の後で黒人差別の中心地の一つだったアボンデール地区に新しくつくられたヘンリー・ディッケンズ・コートという区営の集合住宅群のなかの広々としたフラットに入居して、以来そこに住み続けている。

子育てが終わって、年金生活に入ったときはいったん住宅給付が出てきわめて安い家賃を払えばよい状態になっていたのだが、今はバスの運転手をしている長男が単身で同居し、彼の給料に合わせて家賃は週100ポンド(約1万8500円)以上になった。それでも彼に賃貸の権利を譲ることができるし、とてもよいところだから、とグローリアは満足している。ベランダはバラなど鉢植えの花が一杯で、区のベランダ園芸コンテストに入賞したこともあるのだという。劣悪な住宅環境のなかで、白人が新来の黒人を差別し危害を加えた50年代末からの地域改善の成果が、如実に現われた地域であり、グローリアの生活ぶりである。

ペッパーポット・クラブを築く

彼女は、途中離婚を経験するなどしながら3人の子どもを育てつつ、さまざまな職種を経験した後、補助看護婦になって働いていたが、40歳を過ぎて、区の老人ホームの職員となり、区の配慮を得て3年ほどソーシャル・サービスのワーカーの資格をとるために専門の勉強をした。当時この地域のCABの相談員として活躍していたソーシャル・ワーカーのパンジー・ジェフリーを中心に、カリビアン・コミュニティの女性たちが進めていたカリビアンの高齢者のためのデイケア・センターが1980年にオープンした際には、その資格を生かして、初代のコーディネーターとなった。既述のように、後にノースケンジントンの中心部に移転することになるこのペッパーポット・クラブは、当時は狭いところで数人の高齢者に手芸や裁縫などを教えたりしていたが、徐々にカリビアン・フードのランチクラブなどのサービスを増やし、設立メンバーとともにロンドン市長に会見して市の所有していたより大きなスペースを獲得するなどして発展させ、クラブの基礎を築いて60歳で定年退職した。今は、週2回ボランティアとしてクラブに通い、同クラブの運営委員会のメンバーでもある。区の補助金を中心に他のチャリティ資金をも獲得して、トラストとして大きく発展したペッパーポット・クラブの年次報告書には、運営委員会のメンバー10人が写真入りで載せられている。そのうち5人はカリビアンの女性である。委員長と名誉会計担当は黒人男性で、それ以外の3人は白人女性である。このような団体の経営責任をもつ運営委員会は、行政やスポンサー団体や地域の他の団体などからも入るので、カリビアン・コミュニティ以外の人々の顔も見られるのであるが、永世委員長（Life President）のパンジーをはじめ、グローリアらこのクラブを生み出して直接運営に携わってきたカリビアンの女性たちの笑顔はひときわ輝いている（Pepper Pot Club 1998）。

文芸好きの母と息子

一見おおらかでのんびりしているように見えるグローリアは、そのキャリアを聴かせてもらうと大変な努力家である。オープン・エイジ・プロジェクトの設立当時からのメンバーでもあり、今も月曜フォーラムにはほぼ毎週出席し、その後同じ教室に残って午後の水彩画のクラスを楽しむ。彼女は、ＯＡＰのなかの、文章を書くのが好きな人々の集まりであるライターズ・ワークショップのメンバーでもあり、彼女の2番目の息子は、カリビアンの少年を描いた作品でデビューして新進の劇作家として頭角を現わし、このあたりに読者の多い夕刊紙『イブニング・スタンダード』の賞を受け、仲間の知るところとなって「講師ロイ・ウイリアムズ氏はわがメンバーのグローリアの息子」との説明つきで月曜フォーラムで話をしてもらう機会も設けられた。彼女はそれをひけらかす様子もなく、相変わらずのマイペースを続けている。

差別を感じたことがあるかとの問いに、「ないわけではないが、しっかりと口を開き、言うべきことは言って、道を開いてきた」と答えた。彼女の住まいからさほど遠くないところに、Ⅲ章でふれたメソジスト教会がある。その教会は、多文化共生社会の形成のためにノッティングヒル・ライオット当時から牧師たちも尽力し、今も近隣の教会のなかでは最も社会的な問題意識をもっている。彼女はその教会の熱心なメンバーであるが、他の宗教との共生についてもはっきりした信念をもっている。どの宗教を信じていても、中心に在る神に到達するのだと、コップをテーブルの真ん中に置いて手振りで示しながら、その信条を語ってくれた。

クリスチャンの多いカリビアンのなかにも、アフリカから奴隷として島々に連れていかれてキリスト教に改宗をうながされても密かにすでに抱いていたイスラムの信仰を捨てなかった人々がいるといわれており、ユダヤ系の祖父をもつグローリアのように家族のなかにさまざまな宗教が混在している場合も少なくない。こうした状況を身体で感じながら、共生の思想を紡いだ人々こそが、マルチカルチュラルな市民社会を前進させていくことができるのである。

グローリアの人生と思想とは、まさにこの地域のカリビアン・コミュニティとノースケンジントン全体のマルチカルチュラルな福祉市民社会、さらにはイギリス全体の共生への歩みと共に在り、さらに言えば全世界のこれからの歩みを先導するものといえるであろう。

b アリス

カリビアンとの結婚

アリスは、インタビュー当時59歳。イングランド中部のデヴォンの小さな農村の生まれのイギリス人で、ロンドンに働きに出てきた両親に連れられてロンドンに来て以来ノースケンジントンに住み続け、ポートベロー通りに近いバス停の前の区営住宅に住むようになってからでも30年余という、この街とともに生きてきた人である。

あまり丈夫でなかった両親の看病などもしながら16歳から公務員として公庫のようなところで働いていた彼女は、友人の紹介で、カリブ諸島の一つであるバルバドスから来たばかりの22歳の青年と出会い、1年の交際の後、1957年に今住んでいるところのすぐ近くのセント・スティーヴンス教会で結婚する。彼女も、彼女の家族も、ふるさとで受けた教育も、教会の教えも、人間をカテゴリーでくくって差別的に見たりしない考え方であったので、彼女自身や家族に悩みはなかったのだが、近隣の目はかなり偏見に満ちたものであったという。ちょうどノッティングヒル暴動事件の頃にあたり、不動産屋の広告には「黒人、アイルランド人、犬はお断り」という但し書きが公然と氾濫していた時代に、周りに黒人と結婚したり交際したりする友人が誰一人いない状況のなかで、17歳の彼女は愛を貫いたのである。

「それはいろいろな苦労をしたけれど、やりぬいてきた。バスもトイレも台所も共同の一部屋住まいで、女性の選挙権獲得のために戦った女たちのように、人種間結婚の先駆者として戦った」

オフィスボランティアに加わったアリス

と彼女は笑う。人種差別暴動がこのあたりで燃え上がったときには、牛乳ビンを外に出しておくと窓ガラスめがけて投げつけられるので、外に出せず、牛乳が配達制でしか入手できなかったため苦労したものだという。

貫いた共働き生活

しかし彼女たちは人の目で生きるのではなく自分たちの生き方を誠実に貫いて働き、家族生活を築いてきた。彼女は40年公務員生活をして退職し年金をもらっている。夫はガラス製品や陶器の在庫管理の仕事をして、ロイヤルコペンハーゲン社で働いている。66歳だが、まだ仕事に飽きないらしい、とアリスは笑っている。子どもは娘1人で、インタビュー当時40歳。徒歩15分ほどのケンザルロードに住み、彼女もまた娘1人を育てている。見せてくれた写真によると、アリスの夫に似たすらりとした娘、そして孫である。娘は公務員だが、グラフィック・デザイナーの資格をもっていて、アリスの自宅のインテリアも彼女のアドバイスによるもの、という。気持ちのよいリビングを改めてみわたすと、きれいに塗りかえられた白壁に、夫の日曜大工の成果だという落ち着いた木の張り込みがあり、娘の描いた絵や、夫が社内値段で求めてきたガラスや陶器などが、すっきりと置かれている。2階の部屋部屋も、じつにセンスよくかつ清潔に整えられていて、着実に生活を築いてきた彼女と夫の生き方が現わされている。

住民運動への参画

彼女の家のすぐ近くには70年代まで麻薬や売春など多くの問題が公然化していたオールセインツ街があり、彼女は積極的に住民運動に参画して生活環境をよくしようとがんばってきた。この20年ほどで目に見えてよくなり、安心して住める町になり、シティ・チャレンジという区の重点的取り組みの対象ともなって、街角に犯罪防止の監視カメラも置かれるようになった。コミュニティ・センターのタベナックルも、青少年のためのスチール・パンのバンドをはじめとする文化活動の場として生かされ、彼女たち住民の意見を聴きながら構想を練って新たにオープンした。

彼女自身、50戸ほどの区営住宅の住民組織の書記長（Secretary Chairman of the Residents Association）を25年間つとめたのだが、この間に、区と交渉を重ねて、住宅の入り口の安全ベルの取り付けや、犯罪者や麻薬常習者などの目隠しになってしまう住宅前の繁みや塀をとりはらって見通しのよい柵に変えるなど、地道な取り組みをしてきた。こうした市民の活動があって始めて、安全な町ができたのであり、それは今もなお彼女たちの不断の努力によって保たれているのである。私も、夜一人でタベナックルでのアフリカンドラムのワークショップにしばしば通ったのだが、その安全は彼女たち住民の働きの賜物なのだ。

サッチャー政権のとき、公営住宅を住人が格安に買うという持ち家政策が進められ、多くの集合住宅で持ち家の人々と借家の人々とが混在するようになっているが、彼女の棟では一人も買わなかった。財産だといっても、売るとなれば大変であり、屋根や外郭の改修のときには本人が反対であっても、多数で決まったこととして多額の請求書がつきつけられるので、あまり利点がないというのが、買わなかった理由である。区営住宅でもハウジング・トラストの公的住宅でも、2、3年住めばセイフ・テナンシー（safe tenancy）が得られ、家賃を払って特別不都合なことをしない限りは家主の都合で動かされることはなく、同居していれば親がいなくなっても子どもが住み続けられるという権利が生じているのだし、購入した知人で数十万円の屋根等の修理費やエレベーターの設置費用をつきつけられて困った例がある、と彼女は語っていた(注2)。

職場が徒歩圏内にあったとはいえ、保育所に預けて子育てして働きながら住民活動で責任ある役割を担い続けて、さまざまな文化的背景をもつ人々が共生する安全な街を築いてきた彼女は、本当にたくましい。

彼女の棟の、寝室が2つあるタイプの区営住宅の家賃は、彼女たちのように満額払うと週85ポンド（約1万6000円）ほどであるが、所得補助や住宅給付を受けている人の場合はそれぞれ規定にしたがって割り引かれた額を支払い、不足分はソーシャル・サービス部門から区に支払われる。Ⅲ章で述べたように、区営住宅の他に同程度もしくはより安い家賃のハウジング・トラストがあって、人々は区役所の一括受付を通してこれらの公共的住宅に申し込むのだが、彼女たちの場合は入れるまで10年半待ったという。現在も、シングルマザーが優遇されて早く入れるのに対して、結婚している共働き家族がなかなか入れないのは不公平だと彼女は感じている。自分たちは子育てしながら働いて税金を払い続けているのに、子育てに専念して仕事をもとうとしないシングルマザーが優遇されすぎてきたのはアンバランスで、ブレア政権のもとで政策的にやや是正されつつあるのは公正だと考えている。

彼女は3人きょうだいであるが、父はすでに亡くなり、母がイングランド中部の郷里の村に帰って一人暮らしである。80歳を過ぎた母は心臓が悪く、きょうだいの1人が近くにいるのだが、看きれない。身体が弱った老人のためのナーシング・ホームは丘の上にあって、遠くていやだと母が言うので、近くに住むきょうだいやその子どもが面倒を見ているものの、ときどき彼女が村に帰ってケアしている。自分の場合は、もしも身体が弱ってしまうことがあったら、やはり夫や娘に看てほしいが、あまり負担をかけるようだったらナーシング・ホームに入るつもりだという。イギリスでも、遠くに親を抱えて苦労している人は少なくないのである。

夫婦2人で二重国籍に

とはいっても、最近退職したばかりで、ボランティアでチャリティの店で働いたり、プールで泳いだり、プールで友達になったOAPメンバーの誘いで、火曜日に自主的に続けているウォーキングに参加したり、彼女はいたって元気である。OAPの会員になるのは、60歳になって市内交通の無料パスを区からもらい、木曜のアウティングに参加できるようになってから、と考えている。夫が完全に退職したら、すでに8回も行って大好きで土地ももっている夫の郷里バルバドスにも家を建て、ここと往復しながら、ヨーロッパもあちこち旅行したい、お金が足りないだろうけれど、と半ば夢見つつ計画している。ちなみに、夫も彼女もイギリスとバルバドスと二重の国籍をとっている。このことからも、彼女の平等な感覚がうかがえる。夫のきょうだいは、イギリスとアメリカとバルバドスに住んでおり、カナダに住んでいる知人もかなりいる。故郷のイングランドの農村で身につけた着実な生活力と公正な人間愛を生かし育てつつ、コスモポリタンなこの街を創造しながらここに住んで、グローバルに人間関係を広げながら、しかも、地に足をつけて生きる、グローリア同様、21世紀の人間像のモデルのような先駆者アリスである。

なお、このインタビューの翌年60歳になったアリスは、OAPの会員となり、獲得したばかり

ワーカーの個室を背にランチ・タイムを楽しむボランティア・メンバーのレズリーとフェリーとナンシー（右から）

の高齢者パスを活用して、木曜日のアウティングに毎回参加し、モリーンの補助役をつとめて地下鉄駅で迷子になりそうなメンバーをチェックし、水曜日にはオフィスを手伝うなど、「若手」のホープという感じでボランティア役を果たしている。夫は心臓にやや支障が出て退職し、もっぱら家で過ごしており、料理をしてくれるので助かるという。故郷の母は、ケア・サービスを受けながら、姪に面倒を見てもらっているとのことである。

先にもふれたようにOAPは、この町全体の比率に比べるとはるかに白人の比率が高い組織であるが、彼女たちや、次に登場するガネシュ、木曜日の外出プログラムの常連でリード役もつとめるランドルフ、健康プログラムの常連のカリビアンの女性たち、絵画教室に現われるインド出身の活発な女性などの存在は、白人どうしの関係だけに固まりがちな高齢者に刺激を与え、この町の発展と共に育つ異文化共生感覚から取り残されないようにうながし続ける役割を果たしている。残念ながら、心の底に差別偏見をもち続けているなと感じさせる高齢者に出くわすこともないではないが、楽しく同じ場を共有して、ファースト・ネームで呼び合う経験を重ねることは、差別感覚を取り除き、少なくとも薄めていくために役立つのである。

3 難民たちの経験

イギリス、とくにロンドンは、難民や亡命者を温かく受け入れてきた歴史をもっている。国全体の政策あるいは大衆の心情としては「温かく」とは言い難い状況があっても、人権の視点から取り組む支援団体や自助グループの活動は盛んで、住宅の提供や福祉に携わる自治体の公務員にも前向きの姿勢が見られる。ノースケンジントンにももちろん、ソマリアなどの難民関連団体があり、モロッコ系の人々についても、政治難民とはいえないものの、国内の構造的な原因による経済的困難によって押し出されるようにしてやってくるという意味で、「経済難民」としてとらえる見方が広められている。他の地域に難民として入って活動してきた人々がコスモポリタンなこの街の雰囲気を知って個人的に移り住んでくるケースも少なくない。こうした人々が自分たちの集団に固まっているだけでなく、多様な人々の集まるさまざまな場で発言することによって、人々の排外意識は揺さぶられ、人権感覚が育てられる機会が多く、カリビアンへの差別感覚の克服も、広い視野から推進されてきたのである。オープン・エイジ・プロジェクトでいえば、スペイン市民戦争を逃れてきたフェリーとカイのカップルや、スリランカの民族衝突状況を逃れてき

ＯＡＰの近くのウェストウェイの下のカフェで語るフェリー

たガネシュが、前項でふれたグローリアらとともに、こうした人権感覚の原点ないし発信者としての働きをしている。

a　フェリーとカイ

バスク・チルドレンどうしの結婚

１９２３年生まれのカイと１９３０年生まれのフェリーとは、いずれもスペイン市民戦争中の１９３７年に、フランコ政権の弾圧を逃れてピカソのゲルニカで知られるバスク地方からイギリスにやってきた。いったん成立した共和制を不服とした右翼のフランコらが「愛国」と称して政府を倒し、戦火とそれに引き続くフランコ独裁が１９７０年代半ばまで続き、イギリスを含めたヨーロッパの各国はそれに対抗して、逃れてくる人々に手を差し伸べていたのである。「バスク・チルドレン」と呼ばれた約４０００人の子どもたちは、支援団体に迎えられ、集団生活を送ったり、支援してくれる家庭に引き取られて世話を受けたりした。各地を転々とした後ロンドン近くの施設で初めて出会った２人は、やがて結婚してノースケンジントンに住み、カイは商業美術の工房の一員として働き、フェリーは事務員として働いて、子ども2人を育てたり、1人を病気で亡くしたり、夜学に行ったりしながら、当時スペイン出身の女性のリーダーであるドロレス・イバルーリに率いられていたコミュニスト・パーティでスペイン解放のための活動を続けた。

　自由にスペインに帰れるようになったときには、ロンドンでの暮らしのかたちができあがっていたから、2人はスペイン人としてイギリスにとどまり続けている。ノースケンジントンには、多くのスペイン人が住んでおり、スペイン系の学校も開かれているので、2人にとって住みやすいところである（Spanish Memories Group 1993）。住まいは、ノースケンジントンの中心部にあるハウジング・トラストの賃貸住宅である。先に述べたカイの水彩画教室を楽しむオードリーとは、3軒おいた近隣どうしである。

OAPの設立

　カイの65歳の定年にあわせて、フェリーも早めに退職して年金生活に入った。2人は月曜フォーラムと出会い、とくにフェリーは中心メンバーとしてオープン・エイジ・プロジェクトの設立に関わり、以来運営委員を引き受け続けている。カイ（写真は217ページを参照）のほうは、アーティストとして絵画教室の講師やパーティなどの際の室内装飾を引き受けたり、月曜フォーラム、時事問題ディスカッション、木曜のアウティング、文章を書くのが好きな人々の集まりであるライターズ・ワークショップ等に参加している。

　ソビエトの状況に失望して党を離れた2人ではあるが、人権・平等・解放の思想をと願う思いは変わらず、かなり保守的な層も含めて幅広い人々を集めたOAPは歯がゆく思われる面もある。しかし、子どものときから家族を離れて集団生活を送り、そのなかで温かな出会いを求め、創造し続けてきた2人にとって、OAPが果たしている高齢者コミュニティとしての役割は満足のいくものである。2人は、さまざまな場面で、メンバーの一人一人を、員数としてではなく、かけがえのない一人の人間として受け止め、表情や言葉でOAPの温かな雰囲気を生み出し続けている。フェリーの青い目で見つめられ「次は何曜日にね」と言われると、人々はまた必ず来ようという気になり、ふるさとの味を懐かしむカイがポートベローでスペイン産をと買い求めてご馳走してくれる小さなみかんや、ガリバルディというビスケットは、水彩画グループの高齢者を和ませる。

フェミニズムの実践

フェリーは、全国的なフェミニスト・ネットワークであるアグローのメンバーの一人として、フェミニズムの思想を意識的にOAPのなかで実現する役割をも果たしている。ドロレスのもとで青春を過ごした2人の対等な関係と、自分でお茶を入れてくれることはあっても、座り込んで女性の手になるお茶を期待することなど絶対にないカイの態度は、OAPにさわやかな役割モデルを提供している。

難聴者としての発言

カイは、長年職場で電動のこぎりでショーウインドーのなかに飾る板を切るなどの仕事をしてきたため聴力が弱まり、補聴器をつけていても、右側からの話はほとんど聞こえない。しかしそのことも、彼が弱者の立場を理解し、ときには弱者の立場を代弁して行政などに対して発言することのできる貴重な「経験」として生かされている。元気いっぱいでトランポリンをやりたいなどと提案していたフェリーも、OAPのオフィスで転んで大たい骨を骨折し、しばらく障害状態を経験した。1年余りたった2003年2月にはリハビリの甲斐あって回復し、戦争反対の大デモンストレーションに参加できたとのことであるが、70代の半ばを越えて、フェリーも、身体的にも弱者の立場を代弁できる経験をして、いよいよ高齢者たちのためにその経験を生かしていく

日本の思い出を語るガネシュ夫妻

ことであろう。

b　ガネシュ

フェリーとカイがスペインからの難民であるのに対して、ガネシュは、アジア系の難民である。ガネシャナンダンという長い苗字を縮めたガネシュが、彼の呼び名となっている。ロンドンでアジア系といえば、もっぱらインド、パキスタン、バングラディッシュ、スリランカ等から来た人々を指す。それより東から来た人々は、東アジア系と呼ばれる。アジア系のうちヒンズーの人々は、この区から少し北に行ったところにあるウェンブリーなどに大きなコミュニティを形成して住んでおり、そのウェンブリーには近年大きな寺院がつくられて、秋のヒンズー教の新年などには、大変な賑わいを見せる。また、イスラム教徒の多い東ロンドンのアジア系のコミュニティは、若者たちがアジア系の音楽を取り入れて創造的なリズムや響きを生み出すなど、ロンドン発の文化の先端を創り出すことで知られている。

アジア系

このノースケンジントンの地域には、市議会に1人アジア系の議員の姿が見られて区議会唯一の非白人の議員として活動してはいるものの、街を歩いていてアジア系の人を見かけることはさほど多くはない。そうしたなかで、ガネシュは、オープン・エイジ・プロジェクトのメンバーにこの市民社会を構成する住民たちがもつ立場の多様性を伝える貴重な存在である。

スリランカからの難民

ガネシュは70代のスリランカからの難民で、1980年代の民族紛争の激化によりすべての家財を捨ててここへ逃れてきた。若い頃、1966年から3年間日本に留学し、大阪外国語大学で1年日本語を学んだ後東京大学の農学部の修士課程で2年間獣医学を学んだ。妻や幼かった長男も同道したとのことで、彼は今も日本語がかなり上手である。初めて月曜フォーラムで日本語で話しかけられたときには、びっくりした。彼の住まいはノースケンジントンの中心部の区営住宅で、妻は少し前まで仕事をもって働いていた。招かれてカレーをご馳走になったときには、日本から訪れた恩師が持参したという懐かしい演歌のテープをかけてくれた。ヒンズー教徒である夫妻は、ロンドンでも手でカレーを食べていた。

難民センターの活動

彼は、ロンドンに来たときにはすでに視力が落ちかけていたこともあり、専門を生かすことはせずにスリランカ系を中心とする難民受け入れのためのセンターをロンドン北部に設立してディレクターをつとめてきた。退職後の70歳を過ぎた今も、ボランティアとしてそのセンターに関わり、週2日ほど通っている。ガネシュは、OAPに参加してさほど年数が経っていないにもかかわらず、推されて、会員側からの運営委員数名のなかにただ一人の男性、非白人、障害者としての立場を担って参画した積極的なメンバーである。この地域に10年余り住みながら、あまり近隣との交流がなく、親族と仕事の場でのネットワークのなかで暮らしてきた彼にとって、市役所で見つけたビラをきっかけとしたＯＡＰへの参加は、定職を退いた後のコミュニティへの参画の機会を開くことになった。

ベター・ガバメント・フォー・オールド・ピープルという、中央政府により進められている、高齢者の意見を聴いてより住みやすい社会をつくろうという事業があるのだが、彼はプロジェクトから推されてＯＡＰ代表として参加して、高齢者市民の立場から交通の改善のために提言したり、ＯＡＰの南のグループに招かれて話をしたり、さらには中央図書館で行なわれた高齢者問題に関するパネルディスカッションへの出席を依頼されるなど、定年退職後の新たな活動の場を広げている。本や新聞を読むためには図書館やもとの職場に行って拡大器を用いなければならないという視力のハンディキャップは、カイの難聴と同様、彼の発言の一つのベースとなっている。

弱視者としての発言

難民となって故国でのエリートとしての生活を捨て、さらに弱視という運命を背負ったことによって、人権意識を強め、思慮深さのにじみ出た風貌と明確な発言力で、ノースケンジントンの福祉市民社会のなくてはならないメンバーとしての影響力を増しつつあるのである。

月曜フォーラムや金曜日の時事問題クラスといったいかにも彼らしいプログラムの他に、２００年になって彼は公園でのウォーキングにも時折参加するようになった。ほとんど白人の女性ばかりのところへ、ただ1人アジア系の男性が参加して、長年ＮＰＯ団体のトップをつとめてきたなどということを感じさせない謙虚さを示しつつ自然体でティータイムの会話を楽しむ様子は、いかにもこのグループらしく、ほほえましい。難民という言葉は知っていても、現実に難民の人と知り合って親しくその経験やそれにもとづいた意見を聴くということは、イギリス生まれの高齢者にとってそうしばしばあるわけではない。そうしたことがごく自然に起こってしまうのが、

ＯＡＰのおもしろさであり、多彩な経験をもつ人がいればいるほど、グループのメンバーの視野は広がり、政治的な世論形成の手助けともなるのである。

4　コミュニティ・ワークの世界

コミュニティ・ワーカーという仕事

これまでに述べてきたような、強力な市民が存在するのだから、ボランティアだけで多様な活動が花開く、と考えるのは早計である。市民の活動をプロフェッショナルとして助けるコミュニティ・ワーカーがいてこそ、しっかりした活動が展開されることは、参与観察を通して見てきたとおりである。コミュニティをよくする仕事は、公務員として、あるいはせいぜいのところ全面的に行政からの補助金でまかなわれる非営利組織というかたちでやるのだろうと考えるのも、視野が狭い。もちろん、それらの場にみずから市民意識をもって活動する職員がいないと決めつけるわけではないが、たとえ行政からかなりの資金が出されていても、天下りや出向を排して、独立の立場で仕事をする仕組みがつくられ、そこに市民のニーズを大切にしながらコミュニティへの夢をかたちにしていくプロフェッショナルがより広く活躍する場が存在し、そうした場での活動をめざして多様な人材が集まってくるようでないと、福祉市民社会は発展しないのである。

ＯＡＰのような当事者の自助活動であっても、市民は多忙であり、たとえ時間があっても体力その他能力の限界があって、ボランティアだけでは活動が限られてしまう。そこでみずから市民意識をもちつつプロとしてのスキルを生かし責任をもって市民とのコミュニケーションを重ね、目標を明確化してその実現をはかるコミュニティ・ワーカーが必要なのである。

イギリスには、チャリティ委員会のチェックを受けたNPO組織が多数あり、ハウジング・コーポレーションに結集したハウジング・トラストにもコミュニティ・デベロップメントのためのワーカーを受け入れる可能性が開けている。さらにウェストウェイ・デベロップメント・トラストのようなコミュニティ・デベロップメントそれ自体を目的とするトラストも発展してきており、多数のコミュニティ・ワーカーが全国の地域社会で働いている。とくに、大都市の、とりわけコミュニティ・デベロップメントが必要とされてきたノースケンジントンのようなところには、数え切れないほどの人々が、多様な組織にフルタイムあるいはパートタイムで所属して、職業として福祉市民社会を活性化させる働きをしている。

組織のトップから、駆け出しのアルバイト、あるいは学生のインターンまで、立場はさまざまである。地位の安定や高給を求めず、シンプルな生活ができる程度の給料さえあれば、やりがいのある仕事を追求して地球の果てまでも行く、という人々が、身近なコミュニティのなかにもフロンティアを見出し、働きの場を創り出していくのである。これまでの仕事にあきたらない人々も、仕事を失った人々も、生き方を探している学生も、ボランティアやパートタイムやインターンから始めて、やがてプロへの道を歩みだす。ここでは、これまでにも登場してきたOAPの創設者のモリーンと新しいディレクターのオリーブの2人に焦点を合わせ、さらに若いワーカーのヘレン、学生のインターンのスワーティやモハメッドにも目を向けてみよう。

バカンスから帰って元気一杯のモリーン

OAPの創設

a モリーン

モリーンは、先にも述べたように、1993年にオープン・エイジ・プロジェクトを高齢者たちと共に立ち上げた人である。戦後のベビーブーマーとして郊外住宅で育ち、社会をよりよくしたいという熱気で溢れていた60年代に多感な少女期を過ごした彼女は、やがてノースケンジントンに住んで美術やファッションの勉強をして、裁縫の教師になり、3年ほどで学校教師を辞めてオーストラリアに行ってコミュニティ・センターで住民のために働き、ロンドンに戻って他の区でソーシャル・ワーカーをした後、高齢者教育の講座の責任者のポストに応募してこの区での仕事にやりがいを感じていた。ところが、予算が切られてクビになったので、それを惜しむ参加者たちとともにNPOを立ち上げたのである。彼女の他にも、美術や舞踊・音楽などの勉強をして、それでは食べられないので創造的な仕事を求めてコミュニティ・ワーカーになったという人は多く、最新段階でのOAPスタッフ6人のうち4人までがそうだという。

ペーパーワークよりも出会いと創造を選択

始めた頃に比べるとＯＡＰでは、ペーパーワーク、つまり書類づくりの仕事が多くなり、目標を細かく設定した計画書やそれと照らし合わせての報告書を資金提供源に向けて作成することに人手が必要になった。新しい企画でないと資金を獲得しにくいので、ＮＰＯも絶えず新規事業を考えて拡大せざるをえない状況になっている。そうした状況と自分との関わり方を見定めて、彼女は資金調達を新たなディレクターに委ねて実際のプログラムを創り支えていくコーディネーターに専念する道を選んだ。心底自分はデスクワークに向く人間ではなく、人と人との出会いを生み出し、新しいことを創造していくのが好きな人間だ、と２００３年の初秋にバカンスからの彼女の帰りを待って改めて行なったインタビューで述懐している。

運河を楽しむプロジェクト

彼女は最近、ウェストミンスター区からの予算で、同区に新しい活動を拡げつつある。自分自身もオフィスから自転車で15分ほどのウェストミンスター区の一角に住み、ノースケンジントンとウェストミンスター区を隔てる古い歴史を秘めた運河を越えて通勤している経験を生かして、今春、キャナルサイド・プロジェクトと呼ばれる活動を立ち上げた。その経験を、彼女は目は輝かせて語る。あらかじめ会合を開いて運河の両側から集まった70名ほどの会員のなかから企画を募り、運河を船でさかのぼったり、運河のほとりを毎週ウォーキングしながら空き缶拾いをしたり、運河の近くの聖チャールズ病院の一見なんとも古めかしい建物の屋上近くに秘められている素晴らしいジムでフィットネスをしたり、といったプロジェクトを、２ヶ月ほどかけて行なったのだという。日頃２つの区に分かれて住んでおり、同じＯＡＰのメンバーでありながら、運河の向こうとこちらの拠点で顔を合わせることなく活動している人々の間に、新しい出会いを創造したのである。

対等な人間関係のなかのリーダーシップ

コミュニケーションと、熱意（enthusiasm）と、励まし（encouragement）こそがコミュニティ・ワークには必要なのだと彼女は強調する。Ⅳ章４節でも紹介したように、この場合のコミュニケーションには、情報提供と対話が含まれていて、一対一の相互作用のなかで情報が伝えられていくことが大事だと考えている。そして、あちこちで出会いがあり、ネットワーキングが行なわれてこそ、コミュニティは活性化され、人々の老化も防止されて、死に至るまで出会いのなかで生きていくことができることを、彼女は高齢者一人一人の生を支えつつ日々実感している。

モリーンは、参加者全員のファースト・ネームを覚えてしまう。少なくとも彼女が直接接する範囲に現われる高齢者については、彼女が姓で呼びかけたり、名前を忘れて曖昧に口ごもったりするのを見たことがない。名前を呼ばないと、コミュニティの雰囲気づくりは進まない。というわけで、すばやく名前を覚えて、ファースト・ネームで呼び合う関係づくりをさりげなく率先している。このモリーンのやり方は、楽しい関係づくりに貢献している。先にも述べたように、OAPは、ニューズレターに新入会員として紹介されるときから、会員についてはいっさいといってよいほどファースト・ネームばかりである。ワーカーについては、署名入りの報告に関しては苗字も載せられるが、記事のなかに登場するときはファースト・ネームであり、プログラムには地域ごとの担当者の名をあげて、モリーンまでどしどし電話で問い合わせてください、といった具合である。ヨコ型の対等な人間関係を求め、しかもプロフェッショナルな専門性やリーダーシップを発揮していく姿勢が、コミュニティ・ワークの基本なのである。

有給ワーカー職確立への願い

彼女からは木曜日のアウティングのときなどに何度か話を聴いているのだが、あるとき彼女が、高齢者にプロフェッショナルのワーカーの存在意義を理解してもらうのが難しい場合があると語ったことがある。高齢者のなかには、アッパークラスの女性が温情的にチャリティに関わり、ミドルクラスの女性が無給のボランティアとして働いていた時代の記憶が根強いためである。たしかに、ミドルクラスの女性が無償の奉仕者としてのみ定義づけられることをやめ、ワーキングクラスも新しい職業としてのコミュニティ・ワークに参加するようになって、無償のボランティアに担われていたサービスが、有給のワーカーに担われる場面が増えてきている、という時代の流れを理解するのは、ある種の高齢者には難しそうである。ワーカーが給料をとることによりトラストなどから得る資金が高齢者に還元されるのを妨げているかのように語る会員にさえ、ＯＡＰに関わり始めた頃に私は会ったことがある。オフィスに来てスタッフの活動ぶりを見ていれば考え方も変わってくるのであるが、周縁で仲間内で固まって特定の活動にだけ参加していると、昔の観念から抜けきれないのである。そうした状況のなかで、見えにくい無償労働であったコミュニティ・ワークというものを、社会的に有用な「労働」として位置づけていくことは、福祉市民社会の発展のために不可欠である。コミュニティ・ワーカーは、無償の献身者であることを脱して、有償の労働者としての位置づけを確立する必要がある。プロフェッショナルとしてしかも温かな人間性をもった仕事ができるよう、コミュニティ・ワーカーとは何かをみずからに問いつつ、自分たちの職業についての社会的理解を求めていく必要があるし、現場のコミュニティ・ワークを職業として成り立たせるための財政基盤を用意する財政担当のプロを導入して協働関係を築くことも求められてくる。先に述べたＯＡＰの組織改革は、モリーンのワーカー職確立への願いをかたちにするための方策でもあったのである。

山登りで鍛えたパワーを発揮するオリーブ

資金調達のプロフェッショナル

b　オリーブ

ディレクターのオリーブは、このような背景のもとに２００１年の春、新聞広告による公募によって採用され、ＯＡＰに迎えられた。若い頃この近くにあるロンドン・ダンス・ドラマ・カレッジでダンスの教師の資格をとり、出産で退職して後に成人健康教育の分野に復帰し、高齢者のホームでダンスを指導したところからチャリティの世界に入り、コミュニティ・センターの全国組織で、コミュニティ・デベロップメントに関する助言をする要職を長く経験したという。そんな彼女は、ＯＡＰの資金調達と管理運営にふさわしい経験の持ち主である。

２人の大きな息子がいて、50代後半の、モリーンよりも年上の彼女は、気兼ねなく持ち味を発揮して、モリーンとも安定したパートナーシップを築いている。会員との関係づくりにも努力して、２００３年に入ってからは、春秋２回ほど、自分が育った遠く都心を離れた谷あいの自然のなかに足の達者な会員を案内して一日山野を歩き回るランブリングのリーダーをつとめ、新しい交わりの場を開いている。

資金調達の側面では、ワーカーのほぼ全員をフルタイムにするだけの予算を獲得して、期待に応えている。それだけでなく、彼女は期待以上の大仕事として、ニュー・ホライズンというプロジェクトの総責任者を引き受けた。シックスティ・プラスとOAPの共同で、区の南部の古いハウジング・トラストの住宅群の一角にある60歳以上の高齢者向けの古びたデイケア・センターをガラス張りの居心地のよいスペースにモデルチェンジして、機能を拡大し、50歳以上の人々の健康や余暇生活に関する相談や情報提供と交流と学習のために新しい場を開くプロジェクトを提案し、区長のバックアップを得た特別のチャリティ事業として採用され、ローカル新聞のトップを飾ることになったのである。区当局も力を入れて支援するのだが、箱をすっかりつくってくれるというわけにはいかず、内装その他の工事費およびできあがってからの運営費の一部まで、オリーブの資金調達の手腕に期待がかけられているのだという。

ニュー・ホライズン

区の南部は高齢化率が北部より高いのだが、北部に比べると豊かな人々が多く、富裕層の住む住宅の間に挟まった古い集合住宅のなかに住む労働者階層はひっそり暮らして孤独のなかで老いていく傾向が強い。そうしたなかで、この地域で活動していたNPOも力を失い、運動を立ち上げて自力で状況を打開するだけのエネルギーも乏しい。そこで、北部から南部に進出してコミュニティ・センターにデスクを借りて活動していたOAPが、本腰を入れて関わろうとしているのである。OAPの自前の拠点ともなり、活動スペースも豊かで、デイケアも含めた高齢者の健康のためのセンターでもあるという、ニュー・ホライズンと名づけられる予定の文字どおり新しい地平となる公共空間を創り出そうと、彼女は張り切っている。

この話を聞いたとき、区からの補助金の見返りとしてトップダウンで区の計画に組み込まれたのではないかと私は一瞬疑問をもったのだが、もう一つの責任団体であるシックスティ・プラスのコーディネーターのシンシアによると、シンシアやオリーブがお茶を飲んで話し合うなかからぜひやりたいと打ち出された発想に区長のバックアップが得られた、ボトムアップのプロジェクトであるという。女たちがマグカップ持参で集まり、紅茶とビスケットで語り合うなかで、アイディアが生まれ、実ろうとしているのである。

Ⅳ章1節でもふれたように、経済的な豊かさに関しては南北格差があるが、情報や相談ということに関しては北南較差が大きい（Royal Borough of Kensington and Chelsea 2001）。問題が多かったからこそ、区の北部には法律から健康まで多くの情報相談の場、あるいはそうした機能を含む市民活動が立ち上げられてきており、高齢者関連も例外ではない。シックスティ・プラスもオープン・エイジ・プロジェクトも拠点は北にあって、南にはわずかにその活動の一端が届いているだけといった状態は、そうした全体的な北南情報相談格差の表われである。その格差を埋める力がにわかに南部の市民のなかからわき出てくるというわけにはいかないし、エイジ・コンサーンのような全国レベルの巨大なＮＰＯに期待することもできない。南部をなんとかしなければならない、と区も考えて、先の提案を受け止めたものと思われる。

もともと他者のためにことを始めたわけではなく、自分たちのほしいものを自分たちで獲得するという自助型の活動が結果として他者のためにもなるというかたちで活動を展開してきた北のメンバーのなかには、かなりためらいも見られるが、議論を尽くして決定した以上協力しようと、大きくなっていく自分たちの組織の力に驚きながら、オリーブの手腕に期待を寄せている。オリーブをディレクターに迎えた以上、彼女と夢を共にして、北にすでに共有している顔の見える関係を超えて、まだ見ぬ南の孤独な高齢者たちを含めたより大きな「私たち」の創造に向かって、歩みだそうとしているのである。

若者たちの憧れ

モリーンとオリーブがＯＡＰに関わるトップクラスのコミュニティ・ワーカーであるのに対して、より若いワーカーがどんどん入ってきては交代していく。ここで強調しておきたいのは、コミュニティ・ワーカーという仕事が憧れの職業だということである。モリーンが戦っている偏見は高齢者のなかに残っているものの、時代は大きく変わり、福祉市民社会のなかの職業イメージが若者たちの間には浸透しているし、やりがいを求める人々の転職や子育て後の再就職のターゲットでもある。

たとえば、知人のアフリカ系の若い女性は、事務の仕事をしているのだが、人間が好きなのでなんとかワーカーになりたいと、せっせと履歴書を書いては応募し続けていた。大学の専門教育が皆無というわけではないが、多くはさまざまな仕事を辞めて、週何回、何ヶ月雇用といった不安定なポストを獲得して他の仕事とダブルワークをすることからこの道に入るのである。トラストなどから特定の目的のための資金を獲得した組織が、パートタイム・ワーカーの募集広告を新聞などに出すのに応募して、採用されると、ワーカーとしての仕事にいそしみ、所定の日以外は他でアルバイトなどをして生活費を稼ぐ。雇用期間が切れたり、自分のイメージに合わない仕事だと考えたりすると、他のポストへ応募して移っていき、この道でのキャリアを積み重ね、やがてフルタイムのワーカー職を獲得し、ときにはワーカーとして海外までも出かけていくので

カラフルな布でパックの壁を飾り、笑顔一杯のヘレン

パートタイム・ワーカーからフルタイムへ

ある。

c　ヘレン

ヘレンは、そのような若者の動きを知るうえで興味深い存在であった。最初、彼女は、ＯＡＰがハウジング・コーポレーションから得たシェルタード・ハウジングのコモンルームの活用促進プロジェクトの資金によるパートタイム・ワーカーとして、ＯＡＰに採用された。彼女は、まったく「福祉」に関して私のなかに刷り込まれたステレオタイプとは縁遠いスタイルで、思い切り胸を開けたノースリーブのブラウスにミニスカートといった服装で登場した。たちまち温かい笑顔で人気を集め、シェルタード・ハウジングの住人で自分のところで新しいことをやりたいというメンバーを見つけては、新しいコースを試みにつくって仕掛け人として働いていた。その限定雇用期間が終わる頃、ポジティブ・エイジ・センターのコーディネーターが海外にコミュニティ・ワークの仕事を見つけて辞めることになったので、ヘレンが交代し、翌年からセンターのための

資金が増額されて週5日開けられるようになり、ヘレンは他でやっていた美術の講師のアルバイトを辞めてOAP専属のフルタイム・ワーカーとなったのである。

アートを生かす

私がインタビューしたのはこの頃だったのだが、それまで舌をかみそうに長々しい名称のままで呼ばれていたポジティブ・エイジ・センターは、この頃から改めてパックという軽やかな略称で親しまれるようになり、彼女のデコレーションで見違えるようにセンスがよく大胆でカラフルでしかも温かなスペースに変身し、講座も多様化し、ビラなども魅力的になっていた。給料は高いとはいえず、公務員のように特別安い住宅には入れたりはしないから暮らしは大変で、自分はかなり郊外の家賃の安いところから通っているけれども、人と人との関係を結び合わせて街をデザインしていく仕事は大変クリエイティブなので、この仕事にやりがいを感じていると語っていた。やがて2年ほどして、彼女は、惜しまれながら、先駆的な町ノースケンジントンでの経験を履歴書に記し、自宅近くにコミュニティ・デベロップメント・ワーカーの職を得て、キャリアアップしていったのである。彼女の後のポジションにも、アート領域の出身者が採用されており、相変わらずPACは大胆で心和むポスターや作品で飾られている。

d スワーティとモハメッド

インターン

2003年夏に訪れたときには、さらに若々しい顔がスタッフに加わり、大変な人気で、1年の任期を終えて交代するところだというので皆に惜しまれていた。さっそくインタビューしたスワーティは、風光明媚な海辺の保養地として知られるブライトンの大学でコンピューターを専攻している学部3年生であった。イギリスの多くの大学では、3年になる前に、大学に来る求人のなかからインターン先を選んで採用試験を受け、3年次の間はそこで研修しながらレポートなどを大学に提出し経験学習の単位を得て、4年次は大学に戻り、仕上げの学業を修めて卒業する。サンドイッチ・プログラムとも呼ばれ、学生の視野を広げるうえで優れており、日本にもぜひ取り入れたいシステムである。経験学習の計画書さえしっかりしていれば、インターン先は、外国でもよいのだというが、インターンに出ている間も大学に授業料の半額を納める必要があるので、しっかりした給与の得られる職場を獲得する必要がある。

そんなわけで、アフリカ育ちのインド系の父とインド生まれのインド人の母の間にロンドンで生まれたスワーティは自分の条件にかなったOAPの求人に応募し、めでたく選ばれた。コンピューター関係の職場は他にもあったのだが、彼女は祖父にコンピューターを教えた経験があったので、とりわけ高齢者のコンピューター教育に関心をもってここを選んだ。期待どおり、彼女はここで多くの素晴らしい人々に出会い、多くの経験を得たと大満足で、高齢者たちのほうも難しいテクニックを彼女の手助けでどんどん身につけることができて、ウェイティングリストに載せられっぱなしでクラスに入る順番がまわってこない人々の不満を除けば、一同大満足という1年を過ごしたのである。とりわけ80歳を過ぎたケイトは熱心で、写真を入れた自伝を創ったり、詩集を編んだり、クラス以外の時間もコンピューター室にやってきて長時間スワーティの指導を受けていた。

スワーティは、さまざまな経験を積みながらコンピューターをベースにキャリアを積んでいきたいと思っており、日本に行ってしばらく英語を教えたい、といったことも彼女の人生プランの

ジョニー（中央後部左側）も顔を見せたスワーティの送別パーティ

なかには入っている。そうした求人も大学には来るのだという。チャリティとコンピューターを結ぶ仕事というのも、収入は多くないけれど、発展する領域であり、またやってみたいと考えているという。

モハメッドへのひきつぎ

彼女が大学に帰っていく日には、オフィスとフロアを同じくする各組織が共同で使っている会議室で、異例なほど盛んな送別パーティが開かれた。運営委員長のジョニー・ベバリーも現われ、ディレクターをはじめとするスタッフも、オフィスボランティアや彼女の生徒だったメンバーも多数出席した。日頃のOAPの活動では見かけないアッパーミドルふうのスーツ姿の高齢男性もけっこういて、高齢者向けのコンピューター教育がいかに強く求められているか、しかも人と人とのつながりのなかで求められているかを物語る盛況ぶりだった。彼女の後任として採用されたのは、サウジアラビア出身の父とイギリス人の母をもつかわいらしい男性のモハメッドである。スワーティと同じ大学の後輩の彼は、日本語を習っており、日本のアニメのファンだとのことで、コンピューター教室に立ち寄った私にコンピューター画面に動く日本の男の子向けのアニメ

メンバーの作品が飾られた教室でひきつぎをするスワーティ（右）とモハメッド（左）

『アキラ（AKIRA）』を見せてくれた。彼もまた、スワーティのように、コンピューターにコンプレックスを抱く高齢者たちに、親しみやすい笑顔で、新しい可能性を提供していくことであろう。

自己実現を求める若者たち

古い時代の偏見が壊されて、ワーカーという仕事が憧れの職となり、有能な人材が入ってくることによって、街は活性化される。なんとなく既存の組織に縛られるのはいやだと感じてアートなどを学び、組織に入らないで、日本でいえば「フリーター」ふうの生活をしていた若者たちも、社会という新しいカンバスを得て、思い切り創造の絵筆を振るうことができるし、経験を求めて世界を旅する若者たちも、組織のなかで生きがいのなさを感じていた人々も、自己実現と成長のための経験の機会をそこに見出すのである。このようにして福祉市民社会は、多様なサービスを求めている市民のためにも、自分らしい仕事を求めている人々のためにも、チャンスを提供している。

もちろん行政がＮＰＯに過度に依存して公的なサポートをないがしろにするようではいけないし、ＮＰＯの財源もある程度安定していく必要がある。ペーパーワークにあまりにも大きなエネルギーが奪われ、しかも絶えず過大な不安がNPO組織を蔽うようであってはならない。適度の不確定要因を刺激として、市民の創造性を柔軟に生かしていく場としてNPO活動を花開かせ、数多くのワーカー職を創り出し、ワーカーと協働して働くボランティアを、さらに多く生み出していくことは、OAPのような時代を先取りしたNPOの課題でもあり、イギリス社会全体の課題でもあるといえよう。

5　育ち続ける個人と社会——いしぶみから地平線へ

自我形成と社会形成の相互作用

以上、OAPに関わっているメンバーやワーカーのインタビューを通して、人々が、自分自身の自我を大切にして、高齢者は高齢者の、働き盛りは働き盛りなりの、そして若者は若者なりのライフステージにおける一人の人間としてのニーズに即して、自己実現の場、自分探しの場としてNPOに関わり、その活動を通して福祉市民社会を創り育てている状況を見てきた。これらの人々は、問題山積の地ノースケンジントンをよりよくしようと意気込んでこの地に集まってきたわけでは決してない。親類縁者がいたから、比較的安価な住まいが提供されていたから、やりたい仕事の求人があったから、などの事情で、偶然この地にやってきて、偶然とも必然ともいえる出会いをこの地で果たし、OAPという焦点を見出してそこに力を注ぎ、共にコミュニティを創る営みに参加しているのである。この参加を通して、これらの人々の自我は、より力強くしなやかに形成され、その人らしさを増している。同時に、ＯＡＰという組織も、ノースケンジントンの社会も、さらにはケンジントン・アンド・チェルシー区全体も新しい営みを加えて、コミュニティとしての広がりと厚みを増し、ネットワークはさらにアメーバ状に区の境を越えて展開している。そして、人々の人生の歴史が社会の歴史のなかに埋め込まれて、自我形成と社会形成との相互作用がさらに続いているのである。

ホーニマン・プレザンスのいしぶみ

ノースケンジントンの最北の運河に近いところに、ホーニマン・プレザンスというスペースがある。公園というよりはコモン、あるいは広場といったほうがよいような樹木の少ないスペースで、広々とした芝生の一隅にバラのパゴダがあり、子どものための大きな砂場やアドベンチャー・プレイグラウンドがあって、南の端に石のアートを配した一角がある。向き合って置かれた石造りの椅子の真ん中に置かれたくぼみのある石には、「繰り返し繰り返し雨水に満たされて小鳥が水浴びできるように」と、ダーンジャルというインド出身の彫刻家自身の言葉が彫られている。地面をよく見ると、敷石のいくつかに文字が見える。南アフリカ、スペイン、アイルランドなど出生地の名をあげたものもあるし、この地で幼子を亡くした悲しみを言葉にしたものもあり、「愛の思いこそ鞭よりも力強い」というジャマイカのことわざを綴ったもの、平和と共生への切望を表現したものなどがある。インタビューに登場したレズリーや、フェリー、グローリアなどが、インド出身の彫刻家からのＯＡＰへの求めに応じて渡した言葉を彫ったものだという（裏表紙カバーの写真を参照）。無名の人々の思いと行為の積み重ねがつなぎ合わされ、相乗効果を発揮して、コミュニティがより住みやすい生きがいのあるところへと創り変えられ、住み継がれていくことを象徴したいしぶみである。

一隅から全体に目を転じると、次ページの写真のように、コモンと呼ばれることもある共有空間がそこに開けている。日曜日に人々が集まってランチを食べていることもあれば、木陰で昼寝をする人もあり、コンサートが開かれたりもする、まさに共同性をそこはかとなく確かめ合うことのできる共有スペースである。ホーニマン・プレザンスの場合、北側の道路でスチール・パンの街頭コンテストが開かれるため、カーニバルの前日の夕暮れには、いつ始まるともない競演をビールを飲みながら待つ人々で埋まり、翌々日には若者向けの人気アーティストが出演するコンテストが一日中続く。賑やかなコミュニティ広場なのである。この広場の片隅の敷石にみずからの生の証しを刻んで、静かにこの町を退場しようとしていたOAPの高齢者たちは、OAP設立10周年を迎えた今、より大きな広場に出て新たなコミュニティを創ることを期待されている。先に記したように、区の北端の沈黙のいしぶみから南端の賑やかなセンターというより大きなモニュメントづくりへと、ドラマは展開し、高齢者たちは改めて身体を鍛え、心を結びあって、北部の目に見える関係から、南部のまだ見ぬ高齢者たちを包み込んだより大きな「私たち」のコミュニティの形成に向かって歩みだし、新たな地平を開こうとしているのである。

その歩みは、必ずしも平坦ではないかもしれない。高齢者たちは、広い地平に出て行くために次ページの写真の中にあるような柵を、少なくとも2つ乗り越えなければならないだろう。一つは地域にまつわる階級的イメージのステレオタイプであり、もう一つは健康にまつわる差別感である。

地域間の階級的ステレオタイプ

第一の柵は、北の高齢者たちの一部が抱いている、「南の住人は金持ち。何で私たちがあの人たちのために?」という思いである。実際には、ロンドンの都心部ではかなり住宅が混在しており、チェルシーやサウスケンジントンといった華やかな名称の区の南部にも労働者階級の住まい

ホーニマン・プレザンスのいしぶみのある一隅から広場に向かうところにある牧場の境界を模した柵

は存在していて、ニュー・ホライズンが開かれようとしているギネス・トラストはまさにそのような天井の低い古びたトラスト住宅群なのである。この偏見の柵は、行って向こうの高齢者と話してみて確かめればすぐにわかることなのだが、偏見にさえぎられて足を運ぼうとしない人々がこのイメージを壊すためには歴史的・社会的な認識をふまえたしっかりした情報提供が必要だと思われる。

「弱った高齢者」への忌避感

もう一つの柵は、老化を予防して健康の状態に踏みとどまっている高齢者たちが抱く、脆弱な高齢者たちへの差別感と忌避観である。ラドブロック・グローブの通りを隔て、一方には、心身の弱った高齢者のためのデイケアと60歳以上の高齢者のためのランチクラブとを含むエピックスがあり、他方にはオープン・エイジ・プロジェクトやシックスティ・プラスがあることについてはすでに説明したが、後者は50歳以上で老化を防止したい人や60歳以上でボランティアをしたい人、つまり「達者な」側の人々の集まるところであって、そこにやってくる人々のなかには通りの向こう側のランチクラブに寄り付きたがらない人も含まれている。もちろん、インタビューに登場した人々にはそのような思いはないし、他の会員のなかにも十分に自己管理の努力をしたうえでもなお遭遇するかもしれないみずからの老いにまつわるさまざまな可能性や死を見つめて、弱った高齢者と席を共にしたり手助けしたりする人々も少なくない。しかし、なかには、みずからの老いへの恐怖を重ね合わせた根深い忌避感を、デイケアに来ている痴呆や車椅子の後期高齢者に対して抱いてしまう人々もいることは否めない。こうした高齢者どうしを隔てる柵を乗り越えるためには、人間の生と死を見つめるための老いをテーマとした深い学習が必要だと思われるし、これからニュー・ホライズンを利用する区の南部の人々のためにも、バリアを乗り越えるための学習が必要とされるだろう。このような課題は、ＯＡＰのメンバーにとって、さらなる挑戦の機会となるかもしれない。これまでの蓄積のうえに、ＯＡＰがこの2つの柵を乗り越えて、さらに発展を遂げていくことが期待される。

well-beingを深める連帯に向けて

「老い」は、階級を超えてやってくる。そして、「死」は元気な高齢者にも必ず来るのである。老いと死に向けてさらに深い社会的・人間的な連帯を創り出すという課題は、ＯＡＰの人々だけでなく、21世紀の社会を創る私たちの主体形成における大きなテーマだといえるであろう。

ＯＡＰの人々、そして福祉市民社会の構築に関わる人々が追求しているものを一言で言い表すとすれば、自分と他との well-being であると思う。「幸福・福利・健康」という意味をあわせもつ well-beingは、「幸福・幸せ・喜び・満足」といった具合に心理面での満足感を連ねた happiness よりも具体的な幸福感である。抽象的な幸福感ではなく、身体と心の健康を含めた心地よい生活を求めた言葉である。その心地よい世界のなかに、弱者の極みに近づいていく後期高齢者との階級を超えた連帯感がさらに加わって、老いの現実から目をそらそうとする気持ちが取り去られ、共生の感覚が広げられていくとき、高齢社会はさらに深い味わいと輝きを増していくのではないだろうか(注3)。

注

1　1899〜1902年にアフリカ南部で起こったオランダ系入植者ボーア人の国に対するイギリスの侵略戦争。黒人にも多くの死者を出したことに対して、100周年にあたりイギリスはエリザベス女王のいとこのケント公が訪問して謝罪している。

2　サッチャー政権が強く推進した公共的住宅の売却政策は、ミドルクラス志向の人々の心をとらえたが、年月が経過した今、修理費の負担に耐えかねて売却する例が少なからず見受けられる。住宅の値上がりが続いているため、サッチャーにあおられたことをこぼしながらもそれなりの金額を確保して次の人生に移っていく人々が多いが、住宅バブルがいったんはじければ悲劇を生むであろうと思われる。しかし、相当のゆとりがある階層で公営住宅に住み続け、子どもに賃借の権利を譲りたいという人々に、強制ではなく購入を勧め、所有権と引き換えに修理費の負担を求めることによって公的支出を削減し、新規の公共的住宅の建築費にまわすという仕組み自体は、ある程度の合理性をもっており、社会全体の資金の流れのバランスをとるための手段として定着し、市・区営住宅でもハウジング・トラストでも同様のやり方がとられている。従来から住んでいるフラットの住人への売却の他、ハウジング・トラストが新しく集合住宅を建設する際に、当初から賃貸と、トラストと居住者との共有(Shared Ownership)によるものと、完全買取りのものとを混合させるプランが立てられる場合もある。そのことにより、当初の工事費や、将来の屋根・外壁・共有部分などの修理改善費を、負担できる住人には負担してもらい、ハウジング・トラストの負担が軽減された分の資金を、シェルタード・ハウジングなどの建設費にまわそうという方針なのである(Notting Hil Housing Trust 2001/2002)。

一代限りの賃借者と、セイフ・テナンシーと呼ばれる賃借権の保障を得て親から子へと住み継いでいく人々と、住宅の一部あるいは全部を売却可能な財産とする人々とが混在する集合住宅の運営は、マイペースの個人の自我の確立を必要とするが、イギリスの社会ではそれが可能なのであろう。

3 2007年9月に、完成して活動を始めたばかりのニューホライズンのヨガ教室に参加した。運動に好適で、椅子を出してくれれば文化的なプログラムにも使える、広々としたお洒落なスペースが2階に設けられ、エレベーターで容易にアクセスできるようになっている。1階にはコンピュータ教室と並んで広いカフェがあって、予約なしで安く食べられる軽食が用意されており、Ⅲ章5節で紹介したエピックスなどにみられるような、車いすの高齢者のデイケアに特化した部屋はない。身体的な面での介護予防にかかわるゆったりとしたスペースと、メンタルな面での介護予防のためのランチクラブやコンピュータ教室を中心に、できるだけ長く自立して生きていこうという高齢者のニーズに応える新たな地平が開かれようとしており、多分化的な構成のワーカーの協力のもとで、かなり繁盛している様子だった。

VII

「経済成長」から「社会成長」へ——日英の比較から

1　成長する個人と社会

社会成長

「経済」が主体であるかのように社会をとらえ、「経済成長」ばかりを語る時代は終わった。今や、一人一人の「人間」を主体としてとらえなおし、人間たちがつくる社会の成長、すなわち「社会成長」を語るべき世紀である。

右上がりに増えていく富を用いて「わが国」だけの閉じられた社会保障・福祉のシステムを構築し、人間の出入りを想定せず、想定したとしても彼らを「わが国」にとって都合のよい「労働力」としてのみ位置づけ使い捨てにし、「わが国」の未来を託す子どもを産むのは、「わが国」に住み続けてきた「日本人」と呼ばれる女たちでなければならないと決め込んで、少子化にいらだち、閉じられた「わが国」というシステムの永続を願うという枠組み内でのみ保育を充実させようとする——そんな一国主義的な福祉の時代は、ボーダレス化の進展とともに終わりを告げざるをえない。

ボーダレス化のなかの福祉市民社会

今求められているのは、人間の移動を前提とする世界のなかの福祉市民社会である。人生のある段階を過ごす場所で、その町に生きる人々とともに、心地よい生活（well-being）をつくり続けていく力をもったコスモポリタンな市民たちによる、開かれた福祉市民社会なのである。

「成長」はしなければならない。しかし、ＧＤＰの成長ではなく、個人と社会の成長こそが必要なのである。個人の成長は、死に至るまで続けられなければならない。そして、そうした個々人の成長を組み込んだ社会の成長は、この世界が存在する限りは続けられていかなければならない。その個人の成長の一つの側面が「市民」性を増すことであり、社会の成長の主要なメルクマールが「福祉」性を増すことであって、この２つの成長を組み込んだかたちで福祉市民社会は成長する。経済の発展はあくまでもそのための手段なのである。

2　日英比較から見えてくるもの

ポスト帝国主義の先輩国

イギリスを「手本」にしようなどという気は決してない。しかし、帝国主義の時代を終え、第2次大戦後の復興期から続く高度経済成長の後、長い不況を経験し、イギリス病と揶揄されるなかで、保守党・労働党の二大政党の政権交代を重ねて現実的な政策を練り、スリム化されて立て直されたイギリスの福祉市民社会のありようとその背後にあるデータは、経済成長のピークを極めた後長い不況を経験している日本の社会の今後を考えるうえで参考になる。

表Ⅶ－1　租税・社会保障負担率と消費税率（％）

	日	英	米	ス	仏	独
租税負担率	20.9	41.4	26.2	54.4	39.8	31.2
社会保障負担率	15.2	9.8	9.8	22.1	25.0	25.3
租税・社会保障負担率	36.1	51.2	35.9	76.5	64.8	56.5
消費税（付加価値税）率	5.0	17.5	州別	25.0	19.6	16.0

序章で述べた本書の問題意識に沿って、イギリス、日本、スウェーデン、アメリカの４つの国を取り上げ、さらに、イギリスとともにスウェーデンとアメリカの「間」を行くフランスとドイツの２つの国を加えた計６ヶ国の各種データを示しておく。ここですべてに触れるわけではないが、日本の未来像の選択に関わる議論に役立てて頂ければ幸いである。

a　福祉のための政治

負担率と消費税

イギリスの租税・社会保障負担率（注１）は、表Ⅶ－１のように、先進工業諸国のなかで、日本やアメリカに比較的近い。

日本の消費税にあたる付加価値税（Value Added Tax＝ＶＡＴ）は、同表に見るようにイギリスでは17・５％で、先進工業国のなかで決して高いほうではない。しかし、全体的に低いアジア諸国の中でも、シンガポールに次いでとくに低い日本の５％に比べると、はるかに高い。だが、食料品や新聞、書籍、医薬品、福祉・教育・医療関係費用、土地建物の譲渡・賃貸、居住用住宅建築費などは消費税対象から除かれており、賃貸住宅に住んでスーパーや市場やチャリティショップで日用品や中古品を買って生活している人々の生活に消費税が大きな影を落とすことはない。

わかりやすい予算

２００３年度の両国の歳出予算を比べてみると、図Ⅶ－１のように、イ

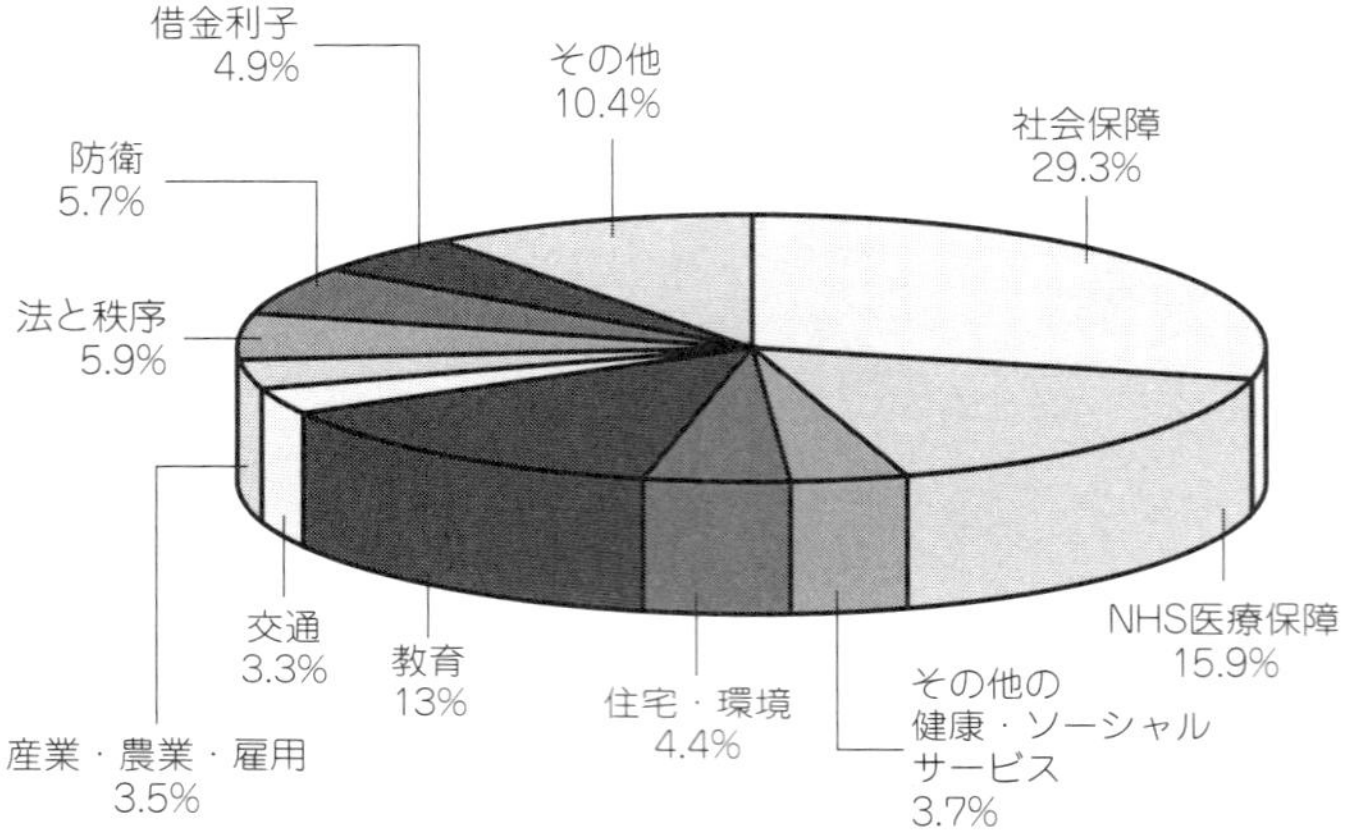

図Ⅶ-1　イギリスの歳出予算（2003年度）

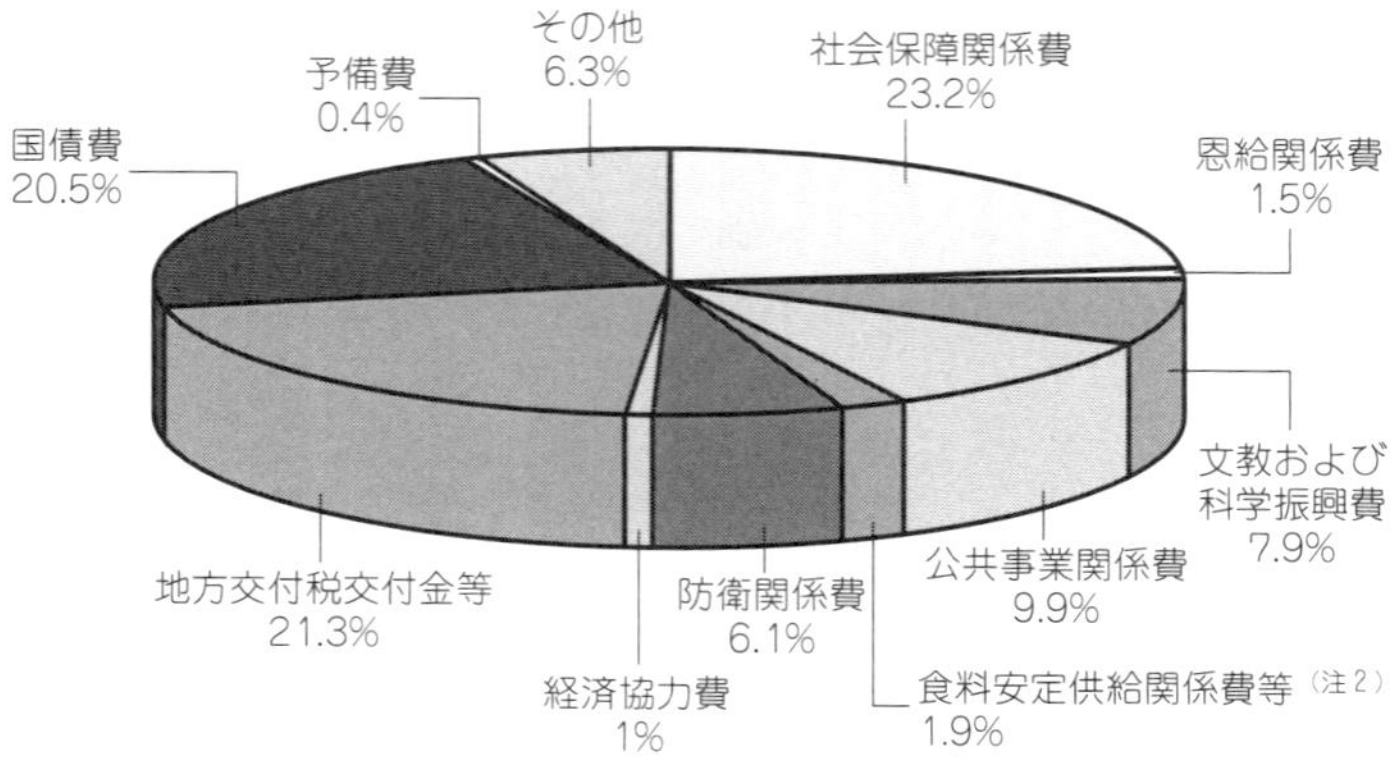

図Ⅶ-2　日本の歳出予算（2003年度）

ギリスでは、政府予算の48・9％が福祉関連予算であることは一目瞭然であり、その他の予算も人々の生活のために使われるのだということが具体的にわかるようになっている。日本では、図Ⅶ－2(注2)のように、23・2％の社会保障関係費しか身近な福祉予算として人々の目に映らず、イギリスとは大きく異なっている。イギリスでは、国民にとって、税金、そして政治が、国民の心地よい暮らしを支えるためにあるということが明確になっている。その意味は大きい。この点が、軍事費が突出したアメリカや、予算の大部分が公共事業関係費や地方交付税交付金として拡散してばら撒かれがちな日本の財政とは、大きく異なっている。国家とは自分たちの well-being とそれを支える福祉市民社会の円滑な発展のためにあるのだ、ということをはっきりさせて、そのためによりふさわしい政策を掲げる政権を選択する人々が増えれば、財政は変わり、福祉市民社会が必要とする部門に労働者が配置され、人々の将来に対する不安が解消されて、消費も増えていくのである（Budget Report 2003, 財務省ホームページ）。

b 国内サービス需要を起点とする社会

進むサービス経済化

日本に比べてイギリスでは、国民が国全体の経済を考えつつ福祉市民社会充実のために政党を選択するという方向がより明確であり、社会のなかの弱者に焦点を合わせながらお互いにとって心地よい生活のための社会的サービスを創り出し提供していく仕事は、重要な位置を獲得しつつある。サービス・情報を扱ういわゆる第3次産業の仕事の比重が増し（表Ⅶ－2）、サービス経済化が進むなかに、福祉市民社会に関わる部分が含まれている（櫻井 2002）。従来無償のボラン

表Ⅶ－2　産業別就業者構成比（％）（注3）

	日	英	米	ス	仏	独
第1次産業	5.1	1.5	2.6	2.4	4.7	2.7
第2次産業	30.7	25.2	22.1	24.0	25.7	32.3
第3次産業	64.2	73.3	75.3	73.6	69.6	65.0

ティアが中心と考えられがちだった非営利セクターの仕事に、職業として取り組む人々が増加し、人々の心地よい共生のためのサービス労働は、ますますシャドウ・ワークの領域から社会の表面に姿を現わし、重要性を増している。NPOの組織や、NPOの活動資金を調達するシステムの発展も目立ってきている。

物の売り込みからサービス・ニーズの汲み上げへ

他国から搾取する帝国主義の時代が終わり、他国の人々にニーズを引き起こして物を売り込み、他国から稼ぐことが経済の王道であるとした時代も終焉を迎えたイギリスでは、国内需要を出発点にして経済を成り立たせる段階に入っている。そしてその国内需要は、不必要な物を人々に売りつけることによってでも、税金で支払うための不要な公共工事を続けることによってでもなく、人々の心地よい共生のために必要なサービスに関連した仕事を求める人々の声に耳を傾けることよって生み出すことができることを、この国の人々は十分に認識している。

本書で示したような、ハード面ばかりでなくソフト面を重視したコミュニティ・デベロップメントによる雇用創出と消費の活性化の状況は、そのことを物語っている。また、NPOのワーカーという仕事が若者の憧れの仕事の一つとなり、コミュニティのニーズをくみ上げた創造的なNPOが活発な動きを見せていることも、国内サービスを起点とする社会の構築のプロセスが進展している状況を現わしている。

経済界のニーズが先行するのではなく、福祉市民社会のニーズが先行することにより、コミュニティ、ひいては国単位、地球単位での社会全体が活性化していくのである。

c 「弱者」のニーズ発信とコミュニケーション・パワーによる具体化

ユーザーの発信力とワーカーの受信力

人々が心地よく共生するための仕事が核にすえられた社会では、サービスを必要とすることが他の人のための職場を生み出すことになるから、市民、とりわけ「弱者」の社会的・経済的役割がはっきりしてくる。とくに、コミュニケーションの力を鍛え、苦情を述べたり、もっとこういうサービスがほしいと伝えることができる発言力を身につけたサービス・ユーザーは、新しいポストや、新しいNPO組織を生み出すきっかけを提供するという重要な役割を果たすことになる。「弱者」からの発信は、受信・発信能力をもった働き手がいてこそ、有益な仕事・職場の創出につながる。市民の苦情やつぶやきに拒否反応を起こさないでそれをニーズとして聴き取る力をもち、他の人々とそのことについて語りあって企画を立て、そのニーズを受け止めるために必要な資金を外部の資金源に働きかけて獲得したり、必要なポストを創って新人を採用したり、他の組織とネットワークを組んで新たな職場を生み出していくことができるNPOワーカーの存在が、重要なのである。そしてさらに、市民のニーズを理解して柔軟なかたちで資金を提供できる組織とNPOとの接点が、それらの働き手によってつくられて初めて、「弱者」からの発信は、市民社会のコミュニケーション・パワーの一環としての役割を果たすことができる。

ユーザーとワーカーを含む市民社会の「コミュニケーション・パワー」が、ニーズを顕在化させ、それを充たすためのサービスを具体化に導くのである。

d 公的資金の限界と市民資金力によるサービス展開

序章で「スウェーデン型の福祉国家」と私が呼んだシステムの理念は、こうした「弱者」からのニーズの受信と、それを受け止めた企画立案と資金獲得とを、すべて国家・自治体の関与によって満たそうとするものである。財源は、主として税金であり、税金とは強制的に徴収されるものである。ニーズが膨らんで企画が膨らみ、その実現が加速していけば、税金も膨らんでいく。多額の税金を徴収するためには、国外にモノを売りさばいて収益を上げ高い給与を支払ってタックス・ペイヤーを生み出し、多くの税金を払うことのできる企業を発展させたり、国民の合意をとりつけて税率を上げたりしなければならない。しかし、世界各国で物が生産されるようになり、先進工業諸国からの輸出が鈍化し、右肩上がりの経済成長が減速するとともに、税中心の福祉国家の発展には限界が生じている。

経済成長依存福祉の終焉

日本のような、国家や公務員に対する国民の信頼度に限界がある国では、税収を上げることに合意は得られないから、社会保険に頼ることになる。介護保険のように租税よりは合意の得やすい社会保障負担で、福祉国家の定番とされてきたサービスを付け加えて、なんとかやっていくことになる。

イギリスの場合、国民は政府を選ぶ選択肢をもっており、選ばれた政府とこれまでに築かれてきた福祉制度には日本の場合よりも大きな信頼が寄せられている。そこで、政権交代を重ねても、福祉の定番ともいうべきサービスは税金によってなんとか維持されるのだが、それ以外のサービスからは政府・自治体が手を引いていくという事態が起こる。OAPの発足のきっかけとなった、高齢者講座への自治体の資金打ち切りと担当ポストの消失は、その一例である。

営利組織の限界

ニーズを実現する機関として、国家・自治体以外のセクターの比重を増す必要がそこに出てくる。営利組織では、資金は回収されなければならないし、さらに収益部分が確保される必要があるから、競争によってサービスの質の向上がはかられるとはいっても、ニーズの発信者を満足させることには限界がある。そこで、税収以外の市民の自発的醵金《きょきん》という打ち出の小槌を持ったNPOに期待がかけられることになる。次に述べるようなシステムの整備を通じて「市民資金力」とでもいうべきものが強まり、この部分の比重が高まってくると、福祉国家の骨組みを内包してそれに非営利市民組織が肉付けする福祉市民社会の発展が顕著になるのである。

e　NPOの発展を支えるシステム

「打ち出の小槌」の構成要素

NPOには、サービス活動を創り出しそれに従事する役割を担う市民活動組織とでも呼ぶべきOAPのようなものと、打ち出の小槌を用意してそれらの活動に必要な資金を供給する役割を担う、V章3節で市民資金供給組織と呼んできたものがある。

いずれも市民の自発性を出発点としてつくられた組織であり、絶えず有給・無給の労働力や資金を市民から集めることで成り立っている。勤労奉仕や税金とは違って強制力をもたないなかで、市民が自発的に無償で働いたり、あまり有利とはいえない労働条件を承知で応募・就職したり、

福の神としての市民

寄付したり目的を知ったうえで宝くじを買ったりすることで、労働力や資金を得て成り立っているのである。

そしてこの市民活動組織と市民資金供給組織が市民の信任を受けたチャリティ委員会のような監査組織の働きによって透明性を保持し、チャリティ援助財団（ＣＡＦ）のような市民資金伝達運用組織や、社会変革ディレクトリーのような市民資金情報提供組織（情報組織）によってつながれることで、打ち出の小槌は効力を発揮する。図Ⅶ－３は、フィールドワークから見えてきたこれらの組織の関係図である。「打ち出の小槌」とここで呼んでいるのは、人々が自発的に、金銭、さらにはスペース、労働力などを提供し、汲めども尽きぬ泉のように資金やエネルギーが市民社会のなかから自発的にわいて出るイメージを表現したものである。このような市民資金活性化システムが機能することによって、市民社会が福祉市民社会として展開していくのである。

小槌を振る主体は誰かといえば、教育や経験を通して自立共生感覚をはぐくんでいる一人一人の市民である。そのような個人が生み出される限りは、政府を市民の well-being のために機能させ、かつその肥大化を防ぎながら、福祉市民社会を発展させていくことができるのである。

表Ⅶ－３および表Ⅶ－４は、イギリスと日本の非営利市民活動の全体像を、サラモンらのジョンズ・ホプキンズ大学の１９９５年の国際比較調査によって示したものである(注４)。表Ⅶ－５は６ヶ国の対比である。国全体の経済活動とのバランスで見た場合、イギリスの打ち出の小槌はアメリカのそれよりは大きくないが、日本のそれよりもかなり大きいことがわかる。また、イギリスは本書で見てきた社会サービス関連のＮＰＯ活動における市民資金財源の比率が、アメリカに次いで高く、政府からの補助金やサービス委託代金に依拠しないかたちのサービスが、多様な

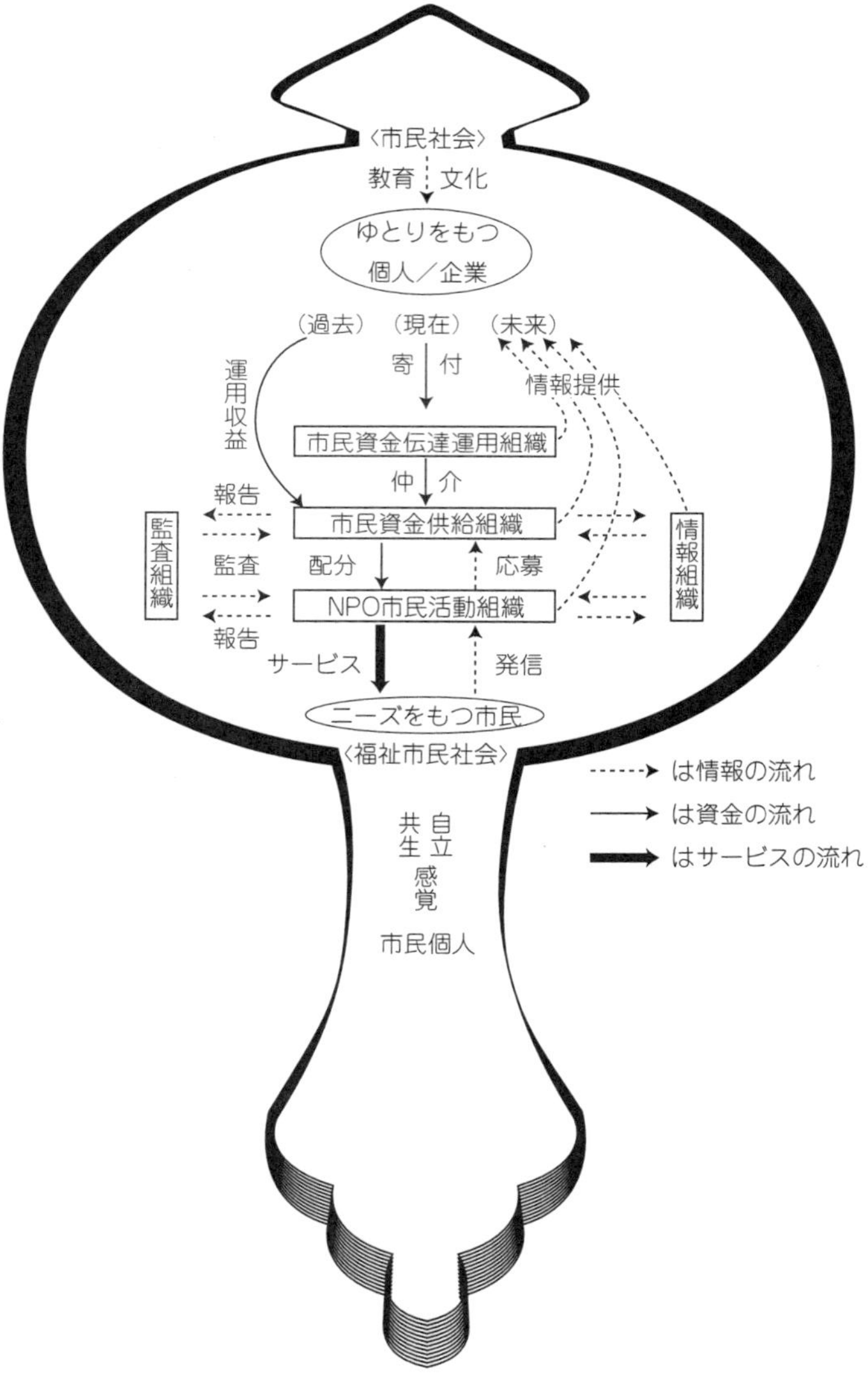

図Ⅶ－3　市民資金活性化システム

表Ⅶ－3　イギリスのNPOの全体像（%）(注4)

	雇用	ボランティア	支出	財源 政府	市民資金	利用者	計
文化・レクリエーション	24	21	14	14	2	84	100
教育・研究	40	3	46	63	3	34	100
健　康	4	9	3	38	23	40	100
社会サービス	13	13	9	39	31	30	100
環　境	1	3	2	27	45	28	100
地域発展・ハウジング	7	13	10	66	1	33	100
市民・アドボカシー	1	2	0	59	6	34	100
市民資金	1	1	1	29	24	47	100
国際活動	4	0	3	40	33	27	100
宗教活動	4	33	5	12	69	19	100
職業・組合	3	—	6	2	1	98	100
その他	—	2	—	—	—	—	0
計	100	100	100	45	11	43	100

表Ⅶ－4　日本のNPOの全体像（%）(注4)

	雇用	ボランティア	支出	財源 政府	市民資金	利用者	計
文化・レクリエーション	3	11	2	7	11	82	100
教育・研究	21	5	23	13	2	85	100
健　康	44	6	35	87	1	12	100
社会サービス	16	16	11	72	3	25	100
環　境	0	1	0	27	23	51	100
地域発展・ハウジング	0	5	0	37	13	50	100
市民・アドボカシー	0	1	0	27	7	66	100
市民資金	0	3	0	0	31	68	100
国際活動	0	4	0	19	27	54	100
宗教活動	6	18	10	—	13	87	100
職業・組合	5	4	10	0	0	99	100
その他	4	25	9	27	7	66	0
計	100	100	100	41	4	56	100

表Ⅶ－５　NPOの雇用者・支出・財源（％）(注4)

		日	英	米	ス	仏	独
雇用者（非農業人口中に占める割合）		3.7	6.4	8.8	2.5	5.0	5.1
支　出（GDP中に占める割合）		5.0	6.8	7.5	4.1	3.8	4.0
財　源	政府	41	45	27	29	57	65
	市民資金	4	11	21	9	8	3
	利用者（利用料等）	56	43	51	62	34	32

財源を用いて展開されている様子がうかがえる。

イギリスの場合、医療やコミュニティでのケア・サービスが、民間企業や非営利組織によるナーシング・ホームを除いて基本的に公務員によって行なわれているので、表Ⅶ－5に見るように、NPO活動の規模は、公的サービスの弱いアメリカと比べるとさほど大きくない。それでも農業人口を除く全ての労働者中の6・4％がNPOセクターで働いており、医療関係従事者を含めて3・7％の日本を引き離している。

f　NPOに渦巻く競争原理と創造性

競争原理と活力

非営利組織というと、安定志向の人々が所属する沈滞したムードの漂った天下りの外郭団体のようなものをイメージする人々も少なくなく、営利企業のような活力ある仕事は期待できないと考える人々もいるであろう。そうしたイメージどおりの組織はたしかに存在するが、それは、市民社会が生み出したものというより、官僚制が産み落とした産物とでもいうべきもので、日本の非営利組織だからこそそのようなかたちをとりやすいのだといえる。コミュニケーション・パワーを鍛えた市民が住む社会が生み出す非営利市民組織であれば、そのような停滞は許されず、活力ある仕事を生み出すことのできない組織は、資金の調達力を失い、活動を限定したり、解散したり、吸収されたりしていく。事情の確認が十分にできないためV章には記述しなかったが、OAPの発展の周辺にも、そのような組織の存在が認められる。つまり、NPOの世界にも競争原理は働いているのである。

不確実性が生む創造性

OAPに見られるのは、資金調達に毎年不確実性があるからこそ、ニーズを懸命にくみ上げて新しい企画を生み出し、あるいは定番の企画に創造性を加えて、絶えず挑戦を続けていく人々の姿である。そして、それらのワーカーはそれぞれ自分のニーズに誠実に耳を傾け、自己実現に向かって必要を感じれば国境を越えてでも前向きに職場を移動していくというかたちで、個人としても好んで不確実性を求め、新たな地平へのチャレンジを続けつつキャリアと人生を創造していくのである。これらの人々が野心を膨らませたり私情をさしはさんだりして暴走しないために、人々のニーズやコミュニティの状況を熟知した市民が、オフィス・ボランティアや運営委員として参画するというかたちで歯止めとなっている。このようにして活力ある人々が集まり、そうした人々の企画に応える柔軟性をもった資金供給組織があるからこそ、NPOの世界は花開くのである。

g　挑戦をうながす福祉情報と賃金システム

セーフティ・ネットの活用

NPOワーカーも、まったくがむしゃらに後先のことを考えないで職場を選び移動しているわけではない。就労援助・所得補助・住宅給付・失業保険・老齢傷病年金といった、福祉市民社会のセーフティ・ネットが働いている社会のなかで、心おきなく一度限りの人生を悔いなく送るためにチャレンジしているのである。

制度がただ存在するだけではなく、それらのセーフティ・ネットの活用法を伝える情報が公開され、入手しやすいかたちで提供されて、相談機関が数多くあるから、人々は安心して冒険できる。それらを活用しうるコミュニケーション力が学校教育や社会教育の場で養われていることも、大きな役割を果たしているといえよう。

格差の少ない賃金システム

さらに、賃金システムに関して、勤続年数や組織規模による格差が少ないことも、創造的な自己実現や自由を求める人々の新しい職場への挑戦を容易にしている。

日本では、やや弱まったとはいっても、終身雇用制、年功序列賃金制が厳然として残っており、イギリスがこれらの点において日本とまったく異なる現状を示していることは、表Ⅶ-6、表Ⅶ-7の勤続年数別・組織規模別賃金格差のデータによって明らかである。

日本のように同一組織への勤務年数や企業の規模による賃金格差が大きいことは、人々の移動・挑戦の意欲を奪いがちになる。いったん入った大企業や公務員の職を捨てて新しい仕事にチャレンジしようとするには、大きな決意を要する。セーフティ・ネットに関する不信や情報の不足もあって、じっと息を潜めて一つの組織にとどまり、貯金に励む人々が多いため、表Ⅶ-1に示したように日本の家計貯蓄率は高い。これは、イギリスの低さと対照的である。貯蓄率の高さを社会の「豊かさ」の現われと見ることは経済優先の一面的な見方であり、投資すべき企業のプロジェクトも減ってゼロ金利の続くなかで生活を切り詰めて貯蓄し続ける人の多い日本と、福祉市民社会に信頼をおいて心おきなく消費したり、低めの給与を承知でやりたい仕事に転職したりす

表Ⅶ－６　勤続年数による賃金格差（％）(注５)
（１年未満を100としたときの，20年以上勤続者賃金比率）

		日	英	ス	仏	独
製造業	男性	172.0	119.5	112.4	150.1	123.9
	女性	138.6	105.0	109.7	123.1	116.3
管理･事務	男性	194.2	101.9	112.9	131.0	126.9
	女性	162.6	115.1	97.0	121.7	131.5

表Ⅶ－７　従業員数の規模による賃金格差（製造業）（％）(注６)

	日	英	米	ス	仏	独
10～24（日本：5～29）人	52.5	81.8	59.5	83.7	79.5	74.7
20～99（日本：30～99）	59.6	83.6	64.1	87.3	79.0	80.3
100～499	74.4	85.5	68.0	94.8	85.3	85.6
500～999	88.6	90.9	76.5	92.3	99.5	90.4
1000以上	100.0	100.0	100.0	100.0	100.0	100.0

る人々の多いイギリスを比べて、人間の生き方の多様性をサポートしてくれる社会の「豊かさ」を、後者のほうに感じる人々も少なくないだろう。

セーフティ・ネットに関する情報や相談機関が十分にあって、非営利市民組織はたしかに給料が高くないけれども大企業にとどまり続けたからといってそれほど有利なわけでもないといった賃金システムをとっている社会では、人々は挑戦への意欲をもちやすい。心構えの問題だけではなく、自由な生き方をうながすようなシステムがイギリスにはあるといえる。

h　女性の力を引き出す社会

キャリア中断による不利の少ない社会

イギリスのような賃金システムは、キャリア中断で不利になることが比較的少ない。出産・子育て・病気・ボランティア・海外滞在等々の理由でしばらく仕事を離れたいと考えるか否かは個人の好みや状況によって異なるが、日本では新卒採用

表Ⅶ－8　男女間賃金格差・生産年齢人口における男女の労働力率（％）(注7)

		日	英	米	ス	仏	独
女性の賃金(男性100)		65.3	82.1	76.5	88.4	79.8	73.6
労働力率	男性	84.8	83.7	83.0	80.9	74.4	78.5
	女性	59.7	69.3	70.1	77.1	61.7	64.4

表Ⅶ－9　女性の学歴別就業率（％）(注8)

	日	英	米	ス	仏	独
小・中学校	56	51	52	66	57	50
高校	63	77	73	83	76	70
短大等	66	85	80	86	85	81
大学以上	68	87	81	90	84	83

が今なお多いため、いったん退職すれば、初めて就職したときの賃金にも戻れない女性が少なくなく、キャリア中断による逸失所得額が大きい。このことは、いったん退職した女性の再就職後の賃金の低さから、プライドの高い高学歴女性の就労意欲を引き下げ、男女間賃金格差をもたらすことになる。

表Ⅶ‐8に見るように、イギリスは世界的に見ても男女賃金格差が低く、女性の労働力率の高い国となっている。日本がこれらの点で先進工業諸国にはるかに及ばず、とくに表Ⅶ‐9に見られるように高学歴女性の就業率が低いのとは対照的である。イギリスでは、女性がキャリアを中断しても不利にならない仕組みのなかで、仕事を続ける女性、フルタイマーとして再就職する女性ともに、能力を発揮しているのである。

二分される女性

ただし、イギリスでは、表Ⅶ‐10に表われているようにヨーロッパ諸国のなかでは格段にパートタイムとフルタイム間の賃金格差が大きく、女性のパートタイマー比率も高い。従って、イギリスには、フルタイマーのみを比較した男女賃金格差の国際比較では、その水準は相対

表Ⅶ－10　女性のパート／フルタイマー間賃金格差・女性パートタイマー比率（%）(注9)

	日	英	米	ス	仏	独
パートタイマー賃金（フルタイマーを100とした場合）	68.6	69.6	62.5	92.3	81.7	87.5
パートタイマー比率（女性就業者中）	41.2	40.1	18.8	20.6	24.1	35.5

的に高いが、その背後には、低賃金の女性のパートタイマーが多く存在するという、女性の分断状況があることに注目しなければならない。ＯＡＰのような非営利市民組織でも、期間限定のパートタイマーであることを承知でやりがいのある仕事を求めて入ってくる女性が少なくないことはすでに述べたとおりである。ＯＡＰの場合は、資金獲得担当者を強化してフルタイマーのポストを増やし、実績をあげたパートタイマーをそのポストにあてていく様子が見られるが、すべてのパートタイマーがこのような機会をもっているとは到底いえないであろう。日本よりは、フルタイマーとしての自己実現は容易だが、パートタイマーとして低賃金で再就職せざるをえない人も少なくないという点で、イギリスにおける女性の働きやすさは、スウェーデンはもちろん、ドイツやフランスに比べても不十分なものである。Ⅲ章で見た保育システムの遅れは、この点におおいに関係しているといえるだろう。日本と比べてイギリスでは能力のある女性の力は大きく引き出されているものの、女性間に格差を残しているという点で、イギリスは日本と共通の問題を抱えているのである。

i　若者たちの自由と共生感覚

好況のなかでも高い若者の失業率

勤続年数別・企業規模別による賃金格差の少ないシステムは、若者にも自

表Ⅶ－11　年齢別失業率（%）（注10）

		日	英	米	ス	仏	独
15〜24歳	1990年	4.3	10.1	11.2	4.5	19.1	4.5
	2002	10.0	11.0	12.0	12.8	20.7	9.7
25〜54歳	1990	1.6	5.8	4.6	1.3	8.0	4.6
	2002	4.9	4.1	4.8	4.2	9.2	8.2
55〜64歳	1990	2.7	7.2	3.3	1.5	6.7	7.7
	2002	5.8	3.5	3.9	4.7	7.9	10.6

表Ⅶ－12　若者たち（18〜24歳）の転職意識（%）（注11）

	日	英	米	ス	仏	独
一生同じ職場で続けるべき	9.6	2.5	3.4	0.3	10.8	3.0
転職もやむをえない	45.7	24.8	20.0	6.9	19.5	32.3
不満があれば転職する方がよい	20.8	46.9	49.3	40.2	46.7	47.0
積極的に転職する方がよい	22.0	25.3	23.7	50.7	21.8	15.9
わからない	2.0	0.5	3.6	1.9	1.1	1.9

由をもたらしている。スワーティやヘレンのインタビューからもわかるように、若者たちは人生のなかでやりたいことを求めて模索し、国内外のパートタイムから職業生活を始めても大丈夫だという安心感をもっている。

イギリスは、国全体では失業率が１９９０年に比べて下がっており、日本とは対照的な活気が続いていて、労働力不足の業界も少なくない。にもかかわらず、表Ⅶ‐11のように、年層別に見ると、若者の失業率は依然として高い。しかし、今日では、不況の時代に感じられていたほどの緊張感はなく、政府や大学やコミュニティ・カレッジなどが、相談機能や受け皿を用意して若者たちに自分探しの期間を与えているといった側面もあるように思われる。

就職後の転職についての若者の考え方も、表Ⅶ‐12のように、日本ではかなり意識が変わったとはいいながら、「転職もやむをえない」と言う人が最も多いのに対して、イギリスでは他

表Ⅶ－13　高等教育進学率・公財政支出学校教育費比率（％）(注13)

		日	英	米	仏	独
高等教育進学率	フルタイム	49.4	60.0	47.6	41.0	30.7
	パートタイム	1.4	41.7	13.1	—	—
	専修学校	21.7	—	—	—	—
	合計	72.5	101.7	60.7	41.0	30.7
GDP中の公財政支出学校教育費比率		3.5	4.4	4.9	5.8	4.3
GDP中の公財政支出高等教育費比率		0.5	0.8	1.1	1.0	1.0
一般政府予算中の学校教育費比率		9.3	11.8	16.0	11.5	9.7

の西欧諸国同様「不満があれば転職するほうがよい」が最も多い。実際の平均勤続年数は、イギリスの男性8・9年、女性6・7年に対して日本では男性12・9年、女性7・9年である(注12)。イギリスでも平均勤続年数は必ずしも短いとはいえないのだが、日本と違って、気分としては転職に前向きな若者が過半数を占めるのである。

群を抜く高等教育進学率

イギリスでは、1980年代後半からの高等教育の拡大政策によって社会人も含めて進学率が大幅に増大し、表Ⅶ-13のように各国をしのいでいる(注13)。前向きな姿勢をもち大人たちの評価も高いスワーティやモハメッドのような若者が、専門的な技術を身につけたうえで、卒業後もNPOを含めて社会のあちこちをのぞきながら、自分のやりたいことを見定めていこうとしているところに接すると、社会に活気があり、NPOセクターが職場として発展を続けていて、国外で働くチャンスも日本の若者に比べれば得やすい分だけ、日本のモラトリウム状況とは異なる明るさがあるように思われる。

自由と共生

その明るさは、自由に対して寛容な価値観とそれを支える前述のような仕組みからきている。そして、自由に生きることの喜びがなんらかの共生感覚と結びつくとき、無償あるいは有償の生き生きした労働力や寄付が、打ち出の小槌のなかへと投げ入れられ、福祉市民社会の活力が補充されることになるのである。その共生感覚は多くの場合、キリスト教・イスラム教・ヒンズー教など、家族だけでなくコミュニティの互助によって人生の苦難を乗り切って共生していくことを強調してきた宗教に淵源をもっている。しかし、無宗教あるいは宗教を公表しない人々（2001年国勢調査では国全体で22・5%、ケンジントン・アンド・チェルシー区で24・4%、ノースケンジントンでは24・5%）もまた、マルクス主義やヒューマニズムをはじめとするさまざまな思想の有形無形の影響下に、自発的な助け合いの心地よさを味わい、持ちつ持たれつの人生のおもしろさを味わっていることが少なくないのである。学校でのボランティア教育やユース・クラブなどの活動が、若者たちに共に生きることの楽しさを経験的に理解する機会を数多く提供していることも大きな力となっていると考えられる。このような共生感覚はおそらくイギリスだけではなく、多くの国々に日本よりは色濃く共有されて、NPOの発達の土壌となっていると思われる。

心地よい生活と「隣人」

日本の宗教の主流とされる仏教は、徳川幕府によって、「家」を通して民衆を管理する手段としての機能が寺院に与えられたことにより、個人単位というよりも、家族単位で人々をつなぐものとなって、万民共生の思想としての力が弱まったかに見える。さらにいえば宗教を冠婚葬祭・ご利益獲得の手段としてとらえがちな現代の日本社会の雰囲気が人々の心を狭くしている。

自分の心地よい生活は自分や身の回りの家族・友人だけで成り立つものではなく、隣人が心地よい生活を送っていてこそ共に楽しく安心して生きられるのだという感覚、そのために自分が何かしようとごく当たり前のこととして思う感覚、そしてその「隣人」の範囲をコミュニティから世界へと広げていくことができる想像力豊かな感性——そうした共生感覚を育てる機会を、日本社会はもっと多く若者たちに用意すべきであろう。

表Ⅶ－14　外国人人口比率・国籍法・合計特殊出生率（注14）

	日	英	米	ス	仏	独	伊
全人口中の外国人比率	1.4	4.4	10.4	5.3	5.6	8.9	2.4
国籍法	血統	生地	生地	血統	併用	生地	血統
合計特殊出生率予測							
2000〜2005年	1.32	1.60	2.11	1.64	1.89	1.35	1.23
2035〜2050年	1.85	1.85	1.85	1.85	1.85	1.85	1.85

生地主義と自由

j　生地主義による「イギリス人」の誕生

自由を支える価値観やシステムによって人生に選択肢があるということは、職業選択の自由ばかりではなく、出生率にも関わってくる。少子化による高齢社会の危機を回避するためには女性が子どもを産めばいいのだという社会的圧力は、イギリスでは日本ほど感じられない。にもかかわらずイギリスの合計特殊出生率は、表Ⅶ－14のようにイタリアに次ぐ低さのために危機感を強める日本をはるかに上回っている。しかも現在の数値は、1950年から2050年の100年間での最低と推計され、日本よりも早く上昇に転じることが予測されている。先に述べたような雇用賃金システムと並んで、久しく英米が採用しており、最近ドイツもとりいれた生地主義の国籍法に支えられて、ノースケンジントンで見たように、イギリスが多民族国家として静かな変貌を遂げつつあることがその主要な要因の一つではないかと考えられる。

ノースケンジントンで見ていると、次のような長いサイクルの存在が実感される。まず、イギリスの労働力不足に引き寄せられ、自国の経済的あるいは政治的な困難に押し出されて、多産な文化を保持した人々が入ってきて多くの子どもを産み、その子どもはイギリス国籍を獲得して、イギリスの社会の担い手となっていく。一代目は国内で育った人々があまりつきたがらない非熟練の建築現場の労働や下積みのサービス労働などで働き(注15)、福祉の援助で子どもを産んで人口を増やす。イギリス国籍をもち英語も堪能になった次の世代のなかから、熟練労働、ホワイトカラー労働、創造的な仕事などにつく人々が出てくる。親の世代には福祉に依存して妻の就業率が低かったエスニック・グループに属する人々も、次の世代には共働きになり、子ども数もおのずとある程度抑制される。この世代では、エスニシティを超えて家族が形成されることも多いから、とりたてて国際結婚などと騒ぐ必要はもはやなく、肌の色の異なる人々どうしの結婚も、前章のインタビューで取り上げたようなパイオニア世代の苦労の足跡のうえに、今ではごく自然に行なわれている。男女を問わず働いて食べて税金を払うことが当たり前であり、セーフティ・ネットのある福祉市民社会は一人一人が自発的に協力して保持するものだという価値観をもった人々を育てれば、人々の肌の色は多様化しても社会は支障なく動き、「国」はべつにつぶれることもなく、高齢化の問題もクリアされていくのである。

表Ⅶ‐14に見るようにイギリスの人口のなかでの「外国人」の比率はドイツなどに比べると低い。この数値には生地主義の国籍法による「イギリス人化」の影響もあると見られる。多くの移民を受け入れながらようやく2000年になって生地主義に改めるまでは血統主義をとってきたために、「外国人」の数が多いドイツと対照的である。現在のイギリスは、EUの外の東欧などからの移民の受け入れに積極的とはいえないが、EUやコモンウェルスとしてネットワークを組んでいる旧植民地との人の往来や相互就労は盛んで、ボーダレス化は行く人にも来る人にも自由をもたらし続けているように思われる。

k　人種・女性・高齢者差別にもとづく少子化恐怖のない国

右に述べたような何世代かにわたる移民の生活サイクルを観察すると、日本で高齢化を憂えつつ少子化が叫ばれ、結婚して子どもを産むことが求められ、それに役立つ範囲で保育を充実させることが語られるのは、人種差別と高齢者差別と女性差別を重ね合わせたものの見方による言説だということが見えてくる。将来の合計特殊出生率は、生地主義への国籍法改正など、ボーダーレス化による人の移動に国が柔軟に対応することによっても変えていくことができるのである。

血統主義の国籍法は、「日本人と外国人とはたとえ肌の色は同じでも根本的に違うものとして峻別されるべきだ」という思い込みにもとづいている。このような思い込みによって「日本人」とされる女性に、「パラサイトするな、一人前の女なら結婚して子どもを産み高齢社会を支える人材を提供せよ」と圧力をかけつつ、労働力不足を埋める共働きを容認し、そのために必要な子育て援助をしようとする政策をとる、という思考回路は、「日本のことは日本人の血を引く日本人が解決すべきだ」という人種差別主義にもとづいている。

イギリスのように、人の移動の激しい都市部から始めて、多文化共存の社会を自明のものにして、生地主義の国籍法により「日本人」の幅を広げていけば、右に述べたような人種差別主義も解消され、女性を、「国のために子どもを産ませる手段」と決めつける女性差別、とりわけ母となることのない女性への差別も解消されて、女性の人生に選択肢が増えていく。

ダブル・パスポート

二重国籍などというと大げさだが、ダブル・パスポートといえばごく当たり前に聞こえる。ノースケンジントンでの私の知人の多くはダブル・パスポートの持ち主であり、親の出身国と自分の出生国との間の移住が簡単なこのシステムは合理的である。もちろん、日本国籍を希望しない外国人の居住・就労の自由も保障されるべきであり、正規に滞在して就労する人々の増加によって納税者を増やすこともできるのだから、鎖国感覚で少子化を騒ぎ立てることはないのである。

高齢化を憂える少子化問題の語られ方は、同時に、高齢者は社会に負担をかけて養われる存在でしかありえないという高齢者差別をも基盤にしている。ノースケンジントンで見てきた、コミュニケーション・パワーを養い続け、ニーズを発信して職場づくりに貢献し、ボランティアとしての役割を果たし、人生を楽しみながら消費活動を続けてコミュニティに貢献する高齢者の姿は、この差別に根本的な問いを投げかけるものである。

1 21世紀を担う高齢者たち

崩される定年制

たしかに、表Ⅶ-15に見るような高齢者人口の増加は予想されるが、OAPのように心身の健康を保ち、サポートし合いながら老いを主体的に生きていく活動を盛んにすることによって、高齢者人口比率の増大が社会にボランティア人口を数多く供給するといった効果も期待できる。また、表Ⅶ-16のように極度に65歳以上人口の労働力率が低く定年制が堅く守られていたヨーロッパでも、定年をなくす方向に動いており、イギリスもこの流れに加わって、2006年までには定年制をなくし、年金開始年齢の男女格差の解消も行なわれることになっている（労働政策研究・

表Ⅶ－15　高齢化率（＝65歳以上人口比率）の推移予測（％）(注16)

	日	英	米	ス	仏	独	伊
2000年	17.2	15.9	12.3	17.4	16.9	16.3	18.1
10	22.4	16.4	12.8	19.3	16.5	20.2	20.6
20	28.1	18.6	15.9	22.7	20.3	22.1	23.7
30	30.4	21.1	19.2	25.2	23.6	26.4	28.2
40	34.4	23.0	19.8	27.2	25.9	28.7	33.7
50	36.5	23.3	20.0	27.0	26.4	28.0	34.4

表Ⅶ－16　平均寿命・65歳以上労働力率・国民医療費・GDP・人口(注17)

		日	英	米	ス	仏	独
平均寿命	男性	78.1	75.7	74.1	77.5	75.5	74.7
	女性	84.9	80.4	79.5	82.1	83.0	80.7
65歳以上労働力率	男性	31.2	7.9	17.9	14.7	1.8	4.4
	女性	13.2	3.7	9.8	5.7	0.9	1.9
GDP中の国民医療費比率		7.6	7.6	13.9	8.7	9.5	10.7
国民一人当たりGDP（ドル）		31,300	26,500	36,100	26,900	23,400	24,100
人口（万人）		12,729	5,976	28,555	890	5,919	8,135

研修機構 2003)。個人差を認めて、本人が望めば自由に働ける時代が来ようとしているのである。OAPのような非営利市民組織でも、ボランティアだけではなく、パートタイム・ワーカーのなかに、高齢者が混じる時代がくるのではないかと予想される。

マギー・クーン

シルバー・パンサーという反エイジズム（高齢者差別）運動を起こしたアメリカのマギー・クーンは、「私たちは『シニア市民』でも『ゴールデン・エイジャー（黄金世代）』でもない。私たちは、年上の人々であり、より経験のある人間である。私たちは、私たちの社会のサバイバルに責任をもつ、成熟し、成長しつつある大人なのだ」と、高齢者をひとくくりに赤ん坊扱いし、人生のなかの無目的な無駄な時間を過ごす人々のように扱おうとする社会の偏見を真っ向から批判している（Kuhn 1977）。高齢者は、経験を積んだ市民として、福祉市民社会を創り支える「主体」であり、決してケアの「対象」や「客体」としてのみとらえられるべき存在ではないのである。

マギー・クーンの批判は、主として、高齢者を豪華な専用ビレッジに囲い込んで遊んで暮らさせることで利益をあげようとするアメリカの対高齢者産業に向けられている。イギリスの富裕層を狙って、アメリカ流のビジネスの手は伸びていないわけではないが、イギリスの市民は、そうした生活に憧れることなく、住み慣れた町のシェルタード・ハウジングに住んで社会サービスを活用して自立を保ちながら社会参加を続けるという文化を独自に育んできている。

ＱＯＬを重視した医療

医療費の対ＧＤＰ比については、表Ⅶ‐16に見るように、アメリカが突出し、イギリスと日本が低い。これは多くの情報を含んでいる。イギリスの数値には、無料のＮＨＳを守り続けながらフランスやドイツほどの高水準の税・社会保障負担にふみきっていないイギリスの矛盾が現われており、それが専門医の診療や手術の順番待ちの長さとなって問題化していることも確かである。

しかし、薬漬けや入院の長期化が問題とされてきた延命中心主義の日本とは違って、イギリスではかかりつけの医者が近くにいるＧＰ制度を中心に、延命そのものよりもＱＯＬすなわち生きることの質を重視した日常的医療ケアが行なわれていることに注目したい。遊んで暮らせ、死んではいけない、不老長寿も金次第と、社会参加しつつ簡素な暮らしを自立して営むこととは反対の夢を人々に注入し続けて対高齢者ビジネスや医療ビジネスを発展させているにもかかわらず、国全体としてはイギリスや日本より平均寿命（表Ⅶ‐16）が低いアメリカのシステムとは全く違うかたちで、イギリスと日本はそれぞれに国民の価値観に沿った医療を進めており、互いのやり

必要な仕事の創造

方を学び合うことで well-being の向上に役立てることができるのではないかと思われる。

「不必要な仕事を維持したり作ったりして、経済を保っていく」のではなく「必要な仕事を発見し創造して、個人の生を充実させる」ことで、古い社会も日々新しく発展していく。ＯＡＰの日々の動きを夏休みごとの短い期間ながら5年にわたって参与観察してそのささやかな発展の過程を目撃すると、ウェストウェイ・デベロップメント・トラストやノッティングヒル・ハウジング・トラストやＯＡＰ、その他の非営利市民組織が、それぞれそのようにして成長し、社会を活性化させているのだということが理解できる。自分ひとりで問題を抱え込んでいたずらにあきらめたり、身近なところだけで解決しようとしないで、あえて「弱者」の立場をとってニーズを発信し、その発信を受信して相互作用を通してニーズを職場の創出・発展につなげていくコミュニケーション・パワーをもった市民こそが、新しい社会を生み出すのである。高齢者は、高齢者という「弱者」の立場を引き受けることによって、さらに、ガネシュやカイのように視覚や聴覚のハンディを背負うことによりさらなる「弱者」としての立場に立つことによって、多くのニーズを社会に向けて発信し、国内需要を起点とする社会の展開に寄与することができるのである。

3　桃太郎幻想を超えて

桃太郎主義の幻想

弱者のニーズから出発する国内需要を核にすえた社会という話を聞くと、花見酒の経済論（笠

1962）などを思い出して、国内で金銭をやりとりする経済のもろさを指摘し、「物」の生産を基本にすえ、海外のニーズを出発点とする貿易立国を再び、と強調したくなる人々もいるに違いない。しかし、桃太郎のように海外の人々を鬼と信じて攻め込み人命を奪って富を持ち帰ることも、その地で支配を続けることも、もはや許されない。海外の人々のニーズを喚起しつつそれぞれの国の生産する力を抑圧し、自国の生産物を売りつけて稼ぐこともはや許されない。そのことは、アジアの変化を見れば明らかである。一人勝ちの貿易立国の夢は、帝国主義の時代の後に日本が経験しえたつかの間の桃太郎主義のバリエーションにすぎないであろうし、自国で生産できるものをわざわざ輸入し合うことを経済の基本にすえようという仕組みにも限度があることは明らかであろう。金棒を持った鬼がいると決め込んでは他国に戦争をしかけ、国土を破壊してインフラ整備を請け負い、軍事的な参加をしない国々に請求書をまわそうなどという物騒なやり方も、許されないことは言うまでもない。どんなかたちであれ、海外から富を自国にもたらすことを中心に社会の発展を考えようという桃太郎主義の夢はもう終わりにしなければならないのである。

一人一人が市民社会の担い手となり、一つ一つの地域が、自治体が、国が福祉市民社会となって、真に必要な国内サービス需要にもとづくサイクルを形成し、可能な限り移民を迎え入れ、収奪されてきた国々の発展を助けて世界が福祉市民社会となるとき、戦争という問題解決の選択肢はありえないことが共通認識となるだろう。古い国家に変わって地球大の福祉市民社会が意思決定の場となる時代が開かれるための道は、迂遠でも、私たち一人一人が市民としてみずからを育て、一つ一つのローカルな福祉市民社会を育てていくことから始まるといえるだろう。

総中流主義の幻想

ＮＰＯを活性化させるための打ち出の小槌を創るうえで私たち日本の市民がもう一つ乗り越え

表Ⅶ－17　5分位階級所得割合・ジニ係数（注18）

	日	英	米	ス	仏	独
第1分位	8.2	7.0	3.8	10.4	4.8	9.9
第2分位	13.1	11.0	9.6	15.5	10.9	14.0
第3分位	17.4	16.0	15.9	18.8	15.9	17.6
第4分位	22.7	23.0	24.2	22.6	23.0	22.5
第5分位	38.6	43.0	46.5	32.7	40.9	36.0
ジニ係数	0.333	0.345	0.368	0.221	0.288	0.261

なければならないのは、総中流幻想である。イギリスは階級社会で貧富の格差が激しいから罪滅ぼしのための寄付も集まりやすいだろうが、日本は貧富の格差が少ないから構造が違うと思ってしまうのである。市民資金があてにできなければ、税金で福祉を充実させるしかないわけであるが、それに関しても所得が税務署によって把握されやすい人とそうでない人との格差を是正するために消費税の比重を高めることには大反対、消費税のことなど考えたくもないから、食料など生活必需品を外して豊かな階層の物品購入の際に税金をとっている国々のやり方を学ぶこともしないという、階層間格差を無視した発想が日本にはかなり根強い。

しかしながら、表Ⅶ－17は、日本とイギリスの富の分布がじつはかなり似ていることを示している。同表の上の部分は、各所帯の所得を少ない順に並べて5等分したときのそれぞれの階級の所得の合計が、全体の所得のなかでどれだけの割合かを示したもので、第5分位が高所得層、第1分位が低所得層である。たしかにイギリスのほうが集中度は大きいものの、日本でも、上位20％の人々の所得は全所帯の所得の40％近くに達しており、下位20％の人々の所得は、両国ともに10％を割っているのである。ジニ係数は所得格差が小さいほど0に近く大きいほど1に近くなる係数である。日英両国は、これに関してもかなり類似している。両国共に、アメリカほどの激しい階級社会ではないものの、階級社会の構造を明確に示している。資本主義国家から社会主義国家への革命によってその格差を一気に是正するという方向性は、ベルリンの壁の崩壊とともに失われてしまった。このような現代の世界にあって、確かにスウェーデンは資本主義諸国のなかで最も格差を是正した社会であるが、それでも、階級のない社会というわけではないことをも同表は示している。しかしながら、同国をはじめ、ドイツやフランスは、税制や福祉制度によって、人々の生活の格差を少なくするための政治を、アメリカ、イギリス、日本よりは顕著に行なっている。表Ⅶ-1に示した、租税・社会保障負担率の、スウェーデン76・5、フランス64・8、ドイツ56・5、イギリス51・2、日本36・1、アメリカ35・9という順位、数値は、各国の公正な再配分に向けた政策のありようを物語っている。イギリスはそれなりに再配分に努力しているが、日本は、高齢化が急速に進み、為政者もジャーナリズムも十分な情報提供を行なわず、市民の側からも国際比較にもとづく議論が湧き上がらないまま巨額の国債発行による借金漬けの日々を過ごしている。

階層を基盤とする二大政党

とにもかくにも我が家は中流だと大半の人が思っていた高度成長期の総中流幻想は崩れかけているものの、日本では、まだ階層を基盤とする二大政党は成立していない。政治とは、富の再配分のやり方をめぐる議論であり、選択であるという認識は、この国では絶えず薄められ、ぼかされている。

一方、税以外の資源の再配分に関しても、上位の階層のなかに恵まれた富を社会に還元しようという意識をもつ人びとは少なく、その他の層の人々にもまだＮＰＯに積極的に協力しようという文化は根づいていない。安心な社会に住もうと思えば、隣人にもゆとりをもってもらわなければならないし、そのような社会を創ればお互いに心地がよいのだ、と感じる想像力が恵まれた位置にいる人々に育つほど、日本の社会はまだ危機を体験していないのかもしれない。しかし、ようやく政党が年金をめぐる政策を争う段階に達し、生活の場の近くに犯罪の影が増している今日、人びとが階層分化を認識し、安全で心地よい社会を創るにはどうすればよいかを真剣に考えるなかで、福祉政策やNPOによるサービスの充実をめぐる課題に向き合う時期が到来していると見ることができるであろう。

コミュニケーション・パワーと市民資金の強化

たしかに、コミュニケーションに関する問題や、資金に関する問題、さらには宗教的・文化的背景を背負った共生感覚の問題を考えると、歴史的な蓄積のうえにノースケンジントン、そしてイギリスの現状があることは確かであるが、日本では土壌が違うから、と線を引いてしまいたくなる心情に警戒することが必要だと思う。学校教育・社会教育の目的を吟味して発信・受信を含む相互作用を重視したコミュニケーション力を育てる教育方法を開発すること、図書館の機能を点検して改めること、財政面での詳しい情報提供を宝くじや各種の公団や財団に求めて財源を発掘すること、寄付に関する税制を改め必要な組織を立ち上げていくこと、市民資金に関する情報提供組織を充実させていくことなどは、NPOの世紀を迎えて力をつけてきている市民、とりわけ増加中の60～70代の初期高齢者層と専門家の協力があれば、決して不可能ではない。行政のパンフレットやホームページなどによる情報提供状況の点検は、より身近で手軽な作業としてあらゆる年齢の人々にとって可能である。

「コミュニケーション・パワーの強化」と「市民資金の強化」とがあいまって、市民社会の活力は高められ、「社会成長」をもたらすのである。

動き出す若者たち

日本の若者の一部の脱企業志向はすでに鮮明になっており、そのなかには、NPOに向かうエネルギーもすでに胎動している。国内の大地震など、「弱者」の存在とニーズがはっきりしたときには、ボランティアが集まる状況になっている。NPOが資金力をつけてコミュニティ・ワーカーという職種の存在がより明確になっていけば、身の回りのコミュニティも含めて国の内外を往復し、人と関わりながらニーズを組み上げて必要なサービスを創造していく仕事に就き、自己発見・自己実現を求めていこうとする人々が数多く登場してくるものと思われる。また、日本でそのような仕事をしたいというスワーティやモハメッドのような世界各地の若者たちに機会を提供しうる社会を創ることができれば、交流のなかでこの国はもっとおもしろいところになっていくことだろう。

このように述べる間にも、日本のあちこちで、すでにノースケンジントンと通底する個人と社会の成長が模索され、実践されており、市民たちは互いの知識を交換して活用し、みずからの成長に役立てるための情報を求めている。そのなかの一つとして、本書が役立てられることを願っている。

2050年の超高齢社会に向けて

表Ⅶ-15が示すように、2050年には、日本の高齢者比率は世界第1位になると予想されている。このところ、日本・ドイツ・イタリアというファシズム国家として第二次大戦をひき起こした3ヵ国の少子化が話題となり、1998年の国連推計ではイタリアが2050年の高齢化第1位と予測されていた。そのため、表Ⅶ-14にもイタリアを加えておいたのだが、21世紀に入って改められた推計では日本の少子化が進み、イタリアを抜くと予想されているのである。この社会の住人の3人に1人が65歳以上ということになると予想されている2050年の日本——現在20歳前後の若者が70歳になる頃の日本——を、重苦しいところではなく、明るい共生の場としていくための知恵を紡ぎだす営みが、今、切実に求められているのである。

注

1　いずれも2000年の数値。租税負担と社会保障負担の合計の比率は、政府統計では「国民負担率」と表現されているが、わかりにくく、専門家の間でも賛否が分かれているので、「租税・社会保障負担率」としておく。

2　作図の便宜のために、ここでは食料安定供給関係費0・8%、エネルギー対策費0・7%、中小企業対策費0・2%、産業振興特別会計繰入0・2%をまとめて「食料安定関係費等」として示している。なお、「その他」とあるのは、歳出概算に「その他の事項経費」とされているものである。

3　2003年12月段階の総務庁統計局のホームページに載せられた「世界の統計」にもとづいて計算している。各国の資料の年次は、イギリス1999、フランス1994、他の4ヵ国2000年である。

4　サラモンらが「フィランソロピー」と呼んでいるものを、ここでは「市民資金」として示している。なお、同調査のホームページについては、巻末の参考文献リストを参照。

5　日本労働研究・研修機構『データブック国際労働比較2004』の第6-5表による。各国の資料の年次は、日本1997、ドイツ（旧西ドイツ地域）1995、他の4ヵ国1995である。各国は1年未満、日本は2年未満を100としている。なお、この表に関するアメリカのデータは記載されていない。

6　同右の第6-6表から引用。各国の資料の年次は、日本1998、アメリカ1992、他は1995である。ドイツとあるのは旧西ドイツ地域である。前表とこの表の資料はやや古いが、貴重な情報を含み、更新困難なのでそのまま引用する。

7　男女間賃金格差については、2003年12月段階の厚生労働省、労働力率については、OECDのホームページ（“Employment Outlook 2003”）によっている。前者の年次は、日本・アメリカ2001、イギリス1999、フランス１９９８、ドイツ１９９３である。また後者の年次は、各国とも２００２年で、生産年齢人口は日・仏・独は15～64歳、他は16～64歳である。

8　ＯＥＣＤの25歳から64歳までの女性の学歴別労働力率の２００１年のデータ“Labour force participation rates 2001”（ＯＥＣＤホームページ）によっている。

9　賃金格差については、『平成13年版 国民生活白書』、パートタイマー比率については、“OECD in Figures 2003”（ＯＥＣＤホームページ）によっている。前者の各国データの年次は日本２０００、アメリカ１９９６、フランス１９９４、その他１９９５である。パートタイマー比率は、各国とも２００２年のデータである。

10　日本労働研究・研修機構の『データブック国際労働比較２００４』の第４-４表によっている。各国ともＯＥＣＤの雇用統計の２００２年のデータである。

11　総務省『世界青年意識調査』１９９２による。

12　１９９５年のＯＥＣＤのデータによる。

13　文部科学省生涯学習政策局調査企画課『教育指標の国際比較（平成15年版）』の公開ホームページによっている。高等教育進学率のデータの各国年次は、日本２００２、イギリス２０００、アメリカ１９９９、フランス１９９８、ドイツ１９９９である。ＧＤＰ中の公財政支出教育費比率のデータは、各国とも１９９９年。一般政府総支出に対する公財政支出学校教育比の比率のデータ年次は、アメリカ１９９７、それ以外の各国は１９９９である。なお、スウェーデンについては、比較可能なデータの追加が困難なため割愛するが、別のデータで見ると、同国の大学型高等教育の進学率は、６ヵ国中最高である（経済協力開発機構 2003）。

従来、大学教育より下のレベルに位置づけてきた教育機関を大学に格上げして教育内容を充実させ、コミュニティ・カレッジで大学教育の単位として使える講義を受けることもできるようにするなど、イギリスは情報化を含む経済のサービス化に向けて着々と人材養成を進めている。若者も、いったん社会人となった人々も、自分の可能性を伸ばすための挑戦をする機会を獲得している。授業料の国庫負担が大きく、入学時・在学時の負担の少ないシステムのなかで、若者から高齢者まで活気づいているのである。なお、高等教育への進学率は、フルタイム学生、パートタイム学生ともに女性が男性をしのいでいる（日本労働研究機構『データブック国際労働比較２００４』第９‐１‐３表を参照）。

14 外国人比率については、"OECD in Figures 2003"（データは米２０００、仏１９９９、他は２００１年）、合計特殊出生率予測は２００３年12月段階の国連の"World Population Prospects Database"による（いずれもホームページ）。

15 先進工業国が目先の人材不足や社会不安から、スキルをもたない人々を受け入れない方針をとり、専門的職業に従事できる人々だけを受け入れようとする方針をとると、発展途上国を支えている人材が流出し、医療現場などの機能が低下して住民に大きな被害をもたらす。イギリスも近年ではこのような被害をアフリカ諸国などに与えていると報じられている。イギリスがこれまでとってきたような非熟練人口の受け入れ、福祉と教育の提供、長期的スパンでの人材や納税者の獲得、文化の多様性の獲得による社会の活性化こそ、移民の送り出し国にも受入国にも互恵性をもった地球社会のコミュニティ・ワークといえる。少子化による人手不足を好機として、日本も含めた先進工業諸国が従来の北の南に対する搾取の責任を引き受ける意味をこめて、コストを承知で一定程度の非熟練人口を受け入れ、それらの人びとに疎外感を抱かせないような教育やコミュニティ・サービスを提供し、何世代もかけてじっくりと共生社会を育てていくことが望まれる。そのためにはまず、エスニシティによる差別にもとづく血統主義の国籍法を生地主義に改めていくことが必要であろう。なお、国籍法については、「グローバル市民権の会」のホームページが参考になる。

16 ２００３年段階12月段階の国連の前掲データベースによる。

17 平均寿命・国民一人当たりＧＤＰ・人口については、"OECD in Figures 2003"による（平均寿命２００１、ＧＤＰ２００２、人口については、英は２０００、他は２００１年）。国民医療費比率は、ＯＥＣＤホームページ公開の Health Data（各国２００１）。労働力率については、ＯＥＣＤ（2003）所収の各国の２００２年のデータである。

18　各分位の数値は、労働政策研究・研究機構の『データブック国際労働比較２００４』の第10‐１表によっている。なお、同表の資料はＯＥＣＤ "Income distribution in OECD countries 1995" によっており、イギリス・ドイツ（旧西ドイツ地域）・スウェーデンについては、１９９０年、日本とアメリカについては１９９１年と古く、とくにフランスについては１９７９年と非常に古いので、この表は参考程度にしかならないが、その後同種の統計が見られず、重要な情報を含んでいるため利用する。なお、ジニ係数については、同表記載のものではなく、厚生労働省ホームページ掲載の第９回社会保障審議会（２００３年２月開催）参考資料のもの（日１９９８、英１９９９、米２０００、スウェーデン１９９５、独仏１９９４。いずれも再配分後の所得に関するジニ係数）を載せた。

著者紹介

加藤春恵子（かとう・はるえこ）

東京大学大学院社会学研究科修士課程修了。社会学修士。
同大学新聞研究所（＝社会情報研究所）助手，桃山学院大学・関西学院大学助教授・教授を経て1988年より東京女子大学現代文化学部コミュニケーション学科教授。2008年定年退職。日本社会学会，日本マスコミュニケーション学会，日本NPO学会，日本女性学会会員，女のホットライン相談スタッフ。コミュニケーション論・女性学・ジェンダー論の視点を活かし，メディアリテラシーやフィールドワークを通じて，現代社会に関するさまざまな現象の解読を進め，21世紀の日本社会のあり方を探っている。

【主要著書と関連論文】
『女たちのロンドン』勁草書房 1984
『広場のコミュニケーションへ』勁草書房 1986
『女性とメディア』（共編）世界思想社 1992
『メディアがつくるジェンダー』（共著）新曜社 1998
『現代市民社会とアイデンティティ』（共著）梓出版社 1998
『結婚の比較文化』（共著）勁草書房 2001
「ロンドンの‘10代空間’――コミュニティにおける自我とコミュニケーション――」東京女子大学紀要『論集』58巻2号所収 2008

新曜社

福祉市民社会を創る
コミュニケーションからコミュニティへ

初版第1刷発行　2004年3月10日©
初版第2刷発行　2008年9月10日

著　者　加藤春恵子
発行者　塩浦　暲
発行所　株式会社 新曜社
〒101-0051　東京都千代田区神田神保町2-10
電話 03-3264-4973㈹・Fax 03-3239-2958
e-mail info@shin-yo-sha.co.jp
URL http://www.shin-yo-sha.co.jp/

印刷　銀　河　　Printed in Japan
製本　イマヰ製本所
ISBN978-4-7885-0890-7 C1036

索　引

あ行

か行

さ行

た行

な行

は行

ま行

や行

ら行

わ行

参考文献

阿部潔（1998）『公共圏とコミュニケーション――批判的研究の新たな地平』ミネルヴァ書房。

Adams, E. ed.（2000）*Westbourne Grove in Wealth, Work and Welfare*, Gloucester Court Reminiscence Group.

Adams, E. ed.（2003）*Postcards from the Park — Memories of Kensington Gardens and Hyde Park*, Gloucester Court memory Group.

Alimardi, E.（2000a）"Double Whammy", *Straight Up*, Issue 3, Atiom Publishing Co..

Alimardi, E.（2000b）"Mixed Blessings", *Straight Up*, Issue 2, Atiom Publishing Co..

Anwar, M.（1996）佐久間孝正訳『イギリスの中のパキスタン――隔離化された生活の現実』明石書店（2002）。

Beveridge, W.（1942）*Social Insurance and Allied Services*. 山田雄三監訳『社会保険および関連サービス――ベヴァリジ報告』至誠堂（1969）。

Buber, M.（1923）*Ich und Du*. 植田重雄訳『我と汝――対話』岩波文庫（1979）。

Charity Commission（1998, 2002）*Annual Report*.

Charity Commission（1997）*Choosing and Preparing a Governing Document*.

中央共同募金会編（1997）『日米英民間財源比較調査研究報告書』。

Cocks, R. and R. Bentley（1996）*300 Billion Pounds — Government Spending: The Facts*, Databooks.

Cohen, A.（1993）*Masquerade Politics: Exploration in the Structure of Urban Cultural Movements*, Berg.

Community Projects Foundation（1988）*Action for Health: Initiatives in Local Communities*.

Curle, B.（1987）*Libraries for All: An Illustrated History of Kensington and Chelsea Libraries Services 1887-1987*, Kensington and Chelsea Libraries and Arts Services.

Davies, M. and S. Anderson（2001）*Inside Notting Hill*, Portobello Publishing.

Development Trusts Association（1998）*Development Trusts — Regenerating Local Communities*.

Development Trusts Association（1999）"Development Trusts in 1999", (mimeograph).

Directory of Social Change (2003) *A Guide to the Major Trusts 2003/2004*, Vol.1 & 2.

Douglas, A. (1995) *British Charitable Gambling 1956-1994: Towards a National Lottery*, Athlone.

Drucker, P.F. (1989) *The New Realities*. 上田惇生訳『新しい現実――政府と政治, 経済とビジネス. 社会および世界観にいま何がおこっているか』ダイヤモンド社（1989)。

Duncan, A. (1992) *Taking on the Motorway*, Kensington and Chelsea Community History Group.

Espin-Andersen, G. (1990) *Three World of Welfare Capitalism*. 岡沢憲芙・宮本太郎監訳『福祉資本主義の三つの世界――比較福祉国家の理論と動態』ミネルヴァ書房（2001)。

Espin-Andersen, G. (1999) *Social Foundation of Postindustrial Economies*. 渡辺雅男・渡辺景子訳『ポスト工業経済の社会的基礎』桜井書店（2000)。

舟場正富（1998)『ブレアのイギリス――福祉のニューディールと新産業主義』ＰＨＰ研究所。

舟場正富・斎藤香里（2002)『介護財政の国際的展開――イギリス・ドイツ・日本の現状と課題』ミネルヴァ書房。

FUNK (2000) "Al-Hasania — Moroccan Women's Center", *FUNK* (Fighting Unemployment in North Kensington), Issue 7, August, North Kensington Opportunities Center.

George, C. (2003) *Welfare Benefits and Tax Credits Handbook* (5th Edition). Child Poverty Action Group.

George, Peter L. (1989) *Making Charities Effective: A Guide for Charities and Voluntary Bodies*, Jessica Kingsley Publishers.

Giddens, A. (1999) *The Third Way: The Renewal of Democracy*. 佐和隆光訳『第三の道――効率と公正の新たな同盟』日本経済新聞社（1999)。

Gloucester Court Reminiscence Group (1993) *History in Our Bones: Notting Hill Lives Remembered*, Kensington and Chelsea Community History Group.

Gould, A. (1993) *Capitalist Welfare Systems*. 高島進・二文字理明・山根祥雄訳『福祉国家はどこへいくのか――日本・イギリス・スウェーデン』ミネルヴァ書房（1997)。

Green, L. (1999) "Obituary", *Reaching Out*, Issue 6, Open Age Project.

Herbermas, J. (1990) *Sturukturwandel der Öffentlichkeit*. 細谷貞雄・山田正行訳『公共性の構造転換――市民社会の一カテゴリーについての探究』第２版, 未来社（1994)。

Hurd, H. (1995) *A Practical Handbook for Applicants*, Directory of Social

Change Publication.
Hurd, H. and M. Lattimer (1994) *The Millionaire Givers: Wealth and Philanthropy in Britain*, Directory of Social Change Publication.
花田達朗（1996）『公共圏という名の社会空間――公共圏・メディア・市民社会』木鐸社。
広井良典（1999）『日本の社会保障』岩波新書。
伊藤淑子（2001）『現代日本の社会サービス』日本経済評論社。
加藤春恵子（1984）『女たちのロンドン』勁草書房。
加藤春恵子（1986）『広場のコミュニケーションへ』勁草書房。
川口清史・富沢賢治編（1999）『福祉社会と非営利・協同セクター――ヨーロッパの挑戦と日本の課題』日本経済評論社。
経済協力開発機構（OECD）・OECD 教育研究革新センター（2003）『図表でみる教育―― OECD インディケータ（2003 年版）』明石書店。
Kensington and Chelsea Citizen's Advice Bureau (1998) *Service Annual Report 1997-1998*.
Kensington and Chelsea Race and Housing Action Group (1989) *Behind the Facade: Migrant Workers and the Private Rented Sector in Kensington and Chelsea*.
Kensington Housing Association (1926, 1927, 1929) *Annual Report*.
Kensington Housing Trust (1996) *70 Successful Years 1926-1996*.
小林章夫（1984）『コーヒー・ハウス――都市の生活史― 18 世紀のロンドン』駸々堂出版。
Kuhn, M. (1977) *Maggie Kuhn on Aging: A Dialogue Edited by Dieter Hessel*, The Westminster Press.
京極高宣・武川正吾編（2001）『高齢社会の福祉サービス』東京大学出版会。
倉田和四生（1985）『都市コミュニティ論』法律文化社。
Library Association (1980) *Community Information: What Libraries Can Do*.
MacIver, R.M. (1917) *Community: A Sociological Study*, Macmillan & Co. 中久郎・松本通晴他訳『コミュニティ』ミネルヴァ書房（1975）。
MacIver, R.M. and H. Page (1950) *Society: An Introductory Analysis*, Macmillan.
Malpass, P. (1999) *The Work of the Century: The Origins and Growth of Octavia Housing Trust in Notting Hill*, Octavia Hill Housing Trust.
正村公宏（1989）『福祉社会論』創文社。
正村公宏（2000）『福祉国家から福祉社会へ――福祉の思想と保障の原理』筑摩書房。
McCullough, J. (1978) *Meanwhile Gardens*, Gulbenkian Foundation.
Mead, G.H. (1934) *Mind, Self and Society*, University of Chicago Press. 稲葉

三千男・滝沢正樹・中野収訳『精神・自我・社会』(現代社会体系第10巻) 青木書店 (1973), 河村望訳『精神・自我・社会』デューイ＝ミード著作集6, 人間の科学社 (1995)
Meanwhile Gardens Community Association (1996) *Annual Report.*
美馬孝人 (2000)『イギリス社会政策の展開』日本経済評論社。
三浦恵次・阿久津善弘編 (1975)『パブリック・コミュニケーション論』学文社。
宮城孝 (2000)『イギリスの社会福祉とボランタリーセクター——福祉多元化における位置と役割』中央法規出版。
毛利健三 (1990)『イギリス福祉国家の研究——社会保障発達の諸画期』東京大学出版会。
MORI (2000) *The Golborne Study: Residents Survey Report.* Golborne United SRB.
中島明子 (2003)『イギリスにおける住宅管理——オクタヴィア・ヒルからサッチャーへ』東信堂。
内閣府国民生活局 (2002)『平成13年版国民生活白書』。
National Association of Citizen's Advice Bureaux (2000) *Citizen's Advice Bureau: The Inside Story from the 1930's to the Millennium.*
National Association of Citizen's Advice Bureau (2001) *Summary Annual Review 2000/2001.*
National Lottery Charity Board (1999) *Annual Report 1998/99.*
North Kensington Amenity Trust (2000) *Calender* (Annual Report 1999/2000).
North Kensington Amenity Trust (2002) *Annual Report 2001/2002.*
North Kensington City Challenge (1998) *Final Report 1993-1998.*
North Kensington City Challenge (1998) *5 years: What Happened 1993-1998*, Stop Press.
North Kensington Law Centre (1988) *18 Years Coming of Age: 1970-1988*, North Kensington Law Centre.
Notting Hill Housing Trust (1964, 1965) *Annual Report.*
Notting Hill Housing Trust (1999) *Annual Report to Tenants of Notting Hill Housing Trust 1998/99.*
Notting Hill Housing Trust (2002) *Annual Report 2001/2002.*
OECD (2003) *Labour Force Statistics 1982-2002.*
岡沢憲芙・宮本太郎編 (1997)『比較福祉国家論——揺らぎとオルタナティブ』法律文化社。
O'Malley, J. (1977) *The Politics of Community Action*, Spokesman Books.
Open Age Project (2002) *Trustees Annual Report and Accounts 2001/2002.*

Orgell-Rosen, C.P.（1998）The Westway Centre: Elderley People's Integrated Care Service（mimeograph）.

Pierson, C.（1991）*Beyond the Welfare State?*. 田中浩・神谷直樹訳『曲がり角にきた福祉国家』未来社（1996）。

Peabody Trust（2000）*London's Future*.

Pepperpot Club（1998）*Trustees' annual Report for 1997-98*.

Pilkington, E.（1988）*Beyond the Mother Country: West Indian and the Notting Hill White Riots*, I.B. Tauris and Co. Ltd.

Pooley, C.（1996）*Local Authority Housing:Origin and Development*, The Historical Association.

Robson, W.A.（1976）*Welfare State and Welfare Society*. 辻清明・星野信也訳『福祉国家と福祉社会』東京大学出版会（1980）。

労働政策研究・研修機構（2003）『海外労働時報』（国別労働基礎情報）NO. 336.

労働政策研究・研修機構情報解析部（2004）『データブック国際労働比較 2004』労働政策研究・研修機構。

Rose, R. and R. Shiratori eds.（1986）*The Welfare state East and West*. 木島賢・川口洋子訳『世界の福祉国家』新評論（1990）。

Royal Borough of Kensington and Chelsea（2001）*A Report of the Joint Review of Social Services in the Royal Borough of Kensington and Chelsea*.

Royal Borough of Kensington and Chelsea（1998）*Community Care Plan 1998-2001*.

Royal Borough of Kensington and Chelsea（2001）*Kensington and Chelsea Community Legal Service Partnership: Strategic Plan for Advice services*.

Royal Borough of Kensington and Chelsea（2003a）*Services for Children aged 0-11 in Kensington and Chelsea*.

Royal Borough of Kensington and Chelsea（2003b）*Services for People with Learning Disabilities in Kensington and Chelsea*.

Royal Borough of Kensington and Chelsea（2001）*The Guide to Mental services in Kensington and Chelsea*.

Royal Borough of Kensington and Chelsea（dateless）*Census 91 D3: Profiles of the Borough and Wards*.

Royal Borough of Kensington and Chelsea（dateless）*Census 91 R3: Polarization 1: North Kensington city Challenge Area*.

Royal Borough of Kensington and Chelsea（2000）*Kensington and Chelsea Guide*.

Royal Borough of Kensington and Chelsea Education and Library Research and Information Unit (2001a) *School Statistics Report 1999/2000*.

Royal Borough of Kensington and Chelsea Education and Library Research and Information Unit (2001b) *Exclusions 1999/2000*.

笠信太郎（1962）『“花見酒”の経済』朝日新聞社。

Said, E. (1979) *Orientalism*. 今沢紀子訳『オリエンタリズム』平凡社（1986）。

佐久間孝正（1998）『変貌する多民族国家イギリス――「多文化」と「多分化」にゆれる教育』明石書店。

櫻井幸男（2002）『現代イギリス経済と労働市場の変容』青木書店。

Salamon, L. and H. Anheier (1994) *The Emerging Sector*. 今田忠訳『台頭する非営利セクター―― 12カ国の規模・構成・制度・資金源の現状と展望』ダイヤモンド社（1996）。

佐藤郁哉（1992）『フィールドワーク――書を持って街へ出よう』（ワードマップ）新曜社。

佐藤慶幸（2002）『NPOと市民社会――アソシエーション論の可能性』有斐閣。

Secretary of State for the Home Development (1989) *Charities: A Framework for the Future*, Her Majesty's Stationery Office.

生活福祉研究機構編（1998）『イギリスの実践にみるコミュニティ・ケアとケア・マネジメント』中央法規出版。

社会保障研究所編（1987）『イギリスの社会保障』東京大学出版会。

社会保障研究所編（1990）『住宅政策と社会保障』東京大学出版会。

Sixty Plus (2000) *A Guide to Services for Older People in Kensington and Chelsea*.

Spanish Memories Group (1993) *Changed Destinies — Memories of the Spanish Community in London*, Kensington and Chelsea History Group.

武川正吾（1992）『福祉国家と市民社会――イギリスの高齢者福祉』法律文化社。

武川正吾（1999a）『福祉社会の社会政策――続・福祉国家と市民社会』法律文化社。

武川正吾（1999b）『社会政策のなかの現代――福祉国家と福祉社会』東京大学出版会。

武川正吾・塩野谷祐一編（1999）『イギリス』（先進諸国の社会保障１）東京大学出版会。

竹下譲・横田光雄・稲沢克祐・松井真理子（2002）『イギリスの政治行政システム――サッチャー・メジャー・ブレア政権の行財政改革』ぎょうせい。

田端光美・右田紀久恵・高島進編（1999）『イギリス』（仲村優一・一番ヶ瀬康子編 世界の社会福祉４）旬報社。

田村紀雄（1976）『ミニコミの論理――「知らせる権利」の復権』学陽書房。

辻悟一（2001）『イギリスの地域政策』世界思想社。

富永健一（2001）『社会変動の中の福祉国家――家族の失敗と国家の新しい機能』中公新書。

富沢賢治・川口清史編（1997）『非営利・協同セクターの理論と現実――参加型社会システムを求めて』日本経済評論社。

梅川正美「社会保障と行政改革」武川正吾・塩野谷雄一編（1999）『イギリス』（先進諸国の社会保障１）第 15 章, 東京大学出版会。

Walker, A. and C. Walker（1987）*The Growing Divide*. 佐藤進・金子和夫・廣瀬真理子他訳『福祉大改革――イギリスの改革と検証』法律文化社（1994）。

Whetlor, S.（1998）*The Story of Notting Dale*, Kensington and Chelsea Community History Group.

Whyberd, M.（1994）"Retrospective on the first year of the Open Age Project", *Reaching Out*, Issue 1, Open Age Project.

山口二郎（1998）『イギリスの政治　日本の政治』ちくま新書。

横山北斗（1998）『福祉国家の住宅政策――イギリスの 150 年』ドメス出版。


【ホームページ】

Brian Deer L	http://briandeer.com/westway-charity. htm
Budget Report 2003	http://www.hm-treasury.gov.uk/budget/bud_bud03/
Bridge House Trust	http://www.bridgehousegrants.org.uk/
Campden Charities	http://www.campdencharities.org.uk/
Charities Aid Foundation=CAF	http://www.cafonline.org/
Census 2001	http://www. statistics.gov.uk/census 2001
Center for Defence Information	http://www.cdi.org/
Charity Commission	http://www.charity-commission.gov.uk/
Charities Direct	http://www.charitiesdirect.com/
Citizen's Advice Bureau	http://www.nacab.org.uk/
Directory for Social Change=DSC	http://www.dsc.org.uk/
グローバル市民権の会	http://www.geocities.co.jp/SilkRoad-Forest/4037/
Harrow Club	http://harrowclubw10.org/
Helen Hamlyn Foundation	http://www.hhrc.rca.ac.uk/about/foundation
Homeshare	http://www.callnetuk.com/home/homeshare/
Housing Corporation	http://www.housingcorp.gov.uk/

Johns Hopkins Comparative Nonprofit Sector Project

http://www.jhu.ed/~cnp/
厚生労働省　http://www.mhlw.go.jp/
文部科学省　http://www.mext.go.jp/
Muslim Cultural Heritage Centre　http://www.mchc.org.uk/
日本貿易振興会（高齢化指標の国際比較）
http://www.jetro.go.jp/ec/j/age/
Notting Hill Housing Group　http://www.nottinghillonline.com/
Octavia Housing and Care　http://www.octaviahousing.org.uk/
OECD　http://www.oecd.org/statsportal/
Open Age Project　http://www.openage.co.uk/
労働政策研究・研修機構　http:www.jil.go.jp/
Royal Borough of Kensington and Chelsea
http://www.rbkc.gov.uk/
総務省統計局　http://www.stat.go.jp/data/
Venture Centre　http://www.venture.center.org.uk/
Westway Development Trust　http://www.westway.org/
Women's Aid　http://www.womensaid.org.uk/
World Population Prospects Database
http://www.un.org/esa/population/unpop.htm
財務省　http://www.mof.go.jp/

〈注記〉・行政やNPOによる資料のなかには，綿密な仕事がなされているにもかかわらず刊行の日付のないものがある。それらについては，“dateless”と記しておく。
・著者名と発行所名が同じものについては，英語文献・日本語文献とも，発行所名の記載を省略する。
・ホームページに関しては，2003年1月末日時点で動いているものに限定し，本文に触れた部分が削られたとしてもなお参考になるものという意味で，日付を特定せずアドレスのみを記しておく。